Joachim van der Linde

Einsteigen, bitte!

Mit Eisenbahn und Frachtschiff um die Welt

W0341146

Umschlagfoto: Ananasverkäuferin in einem Güterwaggon in Kambodscha

Über den Autor

Joachim (Jo) van der Linde, Jahrgang 1954, stammt aus Rheine in Westfalen. Er wurde unmittelbar neben der Eisenbahnstrecke der Tecklenburger Nordbahn geboren. Aufgewachsen an der Emslandstrecke Rheine-Emden ist er mit Dampflokomotiven groß geworden. Deshalb sagt man ihm bis heute nach, er sei mit seiner Weltreise dem Pfiff einer Lokomotive bei seiner Geburt gefolgt.

Seine beruflichen Stationen: Von 1972 bis 2000 am Bodensee, an der holländischen Grenze und in Stuttgart, seit 2004 in Berlin. Nach einer Ausbildung zum Verkäufer für Autoersatzteile und später zum Zollbeamten – in dieser Zeit arbeitet er auch auf einem Eisenbahnzollamt – folgt eine Ausbildung zum Gewerkschaftssekretär bei der Gewerkschaft Öffentliche Dienste, Transport und Verkehr (ÖTV) in Stuttgart. Heute arbeitet Joachim van der Linde in Teilzeit bei der Vereinten Dienstleistungsgewerkschaft (ver.di) in Berlin und als freier Journalist. Einige Monate im Jahr ist er rund um den Globus unterwegs. Er hat das Reisen zu seinem Beruf gemacht.

Joachim van der Linde entdeckt früh die Liebe zur Eisenbahn. Im Alter von zehn Jahren sammelt er an der Emslandstrecke Kohle, die von den Tendern der vorbeifahrenden Dampfrösser fiel. Mit dem Verkauf des schwarzen Goldes verdient er sich das Kapital für die ersten Reisen mit der Eisenbahn in seiner westfälischen Heimat. Mit zwölf Jahren folgt die erste Fahrt in die weite Welt, mit dem Hoek-van-Holland-Express in die Niederlande. Der stampfende, schlagende Dampflokblues der schweren Güterzuglokomotiven der Baureihe 44, die mit ihren 4.000 Tonnen schweren Erzzügen jede Nacht in die Industriemetropolen des Kohlenpotts donnern, lässt seine Sehnsucht nach der großen Welt unaufhaltsam wachsen. Sie wurde mit seiner Weltreise erfüllt.

… ich höre nachts die Lokomotiven pfeifen,
sehnsüchtig schreit die Ferne,
und ich drehe mich im Bett herum
und denke: »Reisen«

Kurt Tucholsky

Vorwort

Alles fing mit einem Buch an. Auf einer sechswöchigen Eisenbahnreise von Thailand nach Singapur entdeckte ich die Geschichte einer Motorradreise um die Welt, einen Klassiker der Reiseliteratur: »Jupiters Fahrt«, geschrieben von dem britischen Autor Ted Simon. Nach der Lektüre dieses Buches stand für mich fest: Das mache ich mit der Eisenbahn, ohne Flugzeug! Der Traum von einem Ausstieg auf Zeit, die Neugierde auf fremde Länder, das Kennenlernen anderer Völker und Kulturen und die Antwort auf die große Frage, ob es zu Beginn des 21. Jahrhunderts möglich ist, die Welt mit der Eisenbahn zu umrunden, ohne ein Flugzeug zu benutzen, ließ mich nicht mehr los.

Mit meinem Arbeitgeber vereinbare ich ein Sabbatjahr und zwei Jahre unbezahlten Urlaub, um mir meinen großen Traum zu erfüllen: Mit der magischen Zahl 333 (drei Jahre, drei Monate, drei Tage) im Gepäck den Globus zu umrunden. Freunde haben mich ermutigt, meine Aufzeichnungen zu veröffentlichen. In diesem Buch habe ich aus der Fülle des Erlebten und des Materials auswählen müssen. In dem vorliegenden Band wird – das nimmt den größten Teil des Textes ein – die Reise in ausgewählten abgeschlossenen Geschichten widergespiegelt, ergänzt durch mein Reisetagebuch durch den schwarzen Kontinent und eine Auswahl an Fotos auf den Seiten 146 bis 152 und 263 bis 268 und auf Seite 275. Damit will ich die Leserinnen und Leser beispielhaft am Alltag einer solchen Reise teilhaben lassen. Im Manuskript sind einige Interviews mit Personen, deren Schicksale und Probleme sonst eher nicht veröffentlicht worden wären, obwohl sie charakterischer für den Zustand der Welt sind als so manche

Lebensgeschichte vermeintlich berühmter Menschen aus Politik, Wirtschaft und dem Showgeschäft.

Viele Menschen haben vor, während und nach meiner Reise Einfluss auf mein Vorhaben und das Entstehen dieses Buches genommen. Ein Beispiel: Dieter Leonhard aus Offenbach hat mir gestattet, Material von ihm zu einer Eisenbahngeschichte in Ecuador zu verwenden. Auf kurzen Abschnitten im Laufe der Reise und im letzten Jahr hat mich meine Lebensgefährtin Kerstin Blisse begleitet; sie war ein echter Kumpel und ist mit mir durch »dick und dünn« gegangen.

Mein besonderer Dank gilt meinen Freunden, Arbeitskollegen und Lektoren Peter Völker und Dr. Reinhard Klopfleisch. Ihre Tipps, ihre Erfahrungen als Journalisten und ihr Optimismus haben mir sehr geholfen, dieses Buch zu vollenden.

Manuela Weitz und Egon Kratt danke ich für ihre Beratung und Korrektur des Manuskriptes.

Stellvertretend für alle Freunde, die mich zum Schreiben ermutigten, will ich an dieser Stelle meinen Freund Carsten Alex aus Berlin nennen. Wir sind uns erstmals in Bangladesch begegnet. Auf meinem Weg durch Südostasien und Australien habe ich ihn insgesamt sechsmal getroffen. Mit ihm verbindet mich bis heute eine sehr herzliche Freundschaft.

In der Deutschen Zentrale für Globetrotter (www.globetrotter.org), die während der Vorbereitungsphase sehr wichtig für mich gewesen ist, bin ich heute Ansprechpartner für Eisenbahn- und Frachtschiffreisen und Mitautor eines Selbstreisehandbuches für Einsteiger und Weltreisende (www.petermeyerverlag.de).

Joachim (Jo) van der Linde
Berlin

Kapitel 1

Auf den Spuren von Agatha Christie

Morgens um 6.00 Uhr, der Muezzin ruft vom Minarett der Moschee Sultanahmet die Gläubigen zum Gebet. Für mich heißt das aufstehen, Rucksack packen und das *Yücelt Interyouth Hostel* in Istanbul im Morgengrauen verlassen. Ein klappriges Taxi bringt mich zum Fähranlegeplatz unterhalb der Altstadt am Goldenen Horn. Im aufsteigenden Frühnebel verlässt die Fähre den Anlegeplatz.

Der Abschied von Europa löst in mir ein zwiespältiges Gefühl aus. Was erwartet mich in den kommenden Wochen, Monaten und Jahren meiner Reise um die Welt? Wird es mir tatsächlich gelingen, in der Zeit der Flugzeuge und Raketen mit einem derart altmodischen Verkehrsmittel wie der Eisenbahn die Welt zu umrunden?

Knapp zwanzig Minuten später, nach einer Fahrt durch das schmutzig-braune Wasser der Meerenge von Istanbul, vorbei an nur schemenhaft sichtbaren Schiffen, taucht das mächtige Bahnhofsgebäude von Hydarpasa auf. Es ist 8.00 Uhr und der *Toros*-Express von Istanbul nach Gaziantep wird bereitgestellt. Es herrscht hektische Betriebsamkeit. Zwölf Waggons sind frisch gewaschen, ihr tiefes Blau glänzt in der Morgensonne. Selbst von der Lokomotive perlt Seifenschaum. Sie wird die zwölf Waggons in 27 Stunden bis nach Gaziantep nahe der syrischen Grenze bringen.

Familien bringen ihre Angehörigen zum Zug. Unmengen von Gepäck, Koffer und Kisten werden durch die Fenster in die Abteile gehievt. Abschiedsszenen auf dem Bahnsteig, Tränen fließen, innige Umarmungen und feuchte Küsse, dazu gute Ratschläge und kleine Aufmerksamkeiten, vom Gurkenfässchen bis zum Fladenbrot. Pünktlich um 8.55 Uhr ertönt ein schriller Pfiff, der Mann mit der roten Mütze gibt das Signal zur Abfahrt, der *Toros*-Express rollt an zu seiner 1.550 Kilometer langen Reise auf den Geleisen der berühmten Bagdadbahn.

In diesem Augenblick muss ich an den Kriminalroman »Mord im Orient-Express« denken. Zu den Zeiten, als die Autorin Agatha Christie regelmäßig den Zug benutzte, bildete der *Toros*-Express das letzte Glied in der luxuriösesten Reise von Europa in den Orient. Das erste Teilstück der Bagdadbahn von Haydarpasa, einem Stadtteil von Istanbul, nach Izmit (91 Kilometer) am Marmarameer wurde 1870 fertig gestellt. Das war der Startschuss. 1888 wurde die Eisenbahnverbindung von Konstantinopel nach Europa vollendet, und nur ein Jahr später begann der Orientexpress seine Fahrt von Paris bis zum Bosporus. 67 Stunden brauchte der Express für die 3.168 Kilometer, um Reisende aus London, Paris und Wien in den vorderen Orient zu bringen, wobei man nur einmal in Istanbul zur Fähre über den Bosporus umsteigen musste. Von hier aus begann die 2.500 Kilometer lange Reise bis Bagdad.

Die Strecke führt heute 1.550 Kilometer von Istanbul über Eskisehir, Konya, Adana, Fevzipasa und weiter bis Gaziantep. Hier endet die Fahrt des *Toros*-Express. Es ist möglich von hier 400 Kilometer weiter bis Nusaybin an die irakische Grenze zu fahren. Die letzten 620 Kilometer bis Bagdad zurückzulegen wird für die nächsten Jahre wohl ein Traum bleiben. Allerdings gibt es eine Alternative. Die Stichstrecke geht von Fevzipasa nach Halab in Syrien.

Der *Toros*-Express rollt gemächlich durch die Istanbuler Vororte, bevor er nach einiger Zeit das Marmarameer erreicht und Fahrt aufnimmt. Die Durchschnittsgeschwindigkeit liegt bei 50 Stundenkilometer. Im Zug haben sich die Reisenden inzwischen wohnlich eingerichtet. Im Gang riecht es nach Schafskäse, gebratenem Huhn und warmem Brot. Der Duft von Knoblauch zieht in meine Nase. In meinem Abteil reise ich gemeinsam mit einer türkischen Familie. Vater, Mutter und Tante, alle im etwas gesetzteren Alter zwischen 60 und 70 Jahren sowie einer Tochter, sie ist etwa 30 Jahre alt. Ich erlebe vom ersten Augenblick meiner Reise an eine Gastfreundschaft, die mich tief beeindruckt. Ein Lächeln, eine Geste, wir verstehen uns auf Anhieb ohne Worte. Fast ununterbrochen drängen sie mich, von den kleinen süßen Leckereien die sie dabei haben, zu kosten. Es gibt zuckersüß schmeckende Orangen, schwarze Oliven, herzhafte Äpfel, eingelegte saure Gurken und Fladenbrot. Ich habe den Eindruck, sie haben ihre Vorratskammer geplündert und mit auf die Reise genommen.

Nach einer Weile verlassen wir unseren Weg am Meer. Es geht ins Landesinnere. Wir durchfahren nun enge Täler und Schluchten mit üppiger Vegetation. Brücken und kurze Tunnel wechseln sich ab. Die freundliche Landschaft erinnert mich an das Donautal zwischen Beuren und Sigmaringen auf der Schwäbischen Alb.

Unser Express bummelt so dahin. Wir halten an unzähligen kleinen Bahnhöfen. Ihr Aussehen hat sich in den letzten hundert Jahren nicht verändert. Kein Zweifel, dass deutsche Architekten im frühen 20. Jahrhundert in der Türkei die Bahnhöfe geplant und gebaut haben. Die Bahnbeamten an der Strecke kamen in der Anfangszeit der Bagdadbahn ebenfalls aus Deutschland. Wer nicht in den ersten Weltkrieg ziehen wollte, konnte hier seinen Ersatzdienst ableisten.

Bei einem der zahlreichen Halte unterwegs fährt der Zug auf einmal nicht mehr weiter. Kein Geräusch der Lokomotive ist mehr zu hören. Die Sonne knallt auf das Waggondach, stickige Luft macht sich breit, Fenster werden aufgerissen. Es scheint, dass mit unserem Zug etwas nicht in Ordnung ist. Neugierige Hälse recken sich aus den Zugfenstern. Eine Versammlung von Eisenbahnern steht am Speisewagen. Was ist passiert? Keine zwei Stunden unterwegs und unser Zug hat einen Achsschaden. Die Eisenbahner diskutieren und gestikulieren mit Händen und Füßen. Sie reden sich über die verschiedenen Möglichkeiten der Schadensbehebung die Köpfe heiß. Ein köstliches Schauspiel, das sie da bieten, und ein Spaß für alle Reisenden, der das Warten erträglicher macht. Das Ergebnis kann sich sehen lassen. Ein Hammer und ein Schraubenschlüssel kommen zum Einsatz, dazu einige kräftige Schläge in das Achsgestänge. Ein schnurrbärtiger, ölverschmierter Eisenbahner klettert aus den Tiefen des Gleisbettes zwischen den Holzschwellen hervor. Die Fahrt kann weitergehen. Ein knappes halbes Stündchen Verspätung haben Diskussion und Reparatur gekostet. Ein mobiler Teeverkäufer des kleinen Bahnhofes hat in dieser Zeit sein Geschäft des Monats gemacht. Er flitzt von Waggon zu Waggon, eilt auf dem Bahnsteig hin und her. Die geduldig wartenden Fahrgäste werden mit köstlich duftendem Tee äußerst liebenswürdig versorgt. Nach diesem unfreiwilligen Aufenthalt setzt unser Zug jetzt seine Fahrt fort.

Mittagszeit. Der Speisewagenkellner kündigt mit lauter Stimme die Menüfolge an, hell klingt seine Glocke durch den Zug. Hier wird noch richtig gekocht, keine Mikrowelle kommt zum Einsatz. Alles etwas altmodisch, aber so gemütlich! Das besondere Flair im Speisewagen genießen, das hat Stil. Die Speisekarte ist in türkisch geschrieben, meine Kenntnisse der türkischen Sprache sind gleich null. Da helfen die kaum vorhandenen Englischkenntnisse des Kellners auch nicht weiter. Mit dem Finger auf ein Gericht gezeigt, quasi ein Essen ins Blaue bestellt. Das Essen, das er serviert, schmeckt vorzüglich und heißt Köfte, das sind türkische Fleischbällchen mit Reis und Salat, dazu Ayran, ein Yoghurtgetränk. Das ganze Menü kostet inklusive einem Tee nur 2,50 Euro.

In der Türkei hat sich ein wenig von den legendären Zeiten, in denen man in rollenden Salons die Länder durchquerte, erhalten. In den meisten anderen Ländern Europas hat die Technik schnellere Züge und einen nüchternen Komfort geschaffen. Hier gibt es ihn noch, den Komfort der 50er und 60er Jahre. Unser 1.-Klasse-Liegewagen hat breite, ausladende Polstersitze, sie werden uns in der Nacht als Bett dienen. Dazu viel Stauraum für das Gepäck und Fenster, die ich öffnen kann, um die ganze Welt der türkischen Eisenbahn mit Haut und Haaren zu erleben.

An den größeren Stationen, an denen unser Express hält, steigen fliegende Händler zu. Das ist zwar verboten, aber in dieser Hinsicht scheint die türkische Eisenbahnverwaltung das Herz auf dem richtigen Fleck zu haben. Ich erlebe die ganze Vielfältigkeit der regionalen Angebote an Früchten.

Äpfel, Feigen, Datteln, Erdbeeren, Zitronen und exotische Früchte, alles schmeckt vorzüglich und sieht dazu noch sehr gut aus. Dazu gibt es Süßigkeiten und jede Art von Getränken, Limonade, Bier, und nicht zu vergessen den Anisschnaps Raki. Lauthals preisen die Händler ihre Ware an, durchqueren Waggon um Waggon, gehen von Abteil zu Abteil. Alles erinnert mich ein wenig an den Basar in der Istanbuler Altstadt, nur dass die Händler hier strahlende, zufriedene Gesichter zeigen, selbst wenn das Geschäft einmal nicht so gut läuft. 50, 60 Kilometer fahren sie mit, steigen dann aus, um mit dem nächsten Gegenzug zurückzufahren. Und dann gibt es noch den Kollegen Eisenbahner, der mit Besen und Kehrschaufel im regelmäßigen Rhythmus Abteile, Gänge und Waschräume säubert. Dazu hat unser Zug Stehtoiletten, in denen man in Hockstellung sein Geschäft verrichten kann. Sie runden das »Serviceangebot« ab.

Zurück zum Reiseverlauf. Zwischen den Städten Bilecik und Eskeshir liegt der nächste außerplanmäßige, längere Halt. Ein Stromausfall unterbricht unsere Reise auf unbestimmte Dauer. Die Reisenden reagieren auch nach einer Stunde Wartezeit immer noch erstaunlich gelassen. Sie versorgen sich mit Trinkwasser aus dem Bahnhofsbrunnen. Und wieder ist ein fliegender Händler zur Stelle, nutzt die Gunst der Stunde und verkauft seinen Tee. Ein Großvater im Abteil nebenan hängt die – von was auch immer – nass gewordene Hose seiner kleinen Enkeltochter zum Trocknen aus dem Abteilfenster. Einige Männer nutzen den unfreiwilligen Aufenthalt zur traditionellen Fußwaschung. Es geht in unserm Zug mittlerweile zu wie in einer Großfamilie, je länger wir unterwegs sind, von Stunde zu Stunde, breitet sich ein Gefühl der Gelassenheit in mir aus. Die Devise »ja wash, ja wash« (alles mit der Ruhe) ist in der Türkei eine Lebensphilosophie. Sie lässt die Menschen alles viel ruhiger und gelassener angehen.

Nach einer Stunde setzt sich unser Zug langsam wieder in Bewegung, allerdings nur für 500 Meter. Jetzt schaut der eine oder andere der Reisenden doch etwas sehnsüchtig auf die parallel verlaufende Straße, den vorbeifahrenden Autos hinterher.

Es vergeht erneut einige Zeit des Wartens, bis es wieder genug Strom gibt und wir unsere Fahrt fortsetzen können.

Kurz vor Eskisehir endet der elektrische Teil der Strecke, hier verändert sich die Landschaft stärker. Sanft geschwungene Hügel, mit den ersten abgeernteten Kornfeldern. Auf

Zuckerrübenfeldern wird die Ernte von Kopftuch tragenden Landarbeiterinnen eingebracht. Sie sammeln die Früchte noch in Handarbeit. Schäfer ziehen mit ihren Herden über die Felder. Niedrige, geduckt wirkende Bauernhäuser aus Lehm tauchen wie aus dem Nichts auf.

Eskisehir. 314 von 1.550 Kilometern sind geschafft. Lokwechsel, eine schwere Diesellokomotive mit zusätzlichem Antriebswagen für die vor uns liegende Bergetappe wird vor unseren Express gespannt. Sie wird dem Zug die nötige Kraft verleihen, damit wir Gaziantep sicher erreichen. Im Speisewagen ist eine Fensterscheibe zu Bruch gegangen. Der Lokwechsel wird genutzt, um sie notdürftig durch eine Pressspanplatte zu ersetzen. Schrill und lang gezogen ertönt der Pfiff zur Abfahrt, und wir setzen die Fahrt mit inzwischen zweistündiger Verspätung fort.

Der Express klettert in die Berge. Felsformationen aus Tuffstein am Streckenrand. Unser Weg wird von – aus Großvaters Zeiten stammenden – Telegrafenmasten mit Isolatoren gesäumt. Gegen 17.00 Uhr, wir sind mittlerweile zehn Stunden unterwegs, sehe ich in einem kleinen Bahnhof einen seitlich aufgeschlitzten, böse ramponierten Reisezugwagen. Erschrockene Gesichter drängeln sich an den Abteilfenstern. Das sieht gar nicht gut aus. Hoffentlich bleibt unser Zug von einem derartigen Unglück verschont.

Langsam aber stetig steigt die Strecke an, die Lokomotive leistet Schwerstarbeit. Lang gezogene Kurven und Tunnel wechseln sich ab. Wir fahren jetzt von der Zentraltürkei in Richtung Westen. Die tief stehende Sonne kündigt den baldigen Sonnenuntergang an. Immer wieder tauchen Schafherden auf, die Schäfer haben hier statt eines Hütehundes einen Esel dabei.

Die Sonne ist am Horizont verschwunden, langsam fahren wir vom Tag in die Nacht. Der Kellner ruft zum Dinner. Das Besondere an diesem Abendessen im *Toros*-Express ist nicht das Essen, es ist die Atmosphäre. Sie vermittelt ein Gefühl aus einer der längst vergangenen Epochen des Eisenbahnreisens. Ich trinke ein kaltes Bier und höre der Melodie der Räder zu, die ihr immer gleiches Lied singen, *Tudugg, Tudugg, Tudugg*. Träume von der großen, alten Zeit der Bagdadbahn spiegeln sich in den schemenhaft vorbeihuschenden Bäumen wider. Bestimmt ist Agatha Christie auf diesem Streckenabschnitt die eine oder andere Idee zu ihrem berühmten Krimi eingefallen. Zurück in mein Abteil: bei den Mitreisenden hat sich Abendstimmung eingestellt, der »Baba« macht ein Nickerchen, seine Frau hat die Füße hochgelegt und der Tante ist beim Schlafen ihre Brille auf die Nase gerutscht. Im Abteil nebenan hat ein Mann seinen Gebetsteppich auf der breiten Sitzbank ausgebreitet, er verrichtet mit leise murmelnder Stimme sein Abendgebet. Auf dem Teppich kniend verneigt er sich gen Mekka.

Gegen 22.00 Uhr lässt der, immer zu einem Scherz aufgelegte Schlafwagenschaffner die Betten herunter. Wir löschen die Abteilbeleuchtung, nur noch ein schummriges Notlicht brennt. Das gleichmäßige Geräusch der Räder und der leicht schaukelnde Zug sind ein perfektes Einschlafmittel. Sie wiegen mich in den Schlaf.

Draußen unterm Sternenhimmel leistet die schwere Diesellokomotive Schwerstarbeit, es geht hinauf in das Taurusgebirge. Auf 1.467 Metern Höhe windet sich die eingleisige Strecke durch 44 Tunnel. Es geht über Viadukte, die bis zu 90 Meter hoch und 200 Meter lang sind. Wir fahren in dieser Nacht auf den Spuren einer uralten Handelsroute. Schon Alexander der Große, Griechen und Römer sind hier vorbeigezogen. Leider können die Reisenden einen Großteil dieses spektakulären Teiles der Reise nicht mit eigenen Augen genießen. Ein Blick in die sternenklare Nacht muss genügen.

Morgendämmerung, es ist 6.30 Uhr und die letzten Ausläufer der phantastischen Bergwelt des Taurusgebirges ziehen am Abteilfenster vorbei. Mit Schlaf im Gesicht bewundere ich die schroffen Felswände, ihre tiefen Einschnitte, die teilweise senkrecht in nicht enden wollende Schluchten herabfallen. Am Horizont erscheint rötlich funkelnd die aufgehende Sonne.

Das Aufstehen ist trotz dieser grandiosen Aussicht am Morgen ein wenig mühsam. Meiner lieben türkischen Familie scheint es genauso zu gehen. Verstrubbelte Haare, müde, blasse Haut, verquollene Augen blinzeln mir entgegen. In der Nacht ließ sich die Heizung nicht abstellen. Doch was soll's. Ein neuer Tag, vielleicht ein neues Abenteuer. Ich mache mich hungrig auf in den Speisewagen, gespannt, was der Tag so bringen wird.

7.50 Uhr, wir erreichen mit rund dreieinhalb Stunden Verspätung und nach 1.251 Kilometern die Stadt Adana. Mit zirka zwei Millionen Einwohnern ist Adana die größte Industriestadt im Südosten der Türkei und eines der bedeutendsten Wirtschaftszentren des Landes.

Ich sitze im Speisewagen und wecke meine Lebensgeister mit einem starken türkischen Tee. Auf dem Bahnsteig gegenüber sitzt inmitten riesiger Stoffballen eine türkische Großfamilie. Sie genießen ihre morgendliche Teezeremonie. Die Frauen sind tief verschleiert. Ein silberner Teekessel wird geschwenkt. Dann wird mit elegantem Schwung der Tee in die Gläser eingefüllt. Der Kontrast zur Neuzeit könnte schärfer nicht sein. Eine Szene, die aus »Aladin und die Wunderlampe«

stammen könnte. Nebenan spielen die Kinder der Familie Autofahren in einer alten Plastikwanne.

Unser Zug setzt nach kurzem Aufenthalt seine Reise fort und nimmt seinen Weg weiter in Richtung Gaziantep, meinem Zielort nahe der syrischen Grenze. Der Zug fährt jetzt parallel zur sechsspurigen Autobahn. Er schleicht mit 20 Kilometer in der Stunde durch das dicht bewaldete Amanusgebirge. Fette Rußwolken ausstoßend, windet sich die Lokomotive mit ihren zwölf Waggons, einer Schlange gleich, Kehre um Kehre, Tunnel um Tunnel, hinauf in die Berge. Wir haben jetzt 1.350 Kilometer unserer Reise geschafft. Die Sonne brennt erbarmungslos vom wolkenlosen Himmel.

Das Thermometer hat die 40-Grad-Celsius-Grenze erreicht. Niemand genießt mehr die grandiose Landschaft, die Augen sind müde geworden. Die Kleidung klebt wie eine zweite Haut am Körper, der Schweiß rinnt mir vom Gesicht. Erschöpft von der langen Reise dösen die Fahrgäste in den Waggons vor sich hin. Zwei Stunden dauert der Aufstieg, dann geht es mit kreischenden Bremsen zurück in die Ebene.

Um 12.00 Uhr erreichen wir die Station Fevzipasa. Die Bahngleise sind übersät mit Hunderten von abgenutzten Bremsbacken, der lange Weg durch das Gebirge fordert seinen Tribut von Mensch und Material. Unsere Lokomotive Nr. 24108 hat einen Maschinenschaden. Sie wird zur Reparatur in den Lokschuppen gezogen. Zeit für mich, Fotos zu schießen. Der Lokführer im Gegenzug beobachtet aus seinem Führerstand gelassen die emsigen Arbeiten an unserem Zug. Dabei trinkt er in aller Ruhe ein Tässchen Tee. Die Reparatur ist fehlgeschlagen. Nach über einer Stunde Wartezeit wird eine Ersatzlokomotive vor unseren Zug gespannt. Es geht weiter. Der Toros-Express startet zum Endspurt. Noch 156 Kilometer bis Gaziantep.

Kilometerlange Baumwollfelder säumen links und rechts die Bahnstrecke. Kilometer um Kilometer ziehen sie, wie an einer Perlenschnur aufgereiht, an den Zugfenstern vorbei. An ihren Rändern stehen die Hütten von Tagelöhnern. Die Baumwollpflücker wohnen direkt an den Feldern in brüchigen Zelten. Sie bestehen aus schmutzigen, mit Löchern übersäten Plastikplanen oder aus alten Pappkartons. Stroh isoliert sie notdürftig. Aus riesigen Messingkesseln, die auf offenen Holzfeuern stehen, dampft es. Ganze Familien sind hier im Ernteeinsatz. Sie werden, nach 14-, 15-stündiger Knochenarbeit, direkt unter freiem Himmel verköstigt. Im Schatten der Hütten stehen, notdürftig zusammengezimmert, kleine Ställe mit zwei, drei Schafen oder Ziegen drin.

Wir passieren die Station Narli. Ein letztes Mal geht es in die Berge. Beim Betrachten dieser kahlen, schroffen Felsgebirge tauchen vor meinem geistigen Auge die Erinnerungen an Karl Mays Roman »Durchs wilde Kurdistan« auf. Und prompt wird es gefährlich. Der Zug wird von Jugendlichen mit Steinen beworfen. Für sie ein Heidenspaß, für die Reisenden lebensgefährlich. Wütende Rufe des Zugpersonals beeindrucken sie überhaupt nicht. Alle Fenster sind geschlossen. Glücklicherweise trifft keiner der faustgroßen Steinbrocken direkt auf eine der Scheiben in den Waggons. So erreichen wir unbeschadet die Außenbezirke von Gaziantep. Die Unruhe, die plötzlich im Express entsteht, ist mit den Händen greifbar. Koffer werden in den Gang gestellt, Pakete zum Herausreichen ans Fenster bugsiert. Nervös machen sich Oma, Tante und Tochter in meinem Abteil für den Empfang durch die Verwandten zurecht. Ein wenig verschämt ob all der kleinen Aufmerksamkeiten, die sie mir bereitet haben, und mit ein bisschen Wehmut im Herzen, verabschiede ich mich von »meiner« türkischen Familie.

Die Zeiger der Bahnhofsuhr stehen auf 16.45 Uhr, der *Toros*-Express erreicht mit fünf Stunden Verspätung seinen Zielort. Meine Reise auf den Spuren von Agatha Christie geht zu Ende.

Kapitel 2

Chaos im Bolan-Express

»Your Tickets please«, ein kritischer Blick an der Absperrung zum Bahnsteig 1 des ganz in weiß gekleideten Beamten der *Pakistan Railways,* und wir stehen mitten im Chaos von Koffern und Kisten vor dem *Bolan*-Express Quetta – Lahore. Ein unvorstellbares Durcheinander von schreienden, schubsenden und schiebenden Menschen versucht gleichzeitig den Zug zu besteigen und Gepäck einzuladen. Im Gegensatz zu den europäischen Waggons sind in Pakistan die Zugfenster vergittert. Keine Chance, Gepäck durch die Fenster zu hieven.

Pünktlich um 13.30 Uhr setzt sich der Express in Bewegung. Zeit für Dutzende von Menschen, neben unserem Express herzulaufen, ja, auf- und abzuspringen und sich lautstark von Verwandten und Freunden im Zug zu verabschieden. Wortfetzen fliegen wie Fußbälle hin und her, ausgestreckte Hände werden zum Abschied ein letztes Mal berührt. Die Menschen winken, lachen, schreien, weinen.

Im Schritttempo geht es durch die Vororte von Quetta. Kinder mit zerzausten, verfilzten Haaren und großen, lachenden Augen stehen in zerlumpten T-Shirts winkend an staubigen, trostlos wirkenden Schotterstraßen. Mit einer graubräunlichen Staubschicht überzogene tonnenschwere Wasserbüffel stehen bis zu den Schultern im Wasser von lehmig-braunen Tümpeln. Sie wenden träge ihre Köpfe, als unser Express, sirenenhafte Warnsignale ausstoßend, durch die Vororte rumpelt. Eselskarren, schwer beladen mit Wasser in alten Benzinfässern und bunt bemalte Lastwagen säumen den Weg.

Unser Zug, in eine riesige Staubwolke gehüllt, rollt Richtung Bolan-Pass, dem landschaftlichen Höhepunkt unserer Reise ins 1.162 Kilometer entfernte Lahore, nahe der indischen Grenze.

Wir fahren durch die karge Wüstenlandschaft Belutschistans. Am Rande der Bahnstrecke stehen staubgraue Bäume und dürre Sträucher, kahlgefressen von schwarz-weiß gescheckten Ziegen.

Eine Karawane von Nomaden zieht mit ihren schwerbeladenen Kamelen ins Nirgendwo. Eine Landschaft Grau in Grau, staubig, heiß, unwirklich, lebensfeindlich.

Im Waggon richten sich die Menschen ein. Die Hälfte des Abteils gegenüber wird mit Tüchern abgehängt, damit die Frauen ihre Schleier abnehmen können und neugierige Blicke von außen keine Chance haben. Eine Männerrunde hat es sich auf dem Waggonboden gemütlich gemacht und drischt Karten. Die Stimmung in unserem Waggon ist aufgeräumt und fröhlich. Ich werde zu einer Runde Kautabak eingeladen. Mein Mitreisender, Neil, ein 28-jähriger Taxifahrer aus London, hat sichtlich Probleme mit diesem Durcheinander von Menschen, Hühnern, Koffern, Kisten und Schachteln: es fällt ihm schwer, der Situation etwas Positives abzugewinnen. Dieses Schubsen und Drängeln, der Kampf um reservierte Plätze im Bahnhof von Quetta haben ihn mürrisch und zänkisch gemacht. Die Aussicht, 30 Stunden im Chaos dieses Waggons verbringen zu müssen, auf einer stabilen Holzbank aus der Zeit der Jahrhundertwende, lässt ihn schier verzweifeln. Mangelnde Reiseerfahrung oder westliches Denken? Wir werden sehen.

Nach einer Stunde Fahrzeit erreichen wir die kleine Bahnstation Kolpur. Von hier aus startet der *Bolan*-Express zu seiner atemberaubenden Fahrt ins Gebirge. Er benötigt für rund

55 Kilometer auf die Passhöhe etwa drei Stunden und schraubt sich von 230 bis auf 1.800 Meter über Meereshöhe. Anschließend, sofern keine Panne auftritt, wird unser Express in langsamer Fahrt hinab in die Ebene rollen.

Das Erlebnis von wilder, ungezähmter Natur in dieser einsamen Bergwelt, einfach Klasse! Mein Blick wandert an kahlen Felswänden hoch, entdeckt ab und zu einen einsamen Strauch oder einen Pfad. Menschliches Leben scheint weit und breit nicht vorhanden zu sein.

Die Streckenführung dieser Ende des 19. Jahrhunderts gebauten Eisenbahnlinie ist eine Meisterleistung britischer Ingenieure. Die Bahnstrecke mit ihren unzähligen Tunnels und Brücken strahlt etwas Einmaliges aus, mit Worten nur schwer zu beschreiben. Der Express windet sich drei Stunden lang durch Schluchten, passiert grob ausgehauene, unbeleuchtete Tunnel und überquert im Schritttempo halsbrecherisch anmutende Konstruktionen von Viadukten. Sie leisten auch 100 Jahre nach ihrer Fertigstellung hervorragende Dienste. Der Zug kriecht, kreischt und kämpft sich so auf die nahezu vegetationslose Hochebene des Bolan-Passes, um dann in quälend langsamer Fahrt in die Station Ab i Gum am Fuße des Bolan-Gebirges einzulaufen.

Die Strecke wurde nicht aus reiner Menschenfreundlichkeit gebaut, sondern für die britischen Truppen. Die Besatzungsmacht konnte mit dieser Strecke Belutschistan kontrollieren.

Nach der angenehmen kühlen Brise auf dem Bolan-Pass ist es hier in der Ebene drückend schwül. Die Dämmerung bricht herein, Zeit für das Abendgebet. Ich schaue den moslemischen Männern zu, wie sie selbst auf Reisen nicht darauf verzichten, in gewohnter Weise ihrer Gebetspflicht nachzukommen. Für uns Europäer nur schwer nachvollziehbar. Auf dem Boden im Waggon, in der Gepäckablage über dem Abteil, ja selbst auf dem Schotterbett zwischen den Gleisen, überall rollen die Gläubigen ihre Gebetsteppiche in Richtung Mekka.

Ich habe einen sehr fundamentalistischen, auf Tradition bedachten islamischen Staat erlebt. Wer hier ohne Probleme reisen will, ist gut beraten sich mit den islamischen Sitten und Gebräuchen vor Antritt der Reise vertraut zu machen. Sie sollten ohne Wenn und Aber respektiert werden.

Nicht so angenehm ist die allgegenwärtige Polizeipräsenz. Ob auf den Bahnhöfen, beim Betreten der Bahnsteige, während der Fahrt im Zug oder im Bus, Personen- und Gepäckkontrollen sind an der Tagesordnung. Die Überprüfung der Einheimischen wird allerdings sehr viel strenger gehandhabt als die der Handvoll Globetrotter, die von Zeit zu Zeit den Express benutzen.

Zurück zu unserer Reise. In der Bahnstation Sibi-Junction wird die Lokomotive gewechselt. Zeit, sich die Beine zu vertreten und das Leben auf dem Bahnsteig und im Bahnhof zu beobachten. An den zahlreichen Essensständen versorgen sich die Reisenden mit Verpflegung für die Nacht. Es wird gekocht, gebrutzelt und gebraten. Es gibt alles, was das Herz begehrt: Am offenen Holzkohlenfeuer gebratene, knusprigbraune Hähnchenschenkel, vor Fett triefende, mit Kartoffeln gefüllte Teigtaschen, gebratene Hoden von Schaf- und Ziegenbock – verpackt in die letzten Schlagzeilen der *Quetta-Newspaper* – wandert das Essen über die Ladentheke zum hungrigen Kunden. Zwischen den Reisenden streichen klapperdürre Bahnhofsköter, immer auf der Suche nach Essbarem, mit eingekniffenem Schwanz über den Bahnsteig. Ich leiste mir einen letzten, viel zu süßen Tee mit Milch in einer Tonschale. Dann heißt es einsteigen: »Vorsicht an der Bahnsteigkante, der Zug fährt ab.«

Unser Express rattert in die Nacht. An Schlaf ist nicht zu denken. An zahlreichen kleinen Bahnhöfen steigen Fahrgäste mit Unmengen von Gepäck ein und aus. Sie machen einen Heidenlärm. Dazu kommen einige Dutzend Händler im Zug. Sie verkaufen Gemüse und Reis auf Zeitungspapier, Nüsse mit Zitronen, Wasser in Plastikflaschen, aber auch Haarspangen und Süßigkeiten, Pasten, Pillen und Salben, alles, was die Reisenden unterwegs so brauchen. Ganz besonders beeindruckt hat mich ein blinder, bärtiger Bonbonverkäufer, er ist bestimmt weit über siebzig Jahre alt. Mit einer unglaublichen Geschicklichkeit balanciert er im Gang seine Bonbongläser über Berge von Gepäck, turnt geschickt über Menschentrauben, die auf dem Waggonboden sitzen, und preist gleichzeitig mit schriller Stimme die Qualität der Bonbons an. Ganz besonders wagemutige Verkäufer tauchen an den Außenwänden der Waggons auf, hangeln sich in voller Fahrt von Fenster zu Fenster den Zug entlang. Mit diesen Bildern im Kopf, voller neuer Eindrücke über das Eisenbahnleben in einem pakistanischen Expresszug, richte ich mich auf der harten Holzbank ein, um die Nacht zu überstehen.

Gegen Mitternacht falle ich in einen unruhigen Schlaf. Ich döse vor mich hin, mein Hinterteil tut weh, meine Arme schlafen ein. Durchgerüttelt und geschüttelt geht es über ausgeleierte Gleise immer weiter Richtung Osten. Um 2.00 Uhr überfällt mich ein heftiger Hustenanfall. Staubfahnen wehen durch den Zug. Selbst die geschlossenen Fenster schützen nicht. Der Wüstensand legt sich wie ein Schleier auf Hemd und Hose, dringt in jede Pore meines Körpers, in Nase, Mund und Rachen. Mein Hals fühlt sich an wie eine ausgedörrte Pflaume. Das zum Mundschutz umfunktionierte Dreiecktuch vom Deutschen Roten Kreuz hilft wenig.

Endlich, ein herrlicher Sonnenaufgang auf einem pakistanischen Provinzbahnhof entschädigt für die Strapazen der Nacht. Die Wasservorräte unseres Zuges werden ergänzt. Mit steifen Gliedern und Haaren voller Wüstenstaub klettere ich fluchend über gigantische Gepäckberge ins Freie. Meine Lebensgeister kehren zurück. Morgentoilette auf dem Bahnsteig. Dabei ist das kalte Wasser aus dem offenen Brunnen eine Wohltat. Es erfrischt mich mehr als eine Dusche zu Hause. Zum Frühstück leckeren süßen heißen Milchtee und eine Portion Gemüsereis, wie üblich auf Zeitungspapier. Mensch, hab' ich jetzt einen Appetit! Die Mitreisenden sind neugierig, wollen wissen, wer wir sind, woher wir kommen und wohin die Reise geht. Sie fragen uns nach Europa, und wie uns Pakistan gefällt. Was soll ich sagen? Alles hier ist ein großes Abenteuer! Mit Händen und Füßen und einigen Brocken Englisch unterhalte ich mich bestens. Blitzende Augen und ungläubiges Staunen der Pakistani über meine Reiseroute lassen die Strapazen der vergangenen Nacht schnell vergessen. Sogar Neil kann wieder lachen.

Unser Express setzt seine Reise fort. Es geht durch die pakistanische Tiefebene. Bauerngehöfte ziehen am Zugfenster vorbei. Gebaut in traditioneller Lehmbauweise, wie schon seit Hunderten von Jahren, strahlen sie etwas Majestätisches aus. Sie sind mehrere hundert Quadratmeter groß, in sich abgeschlossen. In den Höfen waschen Frauen in leuchtend gelben Saris in Holzbottichen Wäsche, spielen Kinder, stehen Ochsenkarren. Die Gehöfte erinnern mich an Burgen aus dem Mittelalter – Faszination Pakistan. Und überall Fahrräder, Fahrräder, Fahrräder! Sie dienen nicht in erster Linie als Fortbewegungsmittel für die Menschen, wie in Europa, hier sind sie vor allem Transportmittel für Waren jeglicher Art: Ob Baumwollballen, Hühner, Ziegen oder riesige Einkaufskörbe, alles wird auf Fahrrädern transportiert. Solche Bilder kannte ich bisher nur aus Fernsehen und Zeitung. Autos dagegen sind in dieser Gegend Pakistans Mangelware, vereinzelt begegnen wir altersschwachen Bussen oder bunt bemalten Lastwagen. So fahren wir Stunde um Stunde unserem Ziel entgegen, unterbrochen von unzähligen Stopps auf den zahlreichen Stationen und den vielen Fragen unserer Mitreisenden.

Mit nur zweistündiger Verspätung läuft der *Bolan*-Express nach 30 Stunden Fahrt in den Bahnhof von Lahore, der Viermillionenstadt ein. Die Hitze verschlägt mir den Atem, auf dem Bahnsteig um mich herum brodelt es wie in einem Dampfkessel. Es herrscht Chaos und fürchterliches Gedränge. Gepäckträger versuchen mir den Rucksack zu entreißen, wollen mich zu ihren Fahrradrikschas, zum Taxi oder Bus bringen. Rennende, rufende Menschen, sie drängeln, stoßen, schubsen. Alle versuchen möglichst schnell irgendwie durch die Bahnsteigsperren zu gelangen. Auf dem Bahnhofsvorplatz von Lahore setzen sich die chaotischen Verhältnisse der Bahnhofshalle fort. In diesem Chaos geht mir Neil, mein englischer Reisebegleiter verloren. Ich soll ihn erst zwei Jahre später in Australien wiedersehen. Dafür Dutzende von Taxifahrern, die sich um meinen Rucksack streiten. Ihre Stimmen überschlagen sich: »Hey you, cheap hotel, good price, best price for you«. Mit etwas Glück schaffe ich es zu flüchten.

Es ist gar nicht so einfach, ein akzeptables Zimmer zu finden. Rund um den Bahnhof nur Absteigen und Stundenhotels. Ein Motorradtaxi bringt mich zum *YMCA (Young Men's Christian Association),* einer Art Jugendherberge. Die Zimmer sind muffig, aber es soll hier sicher sein. Also nix wie rein in den Schlafsack und schlafen, schlafen, schlafen. Bevor es aber soweit ist, erlebe ich den ersten Schock auf meinem Weg »Round the world by train«. Das Abschiedsgeschenk meiner Freunde aus Stuttgart ist weg! Im Gewühl auf dem Bahnsteig ist mir der Walkman aus dem Rucksack gestohlen worden. Ob das der einzige Verlust bleibt, den ich im weiteren Verlauf meiner Reise zu beklagen habe, wir werden sehen? Am nächsten Morgen in aller Frühe breche ich auf. Es geht weiter nach Indien, Richtung Amritsar, der golden Stadt der Sikkhs.

Kapitel 3

Mit Volldampf durch den Dschungel Südindiens

Es ist schwülwarm am Morgen. Die Erde dampft – in der letzten Nacht hat es wie aus Kübeln gegossen. Dicke Regenwolken hängen über dem Bahnhof von Mettupalayam im indischen Bundesstaat Tamil-Nadu, dem Ausgangspunkt einer der letzten Dampfabenteuer auf dem Subkontinent.

Die Lok des *Nilgiri Blue Mountain*-Express fasst Kohlen. Junge Frauen wuchten schwere Weidenkörbe, gefüllt mit dicken, schwarzen Brocken Kohle auf die Lokomotive und in die Kohlentender. Die acht blaugelben Waggons unseres Zuges sind aus Holz gefertigt und so alt wie unsere Zugmaschine, eine 1925 in der Schweiz gebaute Dampflok. In jedem Abteil eines Waggons ist Platz für mindestens acht Personen. Die besten Plätze auf dem Weg zu unserem Reiseziel Ooty sind in Fahrtrichtung links.

Dicke schwarze Rauchwolken ausstoßend, setzten sich Lokomotive und Zug um 7.45 Uhr in Bewegung. Die Wagen ächzen und schlingern auf ihrer Fahrt durch die Vororte. Fröhliche Kinder und Frauen in farbenfrohen Saris stehen winkend am Wegesrand. Dann geht es mit Volldampf hinauf in die Berge des Dschungels von Südindien.

Die Höchstgeschwindigkeit unseres Zuges liegt bei dreizehn Stundenkilometern. Unsere Lok leistet schon an der ersten Steigung Schwerstarbeit. Sie keucht und faucht und stößt große Rauchpilze aus, sie bilden riesige Wolken über dem Zug. Der Geruch von Kohle und Öl, den Dampflokfreunde auf der ganzen Welt so lieben, weht in die offenen Fenster. Vermischt mit Regentropfen legen sich Rußpartikel der verfeuerten Kohle auf Haut und Kleidung.

Die Idee, zwischen Mettupalayam und Coonor (27 Kilometer Streckenlänge) eine Eisenbahnverbindung einzurichten, stammt aus dem Jahr 1854, doch es dauerte bis 1899, bis tatsächlich der erste Zug seine Jungfernfahrt in die Berge Südindiens unternehmen konnte.

Um die steilen Hänge der Dschungelberge hinauf zu kommen, musste der Strecke ein spezielles Zahnstangensystem verpasst werden. Diese Zahnschienen, in die sich der Zug nach dem Verlassen des Bahnhofes Kallar »einklinkt«, sind zwischen den Schienen verlegt. Das Zahnstangensystem ist mit der wesentliche Grund, warum es hier immer noch Dampfbetrieb gibt. Versuche mit Diesellokomotiven sind gescheitert.

Jeder Wagen unseres Zuges ist mit einem Bremser besetzt, der auf der offenen Plattform am Vorderteil des Waggons steht. Wenn es talwärts geht, hat er Schwerstarbeit zu leisten. Er hat auf die Pfeifsignale des Zugführers zu achten und unabhängig von den Bremsern der anderen Wagen seine Bremse zu bedienen. Damit genug der technischen Details.

Die Landschaft des Dschungels mit seiner vielfältigen Pflanzenwelt übt einen gewaltigen Reiz auf die Reisenden aus. Haarnadelkurve um Haarnadelkurve nehmend, geht es an steil aufsteigenden Schluchten entlang durch den Regenwald. Wir überqueren im Schritttempo mächtige Viadukte aus der Zeit der Wende zum 20. Jahrhundert. 50, 60 Meter tief unter ihnen gurgeln weiß schäumende Gebirgsbäche.

Nach einer guten Stunde herrlichstem Dampferlebnis hört es urplötzlich auf zu regnen und die Strahlen der Sonne brechen durch das dichte Blätterdach das Dschungels. In der Ferne hören wir die Rufe von Gibbon-Affen. Leuchtende

Schmetterlinge und tropische Vögel mit herrlich buntem Gefieder fliegen umher. Ein Paradies!

Auf dem Weg nach Ooty (dem heutigen Udagamandalam, uff, fürchterlich zu schreiben!) gibt es 250 Brücken und 16 Tunnel. Die Gesamtstreckenlänge beträgt 45 Kilometer, Reisezeit bergauf rund viereinhalb Stunden, talwärts sind es dreieinhalb Stunden. Der *Nilgiri Blue Mountain*-Express überwindet 1.900 Höhenmeter, die Strecke beginnt auf 300 und endet auf 2.200 Meter Meereshöhe. Die Strecke ist in jeder Hinsicht einmalig. Unser Bremser – er hat mehr als 30 Jahre Dienstzeit auf dem Buckel – erzählt mir, dass vor einigen Jahren eine kleine Bahnstation von einem Elefanten angegriffen worden ist. Während der Monsunzeit hingegen ist die Strecke oft wochenlang geschlossen. Die Gefahr von herabrutschenden Berghängen ist einfach zu groß.

Zwischenstopp auf 1.200 Meter Höhe im Bahnhof von Hillgrove. Zeit für die Fahrgäste, einen kleinen Imbiss einzunehmen. Unser Dampfross hat beim Aufstieg Schwerstarbeit geleistet. Das kostet Kraft, denn die spielerisch leicht anmutenden blaugelben Wagen haben mehrere hundert Tonnen Gesamtgewicht. Die Lok steht leise zischend am Bahnsteig. Der Lokomotivführer ölt die Zahngestänge. Neugierige Fahrgäste verfolgen auf Schritt und Tritt jeden Handgriff der Besatzung, bis der Zugchef zum Einsteigen mahnt.

Nach dem Zwischenstopp durchfahren wir erneut jede Menge Tunnels, ein Heidenspaß für die Kinder. Sie johlen und pfeifen bei jeder Ein- und Ausfahrt. Vor jedem Tunnel stößt unsere Lokomotive weiße Dampfwolken aus, ein tolles Motiv für die Fotofreaks im Zug – »eine Sinfonie in Dampf!« Für Fotobegeisterte gibt es weitere, unzählige Motive: der Zug mit seinen blaugelben Waggons, die Reisenden, Bahnhöfe und die faszinierende Landschaft.

Nach gut zweieinhalb Stunden Fahrt erreichen wir Coonor, hier wird von Dampf- auf Diesellok gewechselt. Die letzten 19 Kilometer der Strecke müssen wir leider auf das Dampflokflair verzichten. Der Express fährt jetzt an leuchtend grünen Teeplantagen vorbei, in denen bunt gekleidete Teepflückerinnen Unkraut zupfen. Sie winken den Menschen im Zug fröhlich zu.

Eine willkommenes Päuschen bei ihrer schweißtreibenden Arbeit unter der tropischen Sonne Südindiens. Im Abteil riecht es plötzlich nach Hustenbonbons. Eukalyptusbäume am Bahndamm verströmen ihren charakteristischen Geruch.

Gegen 12.00 Uhr erreichen wir Ooty. In dem ehemaligen Kurort der britischen Besatzungsmacht haben wir zwei Stunden Zeit, uns die Beine zu vertreten. Von hier aus besteht die Möglichkeit, mit dem Bus nach Mysore, der Stadt des Sandelholzes, zu fahren.

Als Kiebitz zwischen Kohlentender und Lokomotive

Zur Abfahrt des *Nilgiri*-Express verabschiedet uns auf dem Bahnsteig von Ooty ein ausgewachsenes Pferd! Es geht zurück nach Mettupalayam. Ich fiebere dem Lokwechsel von Diesel auf Dampf entgegen. Habe keinen Blick mehr für die Schönheiten der Landschaft. Denke nur noch an den Bahnhof von Coonor und an die Dampflok, die dort auf uns wartet.

Bahnhof Coonor, Rangierbetrieb. Die Diesellokomotive wird abgekoppelt, und eine schwarz glänzende Dampflok schiebt sich vor unseren Zug. Mit meiner Kamera bewaffnet beobachte ich gespannt das Ankopplungsmanöver. Wie gerne würde ich auf dem Führerstand dabei sein! Der Lokführer lehnt sich aus dem Führerstand, raucht eine Zigarette und beobachtet mich lächelnd, wie ich um seine Lok herum sause und jedes Detail fotografiere. Ich wittere meine Chance. Versuche, mit ihm ins Gespräch zu kommen. Schwierig, schwierig. Entweder er spricht kein Englisch oder er versteht nichts bei dem Lärm. Ein Gedankenblitz! Zeichensprache, das müsste doch klappen, um auf die Lok zu kommen. Wenigstens für einen Augenblick das Allerheiligste betreten zu dürfen. Er winkt ab! Ich gebe nicht auf. Ein letzter Versuch. Meine Hand wandert in die linke Brusttasche meines Hemdes, zieht langsam ein paar Rupienscheine heraus. Unsere Augen treffen sich, Verstehen in seinem Gesicht blitzt auf. Spitzbübisch leuchten seine kohlrabenschwarzen Augen. »Next station, Next station!«

In mir jubiliert alles! Klar, das Risiko, mich hier in Coonor auf die Lok zu lassen ist ihm einfach zu groß. Da gibt es die Railwaypolice, den Bahnhofsvorsteher oder missgünstige Kollegen.

Zwanzig Minuten sind wir unterwegs, der erste Halt unseres Zuges kündigt sich an. Die Bremsen quietschen, Schritttempo, dann steht der Express. Der Heizer hastet am Zug entlang, entdeckt mich am Fenster, winkt. Schnell, schnell raus aus dem Waggon. Es ist soweit! Ich turne über Kisten und Koffer, quetsche mich an dicht gedrängt stehenden Mitreisenden vorbei, hin zum Ausgang. Raus aus dem Waggon, renne zur Lokomotive vor, klettere schnell auf den Führerstand, und schon geht es los.

Was will der Eisenbahnfreak mehr? Eingezwängt zwischen Kohlentender, Heizer und dem zweiten Maschinisten erlebe ich eineinhalb Stunden Arbeitsalltag auf einer der letzten indischen Dampflokomotiven im Regelbetrieb.

Auf dem Führerstand herrscht ein ohrenbetäubender Lärm. Der Heizer schaufelt rhythmisch Kohlenschaufel um Kohlenschaufel in die lodernden Flammen der Feuerbüchse. Sein schweißnasser Oberkörper befördert auf jeder Reise einige Tonnen schwarzglänzender Kohlebrocken in den Schlund des Dampfrosses. Das Rütteln und Schütteln auf der Lok geht mir durch Mark und Bein. Es ist verdammt eng, irgendwie scheine ich dauernd im Weg zu stehen. Doch die Lokbesatzung lacht nur, ist sehr freundlich und versucht in diesem ohrenbetäubenden Lärm zu erklären, wie ihre Maschine funktioniert. Worauf es beim Befeuern der Lokomotive ankommt, welche Schwierigkeiten es gibt, konstanten Druck im Kessel zu erzeugen. Kohlenstaub, Ruß und tropische Hitze schaffen knochenharte Arbeitsbedingungen für die Männer auf der Dampflok.

Für mich aber geht ein Kindheitstraum in Erfüllung. Einmal im Leben auf dem Führerstand einer echten Dampflok mitfahren zu dürfen! Mit rußverschmiertem Gesicht klettere ich einige Kilometer vor Mettupalayam zufrieden von der Lok und lege die letzten Kilometer, schön brav sitzend, im Abteil zurück.

Kapitel 4

Piratenwache in der Straße von Malakka

Kalkutta, der Schmelztiegel Südindiens. Es ist 4.00 Uhr morgens, als der Express Madras – Kalkutta, nach über 30 Stunden Fahrt und 2.000 Kilometer Strecke, in den Bahnhof Kalkutta-Howrah einläuft. Meine Stimmung ist am Tiefpunkt angelangt. Ein paar Hundert Kilometer vor Kalkutta sind mir am helllichten Tag meine geliebten Bergschuhe geklaut worden.

Noch schläft der Moloch Kalkutta tief. Mit dem Taxi geht es ins Backpackerviertel an der Sudderstreet. Die Atmosphäre ist unwirklich. Schlafende Menschen liegen in Pappkartons auf den Straßen, notdürftig mit zerschlissenen Decken zugedeckt. Die billigen Hotels sind verriegelt und verrammelt.

Um 5.00 Uhr genehmige ich mir einen heißen Tee an einem Teestand, gebrüht auf offenem Feuer. Von auf Kundschaft wartenden und frierenden Taxifahrern umringt stehe ich mittendrin, mit dem 20-Kilo-Rucksack auf dem Buckel. Was mach' ich eigentlich hier? So viel ist sicher: Was ich als Erstes brauche, sind feste Schuhe. Nur mit Gummilatschen weiter nach Nepal reisen, das ist dann doch nicht so mein Ding. Sobald das Leben in Kalkutta erwacht, gehe ich los.

Ich mache mich auf die Suche nach einem Schuhgeschäft – Schuhe in der Größe 45 müssen her. Da klopft mir von hinten jemand auf die Schulter: »Hey Jo, what are you doing here?« Trond Basso, ein Norweger, den ich vor gut vier Monaten im iranischen Isfahan kennen gelernt habe, strahlt mich an. Wir verdrücken uns in eine kleine Teestube, tauschen Reiseerlebnisse aus, die Schuhe müssen warten. Trond ist ein

Jahr mit dem Fahrrad unterwegs, seine Reiseroute ist Oslo – Sydney. Sein nächstes Etappenziel ist Dhaka in Bangladesch. Bei mir im Kopf beginnt es zu arbeiten. Warum nicht einen Abstecher nach Bangladesch unternehmen, bevor es nach Nepal geht? Spontan ändere ich meine Reisepläne. Trond gibt mir die Telefonnummer seines Hotels in Dhaka – bye, bye, see you again in Dhaka!

Mit besten indischen Turnschuhen der Marke »in the middle of nowhere« ausgerüstet, geht es am Nachmittag mit der S-Bahn von Kalkutta nach Benapol, einem kleinen Grenzübergang nach Bangladesch. Drangvolle Enge herrscht im Zug. Es ist Rush hour Time in Kalkutta. Eingekeilt zwischen schwitzenden Leibern, prall gefüllten Einkaufstaschen und Kisten voller Gemüse gibt es zwei Stunden engsten Körperkontakt. Wer keinen Platz im Waggon bekommen hat, fährt auf dem Dach oder den Trittbrettern des Zuges mit. Trauben von Menschen hängen an den offenen Türen. Unvorstellbare Szenen spielen sich ab. So hautnah Indien noch einmal zu erleben und sich nach drei Monaten Reisen im Land zu verabschieden, ist eins.

Mit sieben Mann in einer Motor-Rikscha: sie besteht aus der vorderen Hälfte eines Motorrollers mit zwei Sitzen hinten. Gemeinsam mit sieben Mann lege ich die letzten fünf Kilometer in dem Gefährt zur Grenze zurück – eine halsbrecherische Fahrt. Der Fahrer gibt sein Bestes und ich habe Angst um meine Beine, sie hängen seitlich aus der Rikscha. Der Gegenverkehr nimmt keine Rücksicht – Glück gehabt. Jetzt aber endgültig – Bye, bye, Indien!

Bangladesch, das Land der Fahrradrikschas und der Wasserstraßen

Die Informationen, die ich über Bangladesch habe, sind äußerst spärlich. Ich besitze ein Eisenbahnkursbuch, das *Thomas Cook Timetable,* mit einer Eisenbahnkarte und den Zugverbindungen. Dazu die Telefonnummer des Hotels von Trond in Dhaka. Das war's!

Den Schlagbaum passiere ich ohne größere Probleme, winke den freundlichen Grenzern zu und betrete Land Nr. 7 auf meiner Reise. Der erste Eindruck: ländlich idyllisch, viel Grün, kein Dreck und Gestank, keine schwelenden Abfallhaufen wie in Kalkutta. Man könnte fast meinen, dies sei die »Schweiz Asiens«.

Der Eindruck soll sich in den nächsten Tagen dramatisch ändern. Bangladesch ist eines der ärmsten Länder in Asien und hat mit massiven wirtschaftlichen Schwierigkeiten zu kämpfen. Die Hauptstraßen sind in einem ordentlichen Zustand, nur Brücken, um die großen Flüsse zu überqueren, sind dünn gesät. Mit dem Bus geht es weiter nach Dhaka. Lange Wartezeiten an den Flussfähren verlängern die Reisezeit erheblich.

Ankunft in Dhaka, keiner der ärmlich gekleideten Einheimischen, die ich anspreche, versteht Englisch. Kaum aus dem Bus geklettert, umringen mich schon zehn, zwanzig von ihnen. Betasten meinen Rucksack, zupfen an meinen Klamotten. Wollen mir helfen. Aber wie? Auf der Suche nach einem Telefon begleitet mich eine Prozession aus Neugierigen, ein Pulk von Fahrradfahrern, eine lachende, schreiende Kinderschar und ein Motorradfahrer. Der will mich unbedingt ins *Hilton*-Hotel bringen. Das einzige englische Wort, dessen er mächtig ist, und das er mir immer wieder eindringlich ins Ohr flüstert. Die lieben Leutchen weichen nicht von meiner Seite. Unsere Prozession endet in einer verwinkelten, sandigen Gasse. Abwasserrinnsale, gestampfter Lehmboden, Staub, Plastikfetzen. Undefinierbare Gerüche schlagen mir entgegen. Verschleierte Frauen mustern mich verstohlen. Magere Katzen und kläffende, räudige Köter verschwinden in den zu beiden Seiten abzweigenden dunklen Gängen. Am Ende der Gasse sitzen in einem winzigen Bretterverschlag vier freundlich lächelnde Bengalis um einen Telefonapparat. Nun kann ich loslegen. Telefonieren. Mir ein Hotelzimmer besorgen. Doch schnell legt sich meine euphorische Stimmung. Ich besitze keinen Stadtplan, keinen Reiseführer – Tronds Hotel-Tipp ist eine Enttäuschung – alles belegt.

Die Suche nach einem Hotelzimmer endet schließlich im Missionsbüro einer amerikanischen Adventistengemeinde. Die Missionare betreuen ein Projekt für Straßenkinder. Eine Übernachtungsmöglichkeit gibt es auch hier nicht, aber sie verfügen über ein dickes Telefonbuch! Ich entdecke beim Schmökern die Telefonnummer des deutschen Clubs in der Gulsan Road 104, vielleicht bekomme ich ja hier ein paar Infos oder finde ein Bett zum Übernachten! Einen Versuch ist es wert.

Mit einer Motor-Rikscha geht es anderthalb Stunden kreuz und quer durch das total versmogte Dhaka. Die Gulsan Road liegt im Diplomatenviertel der Stadt. Hier ist alles grüner, schöner, sauberer. Eine Welt für sich inmitten dieser brodelnden, stinkenden, mit Abgasen verseuchten Stadt. Hohe, weiße Mauern umschließen die riesigen Anwesen. Vor fast jeder dieser Protzvillen hängen Schilder – Eintritt verboten! Haus Nr. 104, eine massive Tür – verschlossen. Ich drücke auf die golden schimmernde Messingklingel mit der sehr diskret gehaltenen Aufschrift *German Club – for members only* – und bin gespannt, was passiert. Ein skeptisch dreinschauender, ganz in weiß gekleideter Angestellter öffnet eine kleine Messingklappe in der Eingangstür, mustert mich von oben herab und fragt nach meinen Wünschen. Was wird er wohl denken: speckige, kurze bayrische Lederhose, verknautschter Lederhut und dreckiger Rucksack; nicht die Art von Deutschen, die im Club verkehren. Seine Antwort fällt knapp aus, als ich um Einlass bitte: »Only for members or guests of them« (Nur für Mitglieder oder deren Gäste). So leicht lasse ich mich nicht abwimmeln! Diskutiere, will einen Verantwortlichen sprechen. Der Weißgekleidete verschwindet zum Telefonieren mit dem Vorsitzenden des Clubs, wie sich später herausstellen wird, dem Kanzler der deutschen Botschaft! Ja, und die Adresse erweist sich wirklich als Volltreffer!

Zur Begrüßung werde ich auf Kosten von Herrn von Lessmeister – im Restaurant des Clubs – mit Bratwurst und Bratkartoffeln verwöhnt! Eine angenehme Überraschung. Die Situation beginnt sich zu entspannen. Gegen Abend tauchen die ersten Mitglieder auf. Darunter befindet sich Claus. Mit seinem Vollbart und einer kurzen Stummelpfeife im Mundwinkel und tausend Lachfältchen um die Augenwinkel ist mein erster Eindruck: Aha, ein alter Seebär. Was den wohl in diesen vornehmen Club verschlagen hat?

Claus ist ein total unkomplizierter Zeitgenosse aus Hamburg. Und sein Beruf hat eine ganze Menge mit der Seefahrt zu tun. Er lädt mich spontan ein, die ersten Tage in der Stadt in seiner Wohnung zu verbringen. »Platz ist ja genug da«, sagt er und lacht.

Mit Claus habe ich das große Los gezogen! Er ist von meiner Idee, die Welt ohne Flugzeug zu umrunden, total begeistert. Die Atmosphäre im Club behagt ihm nicht. Los, lass uns von hier verschwinden! Zehn Minuten später sitze ich in seinem Wohnzimmer. Einige Bierchen weiter, hoch über den Dächern von Dhaka, erzähle ich ihm meine Geschichte. Es wird spät in dieser ersten Nacht. Claus hat eine verrückte Idee, eine phantastische, eine wunderbare Idee!

Claus ist in Dhaka für eine große Schweizer Spedition, die *Panalpina*, tätig. Sie hat Kontakte zu einer Reederei, die Container von der Hafenstadt Chittagong aus nach Singapur verschifft. Und er will versuchen für mich eine Mitfahrgelegenheit (»Eine Hand für eine Koje«) auf einem Frachtschiff zu organisieren!

Die zwei aufregendsten Wochen meiner Reise beginnen. Claus und seine bengalischen Freunde in Dhaka setzen Himmel und Hölle in Bewegung. Drei Tage lang fliegen E-Mails und Faxe zwischen Dhaka und Chittagong hin und her. Alle Möglichkeiten werden ausgelotet, um mich auf einem Dampfer unterzubringen.

Nur knapp ein Woche, nachdem ich mit weichen Knien vorm deutschen Club in der Gulsan Road stand, kommt grünes Licht aus der Hafenstadt Chittagong. Ein Vorstellungsgespräch mit der Schiffsreederei ist vereinbart. Das größte Problem, das wir jetzt haben: Wie komme ich heil nach Chittagong?

Seit Wochen erschüttern politische Unruhen das Land. Streiks sind an der Tagesordnung. Der öffentliche Verkehr bricht oft stunden- oder tagelang zusammen. Es gibt Tote und Verletzte bei Demonstrationen.

Ein Freund von Claus will versuchen, mich in aller Herrgottsfrühe zum Bahnhof zu bringen. Keine ganz ungefährliche Angelegenheit, in der ganzen Stadt sind Demonstrationen geplant. Nachdem es vor einigen Tagen bei einer Parteiversammlung der kommunistischen Partei ein Bombenattentat mit mehreren Toten gegeben hat, ist für heute ein Generalstreik ausgerufen worden. Fernsehen und Radio warnen davor, private Autos zu benutzen. Der öffentliche Personennahverkehr wird ab 6.00 Uhr den Verkehr einstellen. Extremisten haben Bombenanschläge angekündigt.

Warten auf den Intercityexpress Dhaka – Chittagong. Die Situation am Bahnhof ist angespannt. Der Regionalverkehr ist komplett zusammengebrochen. Auf dem Bahnhof wimmelt es von gestrandeten Reisenden. Ob der Express in Richtung Chittagong fährt, ist bis zum letzten Augenblick ungewiss. Ratlose Bahnbeamte verschanzen sich im Büro des Fahrdienstleiters. Nervöse Polizisten, bewaffnet mit uralten Karabinern und mit grimmigen, entschlossenen Gesichtern, patrouillieren auf dem Bahnsteig. Sie scheuchen die Menge in unregelmäßigen Abständen von der Bahnsteigkante zurück, versuchen Ordnung zu halten.

Und mittendrin ich, die Sensation aus einer anderen Welt. Trauben von Einheimischen umringen mich. Scheue und gleichzeitig unverhohlene Neugier steht in ihren dunkelbraunen Gesichtern. Sie starren mich unentwegt an. Ein bärtiger Weißer, was macht der hier, wo will der wohl hin? Sie beäugen meinen Aufzug, Lederhose und Hut. Dazu dieser komische Rucksack; das ist nicht das, was sie auf diesem Vorortbahnhof in der Hauptstadt heute Morgen erwartet haben.

So lenke ich durch meine Anwesenheit die Mitreisenden ein bisschen von der Ungewissheit ab, ob der Express nach Chittagong heute fährt oder nicht. Daumen drücken und immer wieder der Blick zur Uhr. Der Zeiger wandert unerbittlich weiter, die Chancen schwinden im Minutentakt. Mit zwei Stunden Verspätung und völlig unerwartet kommt er dann doch, der Intercity-Express nach Chittagong. Die Wartenden sind von seiner Ankunft überrascht. Keine Lautsprecheransage, nichts! Egal, jetzt wird jede Mitfahrgelegenheit genutzt, Fahrkarte oder nicht, die Wartenden stürmen die Waggons. Wer weiß, wann der nächste Zug von Dhaka in Richtung Süden fährt. Auch das Dach wird belegt! Dass auf einem Intercity Menschen auf dem Dach mitfahren, man stelle sich das mal in Europa vor.

300 Kilometer Eisenbahnfahrt liegen vor uns. Bangladesch ist ein stark von der Landwirtschaft geprägtes Land. 80 Prozent der Bevölkerung lebt und arbeitet außerhalb der Städte. Vom Zugfenster aus beobachte ich die Bauern bei der Arbeit auf ihren Feldern. Schwere Wasserbüffel sind vor hölzerne Pflüge gespannt. Knietief im Matsch, mit nackten Füßen, waten die Bauern hinter den grauen Kolossen her, beackern so ihre Felder. Kein Traktor, keine Maschinen erleichtern ihre Arbeit. Am Horizont kleine Dörfer in der flachen, weiten grünen Landschaft. Und immer wieder spielende Kinder. Oft kann ich sie beim Baden in den reichlich vorhandenen Flüssen und Seen beobachten. Sie kreischen, lachen, plantschen. Bespritzen sich gegenseitig mit dem lehmig-braunen Wasser. Ja, reiten ab und zu auf den Rücken der Wasserbüffel im Fluss. Was für ein Kontrast zu der extrem angespannten politischen Situation dieser Tage im ganzen Land!

Die Ankunft im Hauptbahnhof von Chittagong ist bedrückend. Kinder rennen mit nackten Füßen über spitze Schottersteine den Bahndamm entlang. Ihre zerlumpte Kleidung schlottert ihnen um die mageren Körper. Sie springen schon lange vor dem Erreichen des Bahnsteiges auf den fahrenden Zug. In aller Eile durchstreifen sie Abteil um Abteil. Jedes Stück Zeitung, die zu Dutzenden herumliegenden Plastikwasserflaschen, alles wird in alten Jutesäcken gesammelt, für ein paar Taka (100 Taka zirka 1 Euro) weiterverkauft. Immer die Angst im Nacken, dass die Schaffner sie erwischen. Und dann der heruntergekommene Bahnhof von Chittagong – ein Schock. Auf dem Bahnsteig warten abgehärmte, traurig blickende Frauen jeden Alters, alte Männer. Ausgestreckte Hände mit schmutzigen Pappbechern recken sich den Reisenden entgegen. Bitten, Betteln um ein paar Takas, für den Kampf ums tägliche Überleben. Einige der Frauen tragen ihre Säuglinge in Lumpenbündeln auf dem Rücken, schleppen sich auf Krücken den Bahnsteig entlang.

Der erste Versuch, meine Reise von Chittagong aus fortzusetzen, ist enttäuschend. Der Hafenbereich ist militärisches Sperrgebiet. Entsprechend schwer ist es, eine Genehmigung zum Betreten des Hafens zu bekommen. Als das endlich geglückt ist, beginnt der Kampf um ein Visa das zum Verlassen von Bangladesch mit einem Frachter berechtigt. Mit den Behörden gibt es Schwierigkeiten, doch nicht nur mit ihnen. Ein Schiffseigner, er hat per Telefax gegenüber meinem Freund Claus sein O.k. signalisiert, zieht am Tag meines ersten Besuches im Büro seiner Reederei die Genehmigung zur Mitfahrt auf einem seiner Frachter zurück!

Eine neue Suche der bengalischen Freunde in Dhaka und in Chittagong beginnt. Meine Tage in Chittagong sind geprägt von unzähligen Gesprächen in Reedereibüros und nervenaufreibendem Warten.

Umweltkatastrophe am Strand von Chittagong

Der Stadtrand von Chittagong. Eine 30-minütige Fahrt mit einer Motor-Rikscha – hier ist ein Strand, blaues Meer und Sonnenschein. Die Idylle trügt. In Europa der ideale Platz für Urlauber, breitet sich hier auf einer Länge von 15 Kilometern ein mit Öl und Chemikalien verseuchter Strand aus, auf dem

Hunderte von Schiffswracks auf den Schneidbrenner warten. Brain aus Großbritannien hat mich hergeführt. Er ist Journalist und arbeitet an einer Reportage über Schiffsabwrackwerften in Indien und Bangladesch, die weltweit führenden Länder in diesem Industriezweig. Ich habe ihn bei dem Versuch, auf den Schiffsfriedhof von Chittagong zu gelangen, begleitet.

Schon bei der Fahrt mit der Rikscha säumen Läden die Straße, wo von Schiffsküchen bis zu Schiffsschrauben alles zu haben ist, was aus den Bäuchen der Schiffe rausgerissen worden ist. Ob ausrangierter Öltanker, Chemikalienschiff oder Containerfrachter, der Schrott der westlichen Konsumgesellschaft dämmert seinem Ende entgegen. Die flachen Küstengewässer vor Chittagong eignen sich hervorragend, die zigtausend Tonnen schweren Frachter auf Grund zu fahren und auszuschlachten. Im Straßengraben liegt ein schiefes, verrostetes mannshohes Schild, die Schrift in bengalischer Sprache. Auf ihm ist ein Frachter abgebildet. Die Farbe blättert ab, die Schrift ist nur undeutlich zu erkennen.

Wir wandern eine Schotterstraße entlang, vermuten dass sie uns zum Strand bringt. »Ich spüre es, hier sind wir richtig«, spekuliert Brian. Sein Jagdinstinkt ist voll erwacht. Mir ist nicht unbedingt wohl in meiner Haut, ich beginne so langsam zu kapieren, dass dies ein verdammt abenteuerliches Unternehmen ist, auf das ich mich hier einlasse. Kann schnell gefährlich werden.

Ein halbes Dutzend Jugendliche lungert am Straßenrand herum. Ein paar schmierige, kleine Geldnoten wechseln den Besitzer und sie zeigen uns eine Stelle im rostigen Stacheldrahtzaun. Hier gelingt es uns ohne große Probleme, auf das nachlässig gesicherte Gelände des Schiffsfriedhofes zu kommen. Einer der Jungs begleitet uns, bringt uns zu einem Fischer. Der erklärt sich nach kurzem Zögern bereit, für ein kleines Bakschisch, umgerechnet 2 US-Dollar, uns mit seinem Fischerboot die Schrottschiffe von der Seeseite aus zu zeigen.

Was wir in der folgenden Stunde zu sehen bekommen, ist ein ausgemachter Skandal, eine Umweltkatastrophe ersten Ranges. Soweit der Horizont reicht, sehen wir Dutzende, ja, wenn nicht hunderte von ausgemusterten Seelenverkäufern, der Schiffsschrott der westlichen Welt. Halb eingerissene Aufbauten auf den Decks. Abgeknickte Ladebäume, ungesicherte Stahltrossen. Ausgediente Ölfasser dümpeln zwischen den einzelnen Wracks umher. Ölschlieren verdrecken die Wasseroberfläche. Der Fischer fährt uns auf kurze Distanz an ein Schiff heran, auf dem gearbeitet wird. Arbeiter in kurzen Hosen und Gummischlappen an den Füßen, bekleidet mit zerrissenen T-Shirts, arbeiten auf wackligen Gerüsten aus Bambusstangen im aufgerissenen Schiffsbauch. In zehn bis fünfzehn Meter Höhe schweißen sie mit Schneidbrennern Stahlplatten aus dem Rumpf. Das Fehlen jeglicher Schutzausrüstung ist neben der extremen Verseuchung des Meeres für mich die größte Sauerei. Explosives Material lagert ungesichert auf den Wracks. Der Fischer berichtet von Explosionen auf den Schiffen, Toten und Verletzten. Fast jeden Tag ereignen sich Arbeitsunfälle. Die Arbeiter befinden sich in einer aussichtslosen Situation, denn zu dieser Arbeit gibt es keine Alternative.

Eine Studie von Greenpeace und der internationalen Menschenrechtsföderation (FIDH) hat über mehrere Jahre hinweg Daten zu Todesfällen beim Abwracken von Schiffen in Indien und Bangladesch gesammelt und ausgewertet. In Bangladesch existieren angeblich keine offiziellen Zahlen. Auf der Basis lokaler Zeitungsberichte schätzen FIDH und Greenpeace die Zahl der bei Schiffsabwrackarbeiten zu Tode gekommener Menschen allein in der Hafenstadt Chittagong auf 1.000 bis 1.200 in den letzten drei Jahrzehnten (EUWID-Nachrichten Ausgabe Nr. 51/52 vom 20. Dezember 2005).

Von einem der Wracks aus werden wir schon seit einiger Zeit mit Ferngläsern beobachtet. Zeit zu verschwinden, um unsern illegalen Aufenthalt auf dem Schiffsfriedhof ohne Blessuren zu beenden. Bekanntschaft mit der Polizei oder den Schrottplatzbesitzern zu machen, möchten wir möglichst vermeiden. Westliche Journalisten sind in der Vergangenheit bei Recherchearbeiten tätlich angegriffen worden. Da wird nicht lange gefackelt. Brian hat genügend Material für seine Story sammeln können, ich bin um eine Erfahrung reicher.

Wann kapiert die westliche Welt, dass Ausbeutung und der Missbrauch der dritten Welt als Müllabladeplatz gestoppt werden müssen? Doch wer von den großen Industrienationen dieser Welt hat ein Interesse daran?

Autobomben und ein Molotowcocktail

Mittwoch, ein weiterer Tag des Wartens? Der Tag beginnt mit mit dem üblichen Ritual: Frühstücken gehen und Fernsehnachrichten schauen. Das wichtigste Thema, dem die versprengte Schar von Hotelgästen und das gesamte Personal höchste Aufmerksamkeit widmen, ist die Entwicklung der Unruhen im Land in der vorangegangenen Nacht. Vorm Fernseher verdrücke ich ein paar labbrige weiße Toastscheiben mit Spiegelei und Marmelade und einige Tassen Tee. Gestern Nacht ist alles ruhig geblieben. Die Tage erstarren in Routine. Ich gehe auf mein Zimmer, schreibe Tagebuch, beobachte die Fliegen auf der fleckigen Tapete an der Wand. Warte auf den erlösenden Anruf aus der Reederei. Frustgefühl in mir beginnt sich auszubreiten. Mein Nervenkostüm wird von Tag zu

Tag dünner. Ich kann überhaupt nicht einschätzen, ob dieses Abenteuer ein glückliches Ende nimmt, ob ich in einigen Tagen auf einem Schiff sitze oder meinen Rucksack packen muss, zurück nach Dhaka. Ich tröste mich ein wenig mit dem Gedanken an Nepal, an das Himalaja-Gebirge.

Es klopft an der Zimmertür. Der Etagenkellner ist ganz aufgeregt (das Personal habe ich in groben Zügen in meine Pläne eingeweiht). Er hat eine Nachricht für mich, ich soll um 9.00 Uhr ins Büro der South East Asian Company am Hafen kommen! Keine 20 Minuten später stehe ich im Büro des Schiffsagenten. Umgeben von laut klingelnden Telefonen und ratternden Faxmaschinen thront Jussuf, mein Schiffsagent, hinter seinem Schreibtisch. Er schmunzelt, als er mich sieht. »Hast du vielleicht 60 Dollar dabei? Gib mir deinen Pass«, flüstert er, »wir haben einen Beamten bei der Immigration gefunden. Du bekommst dein Visa.« Er ist bereit, uns gegen eine kleine Extra-Gebühr zu helfen. »Halte dich ab sofort in deinem Hotel bereit. In drei Tagen läuft, wenn alles nach Plan geht, ein Containerfrachter der Midland Shipping Lines Ltd. mit einer Ladung T-Shirts für Europa nach Singapore aus!«

Überglücklich fahre ich durch das Verkehrsgewühl von Chittagong zurück ins Hotel. Hunderte von klingelnden, hupenden Fahrrad- und Motorradrikschas nehme ich nicht mehr wahr. Die ganze Welt der Abgase von Chittagong ist heute eine einzige rosa Wolke des Glücks für mich. Jetzt nur kein Streik in den nächsten drei Tagen!

Die Abendnachrichten des bengalischen Fernsehens bringen mich brutal in die Realität des Alltages zurück. Bilder von zerstörten Autorikschas in Chittagong flimmern über den Bildschirm. Am Morgen, so der Nachrichtensprecher, sind im Hafengebiet mehrere Splitterbomben in abgestellten Rikschas explodiert. »Ach du dicke Scheiße!«, entfährt es mir.

Genau zu der Zeit, als ich im Büro der Reederei gewesen bin. Hoffentlich komme ich im Laufe der nächsten Tage mit heiler Haut aus Chittagong raus!

Die Streiks, die mich seit meiner Ankunft in Bangladesch begleiten, lösen in mir als Gewerkschaftssekretär gemischte Gefühle aus. Grundsätzlich hätten sie meine volle Unterstützung, ginge es bei den Streikaktionen um gerechtere Lohn- und Arbeitsbedingungen oder das Recht auf freie Meinungsäußerung. Hier, so ist mir erklärt worden, werden sie von den politischen Parteien des Landes ausgerufen und haben in erster Linie das Ziel, parteipolitische oder religiöse Überzeugungen zu manifestieren. Die Möglichkeit, Informationen über englischsprachige Nachrichtensender oder Zeitungen zu bekommen, gibt es nicht. So ist es für mich wirklich schwierig, mit ihnen umzugehen.

Donnerstag: besorgte Mienen an der Rezeption und bei den Kellnern – Generalstreik in Chittagong. Die Empfehlung an alle Ausländer lautet: Verlassen Sie zwischen 6.00 Uhr morgens und 18.00 Uhr abends aus Sicherheitsgründen bitte nicht Ihr Hotel. Prost Mahlzeit, was nun? Jetzt sitze ich fest!

Ich bin niedergeschlagen. Meine Hochstimmung von gestern ist verflogen. Der Hotelportier versucht, mich aufzumuntern. Er erzählt mir, dass gestern Abend ein Deutscher eingecheckt hat. Ich greife zum Telefonhörer, bin neugierig – was mag das wohl für ein Typ sein, den es wie mich in diese Gegend verschlagen hat? Eine verschlafene Stimme meldet sich am Telefon. »Jo, Jo, woher weißt du denn, dass ich hier bin?« Ich bin genauso verdutzt wir er. Wir verabreden uns im Frühstücksraum.

Der Frühstücksraum im Hotel ist riesig. 30 Tische, und nur einer davon ist besetzt. Ist das da drüben vielleicht der Berliner, mit dem ich gerade telefoniert habe? Ja, er ist es! Des Rätsels Lösung: Carsten kommt aus Berlin und ist auch auf einer Weltreise. Ein Freund aus Düsseldorf heißt Jo. Und dass der nun gerade im Hotel in Bangladesch auf ihn wartet wäre in der Tat ein ziemlich unwahrscheinliches Ding.

Während wir im Hotel festsitzen, ziehen draußen in den Straßen von Chittagong Tausende Demonstranten vorbei. Fahnen werden geschwenkt, Transparente in die Höhe gereckt, politische Parolen gerufen. Die Stimmung in der Stadt ist nach dem Autobombenattentat vom gestrigen Tag zum Zerreißen gespannt.

Gegen Spätnachmittag wird es ruhiger vor meinem Hotel. Rikschageklingel kündet davon, dass die Demonstrationszüge sich aufgelöst haben. Entspannt liege ich auf meinem Bett und schreibe Tagebuch. Doch plötzlich ein dumpfer Knall, Schreie. Rauchwolken steigen direkt vor meinem Fenster auf! Ich stürze ans Fenster. Auf der Straße steht ein altersschwacher, grün lackierter Bus in Flammen! Menschen stürzen aus dem Bus, fliehen in Panik in Richtung Basar. Polizeisirenen heulen auf, Mannschaftswagen der Polizei rasen die Straße entlang, stoppen direkt gegenüber dem Hoteleingang. Gehen in Stellung. Innerhalb weniger Minuten ist die vierspurige Straße komplett von Polizisten abgesperrt. Maschinenpistolen sind auf den brennenden Bus gerichtet, Schutzschilder in Stellung gebracht, Knüppel gezogen. Unbekannte Attentäter haben mit Molotowcocktails den Bus in Brand gesteckt. Flammen schlagen aus dem Innern. Die Hitze im brennenden Bus lässt die Scheiben mit lautem Knall platzen. Die Polizei bekommt Verstärkung, ein Feuerwehrwagen kommt angerast. Feuerwehrmänner springen raus, Wasser marsch! In wenigen Minuten haben sie den Brand unter Kontrolle. Von den Brandstiftern fehlt jede Spur.

Zwei Tage später kommt für mich die erlösende Nachricht: Ein neuer Dampfer ist gefunden! Die Genehmigungen von Zoll, Einwanderungsbehörde und Polizei sind unter Dach und Fach. Es geht los! Singapur, ich komme!

Die Anspannung der letzten Tage und Wochen löst sich in einem tierischen Freudenschrei auf. Ich hüpfe durch mein Hotelzimmer wie ein kleiner Junge, könnte die ganze Welt umarmen. Drei Wochen mit neun Tagen *Hartal* (Streikaktionen von politischen Parteien), Bombenattentate, Demonstrationen, alles ist auf einen Schlag vergessen. Diese einmalige Chance, meine Reise mit einem Frachtschiff fortzusetzen, lässt mich innerlich Purzelbäume schlagen. Claus, dieser Teufelskerl aus Hamburg und seine bengalischen Freunde, sie haben für mich das Unmögliche möglich gemacht, es geschafft. Ich bin glücklich und dankbar.

In meinem Pass glänzt der Stempel des Immigration-Offiziers vom Hafen Chittagongs: Die Genehmigung, das Land Bangladesch auf dem Seeweg zu verlassen!

Auf dem Totenschiff von Chittagong nach Singapur

Logbuch meiner Schiffsreise auf dem bengalischen Containerfracher *MV Jaami*

Das Schiff: Motorvessel (MV) Jaami, Containerfrachter, 12.500 BRT, 10.000 PS Motorenleistung, 26 Stundenkilometer schnell, 148 Meter lang, drei Stockwerke hoch und 31 Mann Besatzung. Gebaut 1979 auf einer polnischen Werft – in Europa ausgemustert und verkauft nach China, seit 1999 Einsatz unter bengalischer Flagge. Fachleute bezeichnen diese Art von Frachtern auch als Totenschiffe. Indische und bengalische Schiffsmakler haben sich darauf spezialisiert, zur Verschrottung vorgesehene

Schiffe aufzukaufen. Dann aus den Totenschiffen die halbtoten herauszufischen und ein paar Jahre für guten Profit noch einmal auf die Reise zu schicken, bevor es auf den Schiffsfriedhof geht.

Geschätzte Reisezeit: sieben Tage, Distanz: 1.700 Seemeilen oder 2.800 Kilometer bis Singapur.

Reiseweg: Bay of Bengalen, Andamensee – Küste Myanmar/Thailand, Straße von Malakka – Küste Malaysia, Singapur.

Freitag, 22.30 Uhr – Dichte Nebelschwaden ziehen durch den Hafen von Chittagong. Kontrolle am Checkpoint durch Militär und Polizei, kritische Blicke, kurze Diskussion mit meinen Begleitern, ein mulmiges Gefühl in meiner Magengegend breitet sich aus – dann werden wir durchgewunken. Wir haben es geschafft!

Schemenhaft zeichnen sich im Nebel die Umrisse von Frachtschiffen ab, sie sind kaum auszumachen. Unser Jeep »tastet« sich hupend durch das nur schwach von gelblich schimmernden Laternen erleuchtete Hafengelände.

Im Schritttempo geht es von Verladekran zu Verladekran am Pier entlang. Dann erhellen starke Containerladescheinwerfer schlagartig die Szene. Wir sind da, mein Schiff, die MV Jaami, wird noch beladen.

Begrüßung durch den 2. Offizier auf der Gangway. Er entschuldigt sich als Erstes für mein Quartier. Wir stoppen vor einer Kabine mit der Aufschrift Medizin Care. Zweifel erscheinen auf meinem Gesicht – die Krankenstation? Ja, eine andere Möglichkeit gibt es nicht. Er öffnet die Tür und ich bin begeistert. Donnerwetter, absolut komfortabel, mit zwei Betten zur Auswahl und einem richtigen Badezimmer!

SAMSTAG, 8.00 UHR – Warten auf die Abfahrt, die Verladeaktion der Container hat sich in der vorherigen Nacht wegen des starken Nebels verzögert. Kurz vor 8.00 Uhr heißt es »Leinen los, volle Kraft voraus«. Der Bug der MV Jaami zeigt in Richtung offenes Meer. Wir nehmen Kurs auf den Karnphuli River, stromaufwärts, in Richtung der Bucht von Bengalen.

11.00 Uhr, Vorstellungsgespräch beim Kapitän – Ergebnis: Ich werde alle Arbeitsbereiche des Schiffes kennenlernen und bin quasi zum Jungseemann ernannt. Eine Vergütung erfolgt nicht. Mit dem Einsatz meiner Arbeitskraft und der Ernennung zum fünften Kadetten bin ich in einem klassischen »Hand-gegen-Koje«-Arbeitsverhältnis. Ausgabe von Arbeitsklamotten und Helm; es kann losgehen!

SONNTAGMORGEN – Erster Einsatz im Maschinenraum, zweite Wache von 4.00 bis 8.00 Uhr. Ohrenbetäubender Lärm der 10.000-PS-Maschine, 45 Grad Hitze. Bewaffnet mit einem Ölkännchen und ausgerüstet mit Helm und Taschenlampe wird mir von den Kollegen gezeigt, worauf es bei Wartung, Kontrolle und Überwachung dieser Riesenmaschine ankommt!

MONTAG – Es geht in den Bauch des Schiffes, zwei Stockwerke tief über Eisenleitern, Bilgenwasser schöpfen und Rost fegen. Der Transport nach oben erfolgt über Eimer an Deck. Fünf Kadetten schuften und fluchen – eine harte, schweißtreibende Arbeit. Am Nachmittag Containerladeraumböden schrubben. Bestimmt zwei Zentner Dreck und Rost werden über die Reling in die offene See entsorgt.

DIENSTAG – Wecken um 5.30 Uhr. Die Arbeit im Laderaum geht nicht aus. Eine der Pumpen im Laderaum II ist defekt. Von fünf Kadetten und drei Seeleuten wird drei Stunden lang Bilgenwasser per Handbetrieb geschöpft.

12.30 Uhr – ein Knall, alles Dunkel im Laderaum! Ein Handscheinwerfer kommt zum Einsatz. Kurz darauf wieder Licht über ein Notstromaggregat. Ein Kurzschluss hat Teile der Schiffselektrik lahm gelegt. Fünf Stunden lang dümpeln wir mit abgeschaltetem Schiffsdiesel in der Andamanensee. Um 19.00 Uhr erfolgt das Kommando von der Brücke: »Volle Kraft voraus!«. Glück gehabt! Es geht weiter.

MITTWOCH BIS FREITAG – Frühstück im Mannschaftsraum. Küchenschaben tummeln sich auf den Tischen, an einigen Stühlen fehlen die Lehnen – alles ein bisschen arg »Basic«.

Arbeiten in der Offiziersmesse als Steward und Einsatz in der Kombüse. Kartoffelschälen, Knoblauchzehen abziehen für 31 Mann Besatzung, Bratkartoffeln zubereiten für die Jungs von der Kombüse, alles im »Programm«.

Zwischen den Arbeitseinsätzen genieße ich das tintenblaue Meer, die fliegenden Fische und Delphine, die unseren Frachter auf seinem Weg durch die Andamanensee begleiten.

Piratenwache in der Straße von Malakka

Bei der Einteilung zum Dienst am Mittwoch gibt es eine besondere Überraschung für mich! Von 0.00 bis 7.00 Uhr bin ich vom ersten Offizier zur Piratenwache eingeteilt. Die Straße von Malakka gilt als eines der gefährlichsten, von Piraten verseuchten Gewässer der Welt.

Punkt Mitternacht beginnt meine Wache. Unser Dampfer ist ausgeleuchtet wie ein Weihnachtsbaum. Die großen Ladelampen hängen an Back- und Steuerbord und beleuchten das Meer rund um unser Schiff. Zusätzlich am Heck die gleiche Festbeleuchtung – hier ist die neuralgische Stelle für Piratenüberfälle!

Wir sind acht Mann pro Schicht. Mehrere Dutzend anderthalb Meter lange handliche Eisenstangen stehen bereit. Schwe-

re Schottersteine sind in Eisenkisten an verschiedenen Punkten an Deck verteilt. Und – wenn es richtig losgehen sollte – sind vier Feuerspritzen in Stellung gebracht. Mit dem harten Wasserstrahl kann innerhalb weniger Sekunden die Bordwand am Heck von angreifenden Piraten befreit werden. Backbord und Steuerbord sind je zwei Seeleute auf Wachrunden unterwegs, beleuchten die Schiffswände mit starken Stabtaschenlampen, melden jede verdächtige Bewegung umgehend an den diensthabenden Offizier. Ich stehe mit einem zweiten Seemann am Heck, er ist bewaffnet mit einer der Feuerspritzen. Ich starre in die schäumende Gischt des Meeres 15 Meter tief unter mir. Hier könnten sich die Piraten mit kleinen, wendigen Fischerbooten anpirschen, könnten versuchen, mit Enterhaken die Schiffswand hochzuklettern! Stündlich wird die Position gewechselt. Ich bin froh, dass wir die Feuerspritze an einen Kollegen abgeben dürfen. Nicht auszudenken, wenn in dieser Nacht ein Angriff gestartet worden wäre!

Auf der letzten Reise ist auf der MV Jaami ein Piratenangriff erfolgreich abgewehrt worden! In dieser Nacht meldet der Wachhabende dem Kapitän am Morgen: »Keine besonderen Vorkommnisse!«

Singapur

Kurz vor Mitternacht erreichen wir den Hafen von Singapur. Ein absolut phantastisches Erlebnis, die hell erleuchtete riesige Hafenanlage. Auf Reede liegen die 100.000 Bruttoregistertonnen (BRT) schweren Superfrachter. Wie ein Spielzeugschiff mutet da unser 12.300-Tonner an. Die Skyline der Hochhäuser von Singapur und ein traumhaft schöner Sternenhimmel bilden den perfekten Hintergrund bei unserer Ankunft.

Kaum hat uns ein Bugsierschlepper an den Entladekai zum Festmachen verfrachtet, wird auch schon begonnen, unser

Schiff zu entladen. Container um Container schwebt aus dem Bauch der MV Jaami. Riesige Ladebrücken auf Laufkatzen arbeiten ununterbrochen.

Für mich ist die Zeit gekommen, mich langsam auf den Abschied vorzubereiten. Mitarbeiter des Schiffsagenten kommen an Bord, sie kümmern sich um meine Immigration. 100 Singapore-Dollars sind fällig. Eine Stunde später leuchtet mir ein nagelneuer Einreisestempel der Immigrationsbehörde des Staates Singapur entgegen.

Samstagmorgen. 2.30 Uhr, meine letzte Nacht an Bord ist angebrochen. Am frühen Morgen mustere ich ab. Der Kapitän händigt mir mein Arbeitszeugnis aus, bedankt sich für den von mir geleisteten Arbeitseinsatz. Ich verspreche, ihm die Fotos der Reise zuzuschicken. »Einen solchen Kadetten werden wir wohl so schnell nicht wieder bekommen«, sagt er schmunzelnd und schüttelt mir kräftig die Hand.

Der Abschied von der Mannschaft, meinen Kollegen Kadetten und von Hassan, dem ersten Offizier, das fällt mir verdammt schwer. Mein Freund, der Koch, nimmt mich in seine Arme und zerquetscht mich fast an seiner breiten Brust. Ein letzter Blick zurück – winkende Kollegen auf der Gangway. Den Rucksack geschultert geht es weiter auf meiner Reise um die Welt. Dem nächsten Abenteuer entgegen.

Kapitel 5

Überfall und Panzerplatten – Eisenbahnabenteuer in Kambodscha

Tony, ein Freund aus der Schweiz, und ich starten zu einer abenteuerlichen Reise in die Hauptstadt von Kambodscha. Laut Fahrplan soll es um 6.40 Uhr losgehen. In zwölf Stunden und 54 Minuten will der Zug die gut 300 Kilometer von Battambang nach Phnom Penh schaffen. Wir sind um 5.00 Uhr am Bahnhof. So ist die Chance am größten, einen Sitzplatz zu ergattern.

Im Bahnhof von Battambang sorgen einige qualmende Petroleumlampen und eine einsame elektrische Birne für ein trübes Licht. Die Birne baumelt in der trostlosen Bahnhofshalle vor dem Fahrkartenschalter hin und her. Drei US-Dollar, so hoch ist der Fahrpreis für eine Fahrkarte aus dem Kontingent für Ausländer. Das ist ungefähr der doppelte Preis, den Einheimische bezahlen. Ich setze meinen ganzen Charme ein und ergattere für 4.200 Riel eine weitere Fahrkarte, eine für Einheimische. Der Clou: Eine echte Edmonsonsche Pappfahrkarte – ein Juwel für Sammler und nur noch bei wenigen Bahngesellschaften der Welt zu finden!

Auf dem Bahnsteig ist es stockdunkel. Mit der Taschenlampe in der einen Hand, mit der anderen Hand den Rucksack festhaltend, klettern wir durch die schmale Tür in einen Waggon. Statt elektrischer Beleuchtung: Kerzenschein. Dort, wo an der Decke mal das elektrische Licht installiert war, herrscht gähnende Leere. Kabel, Schalter, Glühbirnen, alles weg. Zunächst verstauen wir unsere Rucksäcke, freuen uns über ein freies Plätzchen, machen es uns auf einer der alten

Holzbänke bequem. Wir sind im Speisewagen gelandet. In der Ecke unseres Waggons ist die Waggonbar eingerichtet. Auf ein paar rohen Holzplanken, sie ruhen auf zwei Holzböcken, gibt es alles, was das Herz begehrt.

Bier, Cola, Fanta in Dosen, Wasser in Plastikflaschen, Kekse, Chips, Feuerzeuge, Kerzen, Streichhölzer und so weiter und so weiter. Der Verkäufer hat dazu Reis und Hähnchen im Angebot. Das Frühstück wird von Kerzen beleuchtet. Fünf Minuten später flackert auf unserer Holzbank ebenfalls ein Kerzenlicht. Romantischer kann eine Zugfahrt kaum beginnen.

Unser Zug besteht zur Hälfte aus Güterwaggons, die Personenwagen sind bunt zusammengewürfelte Garnituren, sie stammen zum Teil noch aus der französischen Kolonialzeit. Es gibt keine Scheiben mehr in den Fenstern, die Trittbretter sind verrostet oder fehlen ganz. Die Toilette: ein Loch im Waggonboden hinter einer rostigen Eisentür, die sich nur mit Mühe aufstemmen lässt. Die Frontpartie unserer Lokomotive, einer französischen *Alstom*-Diesellok aus den sechziger Jahren, ist mit Panzerplatten gegen Minen gesichert. Schmale Schlitze ermöglichen den Lokomotivführern den Blick auf die Strecke. Die Roten Khmer haben noch 1986 an der Strecke Minen verlegt, um so die vorrückende vietnamesische Armee zu stoppen. Inwiefern dieser Schutz durch Panzerplatten heute noch notwendig ist, konnte oder wollte mir niemand erklären.

Dreißig Jahre Bürgerkrieg, fehlende Finanzmittel zum Wiederaufbau und Unterhalt von Gleisanlagen und Bahnhöfen, dazu ein hoffnungslos veralteter Wagenpark sowie altersschwache bzw. fehlende Lokomotiven haben dazu geführt, dass jede Reise mit dem Zug in Kambodscha zum Abenteuer wird. Heute benutzen hauptsächlich arme Menschen den

Zug. Wie lange hier überhaupt noch gefahren werden kann, weiß niemand.

Die Durchschnittsgeschwindigkeit unseres Zuges beträgt »flotte« 22 Stundenkilometer. Mit den Bremsen gibt es ein kleines Problem: »Wir haben zwei pro Zug statt einer pro Waggon,« erklärt der Zugführer entschuldigend. Zudem sind Entgleisungen an der Tagesordnung. Das macht die Fahrt umso interessanter, allerdings eher »für Reisende, die das Besondere lieben«. Geschultes Personal bei der *Chemin de fer du Cambodge (CFC)* ist knapp.

20 US-Dollar, das ist der Monatsverdienst der einfachen Eisenbahner. Doch die Begeisterung für ihren Zug ist echt. Zusammengefasst: das Modernste an unserem Zug sind die nagelneuen Uniformen der Schaffner!

Die Güterwaggons sind zum größten Teil mit Ananasfrüchten und Säcken voller Holzkohle beladen. Die Händler fahren in der Hängematte mit; sie sind in die offenen Türen der Güterwaggons eingehängt. So sparen sie sich das Fahrgeld. Zu unserer Sicherheit gibt es einen Waggon mit Polizisten. Um Überfälle zu verhindern, sind sie mit Maschinenpistolen bewaffnet. Der letzte Überfall ereignete sich vor knapp anderthalb Jahren. 20 Betrunkene haben versucht, den Zug zu stürmen. Passiert ist, Buddha sei Dank, nichts.

Die Abfahrt verzögert sich aus unbekannten Gründen. Die Fahrgäste nehmen es gelassen hin. Dafür versorgen fliegende Händler die Reisenden mit Esswaren, Kaffee und Tee. Auch wenn es zunehmend eng wird vor lauter Koffern und Kisten und dem einen oder anderen Federvieh, das in den Abteilen transportiert wird, es ist gemütlich. Doch wann kommt das Signal zur Abfahrt?

Um 7.00 Uhr steht unser Zug immer noch am Bahnsteig. Nichts deutet darauf hin, dass es bald losgeht. Ein Güterzug mit Dieselwaggons wird in den Bahnhof rangiert. Da kommt Bewegung auf bei den Leuten. Anwohner des Bahnhofes und Eisenbahner zapfen in Windeseile Diesel aus den Einfüllstutzen der Waggons. Die Leute kommen mit Eimern und Plastikflaschen angerannt, selbst Waschschüsseln werden genutzt, um möglichst viel Sprit zu ergattern. Die zur Sicherheit unseres Zuges eingeteilten Polizisten schauen interessiert weg! Schlussendlich wird der ganze Dieselgüterzug samt Lokomotive in unseren Zug integriert, so dass wir jetzt mehr Güter- denn Personenzug sind!

Gut zwei Stunden später als geplant setzt sich unser Zug um 8.45 Uhr mit einem heftigen Ruck in Bewegung. Vier oder fünf Koffer fliegen aus den Gepäcknetzen, ohne jemand zu verletzten.

Wie Betrunkene schwanken die Waggons über die ausgeleierten Gleise. Jeden Augenblick kann man damit rechnen, dass einer aus den Schienen fliegt und den Zug von den Gleisen reißt.

Die Landschaft, die wir durchqueren, ist zum großen Teil flach, mit Buschwerk bewachsen, dazu vereinzelte Baumgruppen. Abwechslung für den Beobachter bringen die immer wieder auftauchenden massigen Wasserbüffel an der Strecke. Vor allem, wenn sie sich in jeder noch so kleinen Pfütze suhlen, sind sie prächtig anzuschauen. Ansonsten gibt es fürs Auge wenig zu sehen. Dafür ist die Eisenbahnfahrt umso interessanter. Es gibt keine Signalanlagen oder Bahnübergänge. Eine weitere Besonderheit der kambodschanischen Eisenbahn sind die so genannten *Remongs.* Selbstgebastelte Schienenfahrzeuge, angetrieben von Fünf-PS-Mopedmotoren. Sie sind so eine Art Personennahverkehr mit angeschlossenem Gütertransport und verkehren abschnittsweise zwischen den kleinen Dörfern an der Strecke. Auf ihnen wird alles transportiert, was Beine hat. Vom Säugling auf dem Weg zur Großmutter bis zur ausgewachsenen Kuh, die für den Viehmarkt im Nachbardorf bestimmt ist. Sobald die Besatzung den einzigen Zug, der hier noch täglich verkehrt, erspäht hat, wird in Windeseile das ganze Gefährt mit Muskelkraft von den Schienen gehoben. Und zehn Minuten später wird die Fahrt fortgesetzt.

Unser Zug fährt an den geraden Tagen des Monats die Strecke Battambang nach Phnom Penh; am nächsten Tag die gleiche Strecke zurück. Die wenigen Bahnhöfe sind zum großen Teil verfallen, es reicht gerade zum Ein- und Aussteigen. Oft hält der Zug an Orten wo man nur vermuten kann, dass es hier mal einen Bahnhof gegeben hat. Reisende kommen und gehen. Zudem wird bei den Aufenthalten auch jede Menge Güterfracht ab- und zugeladen. Das geht nicht immer konfliktfrei ab – wie wir an einem der kleinen Unterwegshaltebahnhöfe auf drastische Weise erleben.

Der Zug nähert sich im Schneckentempo schaukelnd und schwankend der kleinen Bahnstation. Da passiert es! Maschinenpistolenschüsse peitschen auf, zwei, drei Salven. Wir trauen uns kaum, unseren Kopf aus dem Fenster zu strecken. Tony und ich sind blass geworden. Mein erster Gedanke: »Ach du Scheiße, Überfall«. Jetzt geht es uns an den Kragen. Mit schweißnassen Händen sitzen wir auf der harten Holzbank, harren der Dinge, die da auf uns zu kommen. Jeden Augenblick müssen die Banditen doch im Waggon auftauchen, schießt es mir durch meine Gehirnwindungen! Die Leute in unserem Waggon sehen uns an unseren Nasenspitzen an, wie unsicher wir sind und versuchen, uns zu beruhigen. Mit »Händen und Füßen« sowie ein paar Brocken Englisch und Französisch erklären sie verschmitzt lächelnd, was passiert ist. Einige Dorfbewohner haben gerade versucht, illegal Holz auf den Zug zu verladen. Die Männer sind an den noch rollenden Waggons entlanggerannt, haben versucht, so genannte Rundhölzer in die Güterwagen zu schieben oder auf Waggondächer zu hieven, ohne für den Transport zu bezahlen. Das ist anscheinend Alltag an der Strecke. Die Schwarzfahrer versuchen es immer wieder, manchmal klappt es. Dieses Mal haben die Polizisten mit den Warnschüssen die Aktion verhindert.

Nach dem aufregenden Erlebnis ist die Stimmung im Zug entspannt. Wir haben jetzt viel Spaß mit unseren Mitreisenden. Einige von ihnen haben ihre Hängematten im Waggon aufgehängt, spielen mit den Kindern oder machen ein Nickerchen. Es wird gelacht und gesungen, gegessen und getrunken. Wir werden eingeladen etwas zu essen oder man lacht uns zu. Touristen im Zug, das gibt es in Kambodscha nicht jeden Tag.

Wir erleben einen herrlichen Sonnenuntergang und genießen jede Minute. Um 18.00 Uhr bricht urplötzlich die tropische Dunkelheit herein. Ein vielstimmiges Konzert von Grillen und Zikaden setzt ein und Moskitos kommen aus versteckten Winkeln und machen sich über die Reisenden her. Doch was sind schon ein paar Stiche gegen das Erlebnis, durch eine laue Tropennacht zu fahren mit diesem einmaligen Zug aus einer längst vergangen geglaubten Eisenbahnzeit!

Unsere Fahrt endet nach sage und schreibe 15 Stunden um 21.30 Uhr im Hauptbahnhof von Phnom Penh. Auf dem Bahnsteig knattert ein gutes Dutzend Mopedtaxis mit aufgeblendeten Scheinwerfern dem Zug entgegen. Der Kampf um Taxikunden geht in die erste Runde. Wir lassen uns nicht lange bitten. Mit dem Rucksack auf dem Rücken rauf auf das Moped, raus aus dem Bahnhof und rein ins Verkehrsgetümmel der Hauptstadt von Kambodscha.

Kapitel 6

Zu den letzten Walfängern Indonesiens

Im Hafen Denpasar von Bali an einem gewittrigen Mittwochnachmittag. Dunkle, riesengroße Gewitterwolken hängen bedrohlich am Himmel. Das Küstenmotorschiff *Awu* der indonesischen Staatsreederei *Pelni* nimmt Kurs auf die Blumeninsel Flores. 36 Stunden werden wir unterwegs sein. Drei weitere Reisetage werde ich zur Insel Lamalera im Solor-Alor-Archipel unterwegs sein, um das einzige Walfängerdorf Südostasiens zu erreichen.

An Deck herrscht Marktatmosphäre. Ich richte mich zwischen einem Dutzend fliegender Händler häuslich ein. Sie hoffen in den nächsten anderthalb Tagen auf der *Awu* auf ein gutes Geschäft. Die Stimmung unter den 1.500 Passagieren ist aufgeregt, fröhlich und ausgelassen. Bei mir kommt Südseestimmung auf. Wir freuen uns alle, dass es endlich losgeht und wir die brütende Hitze im Hafenbecken hinter uns lassen.

Ich bin der einzige Weiße an Bord. Zwischen zwei Eisenträgern montiere ich meine Hängematte. Familien umringen mich, wollen sich diesen Paradiesvogel aus Europa etwas genauer anschauen. Kommt von so weit her und schläft an Deck! Mit dem muss doch etwas nicht stimmen.

Die ersten schüchternen Kontakte. »Hello, where are you come from, what is your name, are you married?« Wenn ich so weit reise, muss ich doch viel Geld haben. Die Touristen aus Bali, die würden so was bestimmt nicht machen.

Mein Versuch, mein Globetrotterdenken rüberzubringen, kann nicht gut gehen. Für Menschen, die um die tägliche

Schüssel Reis schwer kämpfen, für die Familienleben alles ist, ist mein Denken und Handeln nur sehr schwer zu verstehen.

Ich komme mit zwei Männern, Anung und Suharto, ins Gespräch. Beide sind ohne Zögern bereit, mir etwas über sich und ihren Alltag in Indonesien zu erzählen.

Anung ist 32 Jahre alt. Seine dunklen braunen Augen blitzen, die Worte sprudeln nur so aus ihm heraus. Seit zwölf Jahren verdient er seinen Lebensunterhalt mit Gitarre spielen. Nicht in einer Musikband, in einem der teuren Touristenhotels oder auf der Straße; nein, Anung spielt in den Überlandbussen von und nach Jakarta. Er unterhält die Fahrgäste mit den aktuellen Songs der indonesischen Hitparade oder selbst geschriebenen Liebesliedern. An einer Straßenkreuzung wird in einen der zahlreichen bunt bemalten Busse eingestiegen, zehn bis fünfzehn Kilometer mitgefahren, gespielt und der Hut aufgehalten, dann wieder aussteigen und auf den nächsten Bus warten. Sieben Tage in der Woche, zehn Stunden täglich Gitarre spielen im Bus. Der Verdienst schwankt zwischen 12.000 bis 18.000 Rupiah (1 bis 1,50 Euro) pro Tag. So schafft er in einem guten Monat um die 50 Euro. Mit diesem mageren Verdienst muss er sich, seine Frau und seinen sechsjährigen Sohn versorgen. Doch er ist mit seinem Leben zufrieden, versichert er mir mit stolzem Künstlerblick.

Suharto ist Lastwagenfahrer, ein kräftiger Mann mit sehnigem, muskelbepacktem Oberkörper im ärmellosen T-Shirt. Er hat drei Kinder und arbeitet in Surabaya auf Java, dem zweitgrößten Hafen Indonesiens. Jetzt ist er unterwegs zu den Sunda-Inseln. Dort lebt seine Frau mit den drei Kindern. Zehn Jahre lang hat er in einem Art-Shop auf Bali Tag und Nacht geschuftet, sechs Tage die Woche. Jede Rupiah hat er zur Seite gelegt, um sich seinen Lebenstraum zu erfüllen: Einen gebrauchten Lastwagen zu kaufen und selbstständig zu werden. Der dreißig Jahre alte knallrote Mercedes Rundhauber hat 35 Millionen Rupiah (zirka 1.800 Euro) gekostet und ist sein ganzer Stolz. Jeden Tag fährt er acht bis zehn Stunden täglich im Hafen mit seinem Laster Waren aus. Fünf Stunden An- und Abfahrt zum Arbeitsplatz kommen obendrauf, so erlebt er Glück auf indonesisch!

Die Wirtschaftskrise hält Indonesien seit Jahren im Würgegriff. 30 Millionen unter den 210 Millionen Einwohnern sind arbeitslos. Da ist ein Mercedeslaster wie eine Lebensversicherung, eine Existenzgrundlage, auf der sich mit einer kleinen Portion Glück eine ganze Menge machen lässt.

Später bereite ich mein Nachtlager an Deck vor. Millionen Sterne glitzern unterm tropischen Himmel. Der Schlafsack bleibt im Rucksack. Das Meer ist ruhig, der Mond spiegelt sich im Ozean. Den an der Schiffswand entlangrauschenden Wellen zuhörend, schlafe ich ein.

Am zweiten Tag der Reise, kurz vor 4.00 Uhr früh am Morgen, erreichen wir die Blumeninsel Flores. Vom Hafen des kleinen Städtchens Ende, der Name klingt ein wenig seltsam in meinen Ohren, startet ein Überlandbus. In ihm geht es nach kurzem Aufenthalt dem Sonnenaufgang entgegen. Rund 280 Kilometer lang führt die Strecke diagonal über die herrlich grüne Insel. Mein Ziel, das kleine Fischerdorf Larantuka, ist an der Ostspitze von Flores gelegen. Larantuka ist der ideale Ausgangspunkt, um die herrliche Inselwelt des Solor-Alor-Archipels in der Provinz Nusa Tenggara zu erkunden. Mit einem kleinen Küstenkutter, der *Karya Bahari* (Kreuz des Südens), werde ich versuchen, die Insel Lomblien, die Heimat des einzigen Walfängerdorfes Südostasiens, zu erreichen.

Bei den Waljägern von Lamalera

Eine Fahrt in dieser Ecke Indonesiens ist das Schönste, was man sich vorstellen kann. Aufgrund des Gezeitenwechsels und der vielen kleinen Inseln bilden sich starke Strömungen in den Meerengen zwischen den Inselchen – da ist Schneckentempo angesagt! Doch langweilig wird es nie. Natur satt, dazu Ziegen und Hühner an Bord, ein indonesischer Missionar der deutschen Steyler Mission, der in Japan Priester ausbildet, sowie 20 einheimische Passagiere. Immer in Sichtweite begleiten uns Mantas, Thunfische, Delphine und fliegende Fische. Wir brauchen für die 41 Seemeilen acht Stunden, bis die Silhouette des Walfängerdorfes Lamalera am Horizont erscheint.

Spannung bei der Ankunft in der winzigen Bucht von Lamalera. Der kleine Fischkutter erreicht in der hereinbrechenden Dämmerung die Bucht.

Hier existieren keine Hafenanlage oder ein schützendes Riff, das die Wellen zurückhält. Ein wildes Geschaukel, Wellentäler und die einsetzende Dunkelheit machen das Von-Bord-gehen zu einem Balanceakt der besonderen Art. Kleine, selbst gezimmerte Auslegerboote schwärmen vom Strand aus. Sie nehmen Mann und Maus, Ziege und Hühner, Reissäcke und Mopedersatzteile in Empfang. In meiner Magengegend braut sich etwas zusammen. Sehe mich schon wild um mich schlagend in den Fluten untergehen. Ich habe Angst um meine Klamotten, den Rucksack und die Kamera. Doch trotz des Wellengangs und des Geschaukels schaffen alle Passagiere den Übergang von der großen auf die kleine Nussschale! Außer nassen Hosen und Schuhen ist alles gut gegangen; keine Verluste.

Im Haus von Tata Mani Kera, einer etwa 70 Jahre alten hoch gewachsenen, sehr rüstigen Dame bekomme ich auf Vermittlung des Missionars der Steyler Mission ein Zimmer. Doch was für eine Unterkunft? Meine resolute Zimmerwirtin räumt für mich ihr Schlafzimmer. Ich wehre ab, schäme mich. Das kann ich doch unmöglich annehmen. Sie lacht mich verschmitzt an: Alles kein Problem, ich soll mich wie zu Hause fühlen. Gleich gibt es was zu essen.

Seit mehr als 400 Jahren werden in Lamalera von Mai bis Oktober Wale gejagt. Jedes Jahr ziehen in dieser Zeit die Wale durch die Sunda-Straße. Das heißt Hochsaison für die 200 Fischer, die hier mit ihren Familien leben. Mit bis zu 15 Mann Besatzung (Frauen dürfen nicht mit!) geht es frühmorgens mit zwei oder drei bunt bemalten Booten aufs Meer hinaus. Die Boote sind komplett aus Holz, nicht ein einziger Nagel wurde verwendet. Die Segel werden aus den Blättern der Palmen und Kokos-Sisal gefertigt. Am Bug eines jeden Fischerbootes steht ein Mann mit einer drei Meter langen Harpune, an deren Spitze ein 30 Zentimeter langes, von Hand geschmiedetes Messer angebracht ist. Ertönt der Ruf *»Ikan Paus«,* das heißt soviel wie Wal in Sicht, wird das Segel eingeholt und die Mannschaft rudert mit voller Kraft dem Wal entgegen. Der Mann am Bug schleudert die Harpune, und es kommt oft zu einem stundenlangen Kampf mit dem Wal. Dabei kann es vorkommen, dass Boote kentern oder von der Schwanzflosse des gejagten Wales zerstört werden. Oft gibt es Verletzte, manchmal sogar Tote. Die Wale dienen der Ernährung, oder das getrocknete Fleisch wird von den Bewohnern gegen andere notwendige Mittel des täglichen Bedarfs getauscht.

Morgen will ich mit den Fischern der *Santa Rosa* zum Walfang aufs Meer. Heute Abend feiern die Dorfbewohner den

Unabhängigkeitstag Indonesiens. Für mich die Gelegenheit, einiges über das Dorf und seine Bewohner zu erfahren. Ich habe mich mit Theo (Matheus) Bataona, dem *Kepala Desa* oder, wie wir sagen würden, dem Bürgermeister des Dorfes, zu einem kleinen Interview verabredet.

Herr Bürgermeister, können Sie mir etwas über den Alltag in Ihrem Walfängerdorf erzählen, und wie viele Menschen wohnen hier eigentlich?

THEO: Lamalera besteht genau genommen aus zwei Dörfern, Lamalera A, das liegt oben auf dem Hügel, und Lamalera B hier unten am Strand.

Vor über 400 Jahren sind drei Brüder von der Insel Kalabahi hierher gekommen und haben das Dorf gegründet. Heute leben und arbeiten in beiden Dörfern zusammen rund 2.000 Menschen. In Lamalera B exakt 215 Familien, das sind im Moment genau 1.017 Einwohner. Es gibt 200 Fischer und 100 Zimmerleute, die die Boote bauen. Dies sind die Zahlen, wenn du die Arbeiter von beiden Dörfern zusammenzählst. Im Dorf haben wir eine Schule, zwei Kaufläden, eine Maismühle und den Schneider. In Lamalera gibt es keine Autos, nur zwei Mopeds, das reicht uns vollkommen aus! Leider haben wir kein Krankenhaus, und es ist sehr schwer für uns, gute und ausreichend Medizin zu bekommen. Meine Frau ist Krankenschwester. Sie leistet erste Hilfe, wenn es zu einem Unfall im Dorf kommt. Die meisten Unfälle gibt es während der Walfangsaison draußen auf dem Meer beim Fischen. Das Zerlegen der Wale ist auch nicht ungefährlich.

Da rutscht schon mal ein Messer ab! Passiert ein schwerer Unfall, so müssen wir mit dem Boot fünf Stunden nach Larantuka fahren. Nur dort gibt es ein richtiges Krankenhaus mit einer entsprechenden Ausrüstung.

Gibt es Probleme mit Drogen oder mit Kriminalität in Lamalera?

THEO: Wie meinst du denn das? Wir haben keine Polizisten im Dorf, wir regeln immer alle Probleme, die auftauchen, unter uns. Es gibt keine Drogen im Dorf, Tuak (Palmwein) und Sopi (Palmschnaps) gibt es eigentlich nur, wenn ein Fest gefeiert wird, wie heute am Unabhängigkeitstag. Sollte jemand zu viel trinken, so sprechen wir mit dem Betreffenden. Das wird von mir und dem Ältestenrat erledigt und hat bis jetzt immer geholfen!

Lebt das Dorf ausschließlich vom Walfang?

THEO: Nein, manchmal jagen wir auch Thunfische oder Haie. Nicht jedes Jahr fangen wir genügend Wale. Es gibt hier bei uns ein großes Problem, das sind die taiwanesischen Fabrikschiffe mit ihren zwei bis drei Kilometer langen Schleppnetzen, sie fischen unsere Fanggebiete leer. Dazu setzen sie die neueste Technologie ein, um die Wale frühzeitig zu orten. Eine Wasserschutzpolizei gibt es nicht, so können die hier machen, was sie wollen. Zum Beispiel im letzten Jahr, da haben wir nur sechs Wale gefangen. Von dem Ertrag können wir eigentlich nicht existieren. Normalerweise sind es immer so um die 15 bis 20 Wale pro Saison, die wir erlegen.

Ist es nicht gefährlich, Wale zu jagen?

THEO: Ja, es gibt oft Unfälle. Unser Jagdgebiet erstreckt sich normalerweise bis drei Meilen vor der Küste, aber manchmal fahren wir auch fünf oder sechs Meilen weit raus. Da kann es ziemlich hohen Wellengang geben. So fünf bis sechs Meter Höhe können die leicht erreichen. Die sind ganz schön gefährlich für unsere relativ kleinen Boote. Im letzten Jahr hat es 20 Unfälle gegeben, ein Boot ist total zerstört worden, aber es gab zum Glück keine Schwerverletzten. Meistens geht nur das eine oder andere an den Booten kaputt. Bei einem schweren Unfall vor einigen Jahren, da hat einer unserer Fischer bei der Jagd auf einen Wal ein Bein verloren. Gott sei Dank hatten wir in den letzten 25 Jahren nur einen Toten zu beklagen! Bevor im Mai die Jagdsaison auf den Wal beginnt, beten wir hier am Strand in unserer Kapelle zum Schutzpatron der Fischer, dem heiligen Petrus. Danach werden unsere Boote von unserem Pfarrer mit heiligem Wasser gesegnet.

Du heißt Matheus, am Strand steht eine Kapelle, der heilige Petrus ist euer Schutzpatron. Sind alle Einwohner eures Dorfes Katholiken?

THEO: Ja, fast alle. Vor 50 Jahren lebte sogar ein Missionar aus Deutschland hier! Bernhard Bode, er kam aus Bilshausen in Baden-Württemberg und hat bei uns von 1920 bis 1951 als Priester gearbeitet. Sein Grab findest du auf dem Dorffriedhof.

Eine Frage zum Schluss: wie viele Touristen kommen im Jahr nach Lamalera?

THEO: Das ist schwer zu sagen. Vielleicht 100 bis 150 Leute, die meisten aus Japan, aber auch einige aus Europa.

Danke Theo, und viel Spaß beim Feiern!

Zurück zum Unabhängigkeitsfest. Auf dem Dorfplatz ist richtig was los! Die Hälfte der tausend Dorfbewohner feiert ausgelassen diesen besonderen Tag. Traditionelle Tänze wechseln sich ab mit Karaoke. Die perfekte Mischung aus Tradition und dem Zeitalter des Fernsehens. Der Tuak fließt in Strömen, die Einwohner sind total aus dem Häuschen. Na, ob ich angesichts dieser ausgelassenen Feierlichkeiten morgen mit einem Fischerboot raus aufs Meer komme? Da hab' ich leichte Zweifel.

Die zweite Überraschung am heutigen Tag: Unter den ausgelassen Feiernden bin ich nicht der einzige Weltenbummler im Dorf! Fast schon »Massentourismus!«

André kommt aus der Schweiz und ist schon ein paar Tage auf der Insel. Wir suchen abseits der ausgelassenen Festgemeinde ein ruhiges Plätzchen und tauschen Reiseerfahrungen aus. Die Frage, die mich brennend interessiert: »Bist du schon mit auf's Meer gefahren?« Das nicht, aber André hat vor einigen Tagen als Augenzeuge miterlebt, wie ein Wal gefangen wurde und wie er in die Bucht geschleppt wurde. André erklärt sich ebenfalls zu einem Interview bereit.

Auf diese Insel verlieren sich nach Auskunft des Bürgermeisters gerade mal rund 150 Besucher jährlich. Wie kommt es, dass du hier gestrandet bist?

ANDRÉ: Ich bin auf einer einjährigen Reise durch Südostasien und habe Lamalera schon einmal besucht. Am meisten fasziniert mich die absolute Ruhe, die ich hier finde. In meinem Korbstuhl auf der Veranda des Guesthouses *White Horse* sitzen und mit dem Fernglas Delfine, fliegende Fische oder das Leben und Arbeiten der Fischer in der Bucht zu beobachten, genügt mir. Einfach nur du selbst sein! Das gelingt mir hier besonders gut.

Du hast miterlebt, dass ein Wal gefangen wurde. Was war das für ein Gefühl?

ANDRÉ: Gigantisch und total verrückt! Ich bin am Dienstag mit dem Nachtschiff von Lewoleba (einer Nachbarinsel) gekommen und war ziemlich kaputt. Hab' erst mal 'ne Mütze voll Schlaf genommen. Da werde ich so um 10.00 Uhr von aufgeregten Schreien am Strand aus dem Schlaf gerissen: *»Ikan Paus, Ikan Paus«* – (Der Wal kommt, der Wal kommt!). Der ganze Strand ist in Aufruhr. Ich raus aus meinem Bett wie ein geölter Blitz und mit dem Fernglas auf die Terrasse. Letztes Jahr habe ich bei meinem neuntägigen Aufenthalt hier nicht einen einzigen Wal zu Gesicht bekommen, und heuer, noch keine drei Stunden auf der Insel, da passiert es!

Durch mein Fernglas sah ich sie dann vom Meer reinkommen: Drei bunt bemalte Fischerboote mit eingezogenen Segeln. Am letzten Boot war ein riesiger Pottwal festgemacht, die Schwanzflosse peitschte ab und zu ins Wasser. Die drei Boote fahren im Verbund – die Gefahr, dass eines der Boote zerstört würde, war ja noch immer vorhanden. Ich glaube, das sind wohl die Nerven des Wals gewesen! Es war ein faszinierendes und bedrückendes Gefühl zugleich. Ein bisschen komisch ist mir schon zumute gewesen!

Der Pottwal ist rund 16 bis 18 Meter lang gewesen und zig Tonnen schwer. Wie bekommen die Fischer ihn an Land und was passiert dann?

ANDRÉ: Die Fischer warten, bis die Flut kommt. Der Wal wird dann mit Auslegerbooten in die Nähe des Strandes gezogen. Wenn die Ebbe kommt, liegt er am Strand auf dem »Trocknen« und wird bis zum Einsetzen der nächsten Flut zerlegt. Es gab bei der Ankunft der Fischer ein kleines Fest. Die Kinder tanzten auf dem Wal, für die Jäger gab's einen kräftigen Schluck Tuak und die Frauen haben Gebäck zum Strand gebracht.

Am nächsten Morgen wurde der Wal zerlegt. Rund 100 Leute arbeiteten am Strand. Schicht um Schicht wurde das Fett abgetragen, das Fleisch in Streifen geschnitten und aufgehängt. Vom Kopf bis zum Schwanz findet alles, aber auch wirklich alles Verwendung. Ein Beispiel: wenn das Fleisch in

Streifen geschnitten ist, wird es am Strand und in den Gärten der Häuser zum Trocknen aufgehängt. Das kannst du überall im Ort hier sehen. Das Öl, das beim Trocknen vom Fleisch heruntertropft, wird in Gefäßen aufgefangen und als Lampenöl verwendet. Auch Fackeln werden mit dem Öl präpariert. Die Arbeiten gingen den ganzen Tag über. Keine zehn Stunden hat es gedauert, und von dem riesigen Wal ist nichts mehr übrig gewesen! Zum Abschluss des Tages haben die Dorfbewohner bei Palmwein und Walsteaks die erfolgreiche Jagd gefeiert.

Die Wale sind die größten noch existierenden Meeressäugetiere der Welt und vom Aussterben bedroht. Walfang steht deshalb überall auf der Welt unter Kritik, wie stehst du persönlich dazu?

ANDRÉ: Hier in Lamalera wird seit über 400 Jahren Walfang betrieben. Es steht in der Tradition von Hunderten, ja wenn nicht Tausenden von Fischerfamilien und hat mit dem industriellen Abschlachten der Wale auf den Fabrikschiffen der Japaner oder Taiwanesen nichts zu tun. Das, was die machen, gehört meiner Meinung nach rigoros verboten!

Was ich zur Situation in Lamalera aber noch sagen möchte: Der blutige Kampf, Mensch gegen Wal, ist sicher keine angenehme Vorstellung für Menschen in der Schweiz oder in Deutschland, aber er sichert die Existenz von rund 2.000 Menschen. Dies hat auch die UN ausdrücklich anerkannt und den Walfang hier genehmigt. Nach Aussagen von Dorfbewohnern wird selbst von Greenpeace der Walfang in diesem Dorf nicht kritisiert. Wenn die Menschen in den Industrienationen diese Art von Jagd als grausam empfinden, sollten sie sich einmal die Frage stellen, wo und wie das Fleisch produziert wird, das sie in Europa tagtäglich verspeisen.

André, ich bedanke mich für dieses Gespräch und wünsche dir für deine weitere Reise alles Gute.

Die Party auf dem Dorfplatz dauerte bis zum frühen Morgen. Hab' so meine Zweifel, ob das mit der Ausfahrt auf der *Santa Rosa*, dem Boot meiner Gastfamilie, klappt. 6.00 Uhr in der Frühe: Nur eine Handvoll Fischer verliert sich am Strand. Keiner hat so richtig Lust nach dem rauschenden Fest und dem vielen Palmwein aufs Meer hinauszufahren. Die Boote bleiben in der Bucht. Ich bin nur mäßig enttäuscht, denn ein wenig schlechtes Gewissen, an einer Waljagd teilzunehmen, kann ich nicht bestreiten! Die Alternative ist schnell gefunden: Mit dem Fotoapparat das Dorf erkunden. Eine Jagd, die keine Schuldgefühle auslöst, beginnt. Wunderschöne Fotomotive hat Lamalera in Hülle und Fülle anzubieten. Da sind die 15 bunt bemalten Boote der Fischer in ihren Bootsschuppen, direkt am Strand die Schmiede, in der die Harpunen zur Jagd wie seit Hunderten von Jahren in Handarbeit hergestellt werden, einige Bootsbauer bei der Arbeit sind zu fotografieren, ihre Geschicklichkeit zu erleben. Auf der Dorfstraße mit ihrem Kopfsteinpflaster aus dem 19. Jahrhundert entlang wandern, den Kaufladen besuchen, das Leben im Dorf auf sich wirken lassen, vom Hügel, der die beiden kleinen Orte verbindet, den Ausblick auf die Bucht und das Meer genießen … Und zu guter Letzt das Grab des deutschen Missionars Bernhard Bode aus Bilshausen besuchen.

Am Nachmittag taucht überraschend ein Kutter in der Bucht auf. Ein japanisches Wissenschaftlerteam hat ihn gechartert. Sie bieten an, mich mitzunehmen. Ich sehe das als einen Wink des Schicksals und verlasse mit ihnen die kleine Insel Lomblien und das Fischerdorf Lamalera, um meine Reise durch die Inselwelt Indonesiens fortzusetzen.

Kapitel 7

Mit dem Schiff ins Land der Paradiesvögel

Indonesien, Westtimor. Ich sitze im völlig überfüllten Abfertigungsgebäude des Hafens von Kupang-Tennoa und Zweifel plagen mich: du bist total verrückt nach Australien über Papua-Neuguinea! Die Warnungen von einigen Seglern, die ich heute Nachmittag in einem Café getroffen habe, klingen mir immer noch im Ohr. Zu gefährlich, hohe Kriminalitätsrate, Rebellen im Grenzgebiet.

Ohrenbetäubender Lärm herrscht in der Halle. Die Luft ist erfüllt von abgestandenem Schweiß, Zigarettenqualm aus hunderten von indonesischen »Kretek«-Nelkenzigaretten, dem Geschrei der Zeitungsverkäufer und dem Quengeln vollkommen übermüdeter Kinder.

Ich besitze keinen Reiseführer, nur eine handgezeichnete Landkarte und weiß, dass es in Jayapura, im indonesischen Teil von Neuguinea, ein Konsulat von Papua-Neuguinea gibt. Dort hoffe ich ein Visum und Basisinformationen über das Land zu erhalten. In der Tasche habe ich noch 170 US-Dollar und die Hoffnung, dass die Banken in Papua-Neuguinea Dollarreiseschecks akzeptieren.

In den Hafen läuft das Passagierschiff, die *KM Dobonsolo* ein. Das Schiff ist hell erleuchtet, Hunderte von Passagieren stehen wie an Perlenschnüren aufgereiht an der Schiffsreling. Unten am Kai löst das Gedränge und Geschubse, um nur möglichst schnell auf das Schiff zu kommen, Platzangst bei mir aus. 2.000 Passagiere wollen gleichzeitig an Bord. Ich werde das Gefühl nicht los, das ist das letzte Schiff in Richtung Neuguinea für lange Zeit! Halbnackte Tagelöhner, barfuß und schweißüberströmt, mit Kisten in Gefrierschrankgröße auf dem Rücken, kämpfen sich wild schreiend auf schmalen Holzplanken in den Schiffsbauch hinein. Irgendwie wollen alle gleichzeitig von oder an Bord.

Mittendrin im Gewühl Polizisten mit Schlagstöcken und geschulterten Maschinenpistolen. Ihre Schreie, Trillerpfeifen und der eine oder andere Fußtritt vergrößern das allgemeine Chaos beträchtlich.

Mit geschultertem Rucksack, den verschwitzen Lederhut im Nacken, werde ich in diesem Strom von Menschen und Gepäckstücken an Bord gezogen. Auf dem Schiff ist es heiß und stickig. Hunderte von Menschen drängeln sich in den Zwischendecks, liegen in den Gängen, auf den Treppen, versperren Notausgänge und den Zugang zu den Rettungsbooten. Dazu Unmengen von Gepäck, Kisten mit Obst und Gemüse, Kinderfahrräder, Matratzen, Rucksäcke. Sogar ein paar Kleiderständer entdecke ich bei einer ersten Erkundungstour. Das Schiff ist heillos überfüllt. Die Schiffsverbindung scheint für die Bevölkerung des indonesischen Bundesstaates West-Papua, dem ehemaligen Irian Yaya, so etwas wie der Nabel zur großen, weiten Welt zu sein. Wir werden fünf Tage unterwegs sein und ich bin froh, dass ich trotz meines knappen Budgets von 25 US-Dollar pro Tag für diese Reise mir eine Fahrkarte der dritten Klasse geleistet habe. Nach dem Trubel beim Einchecken und dem Menschengewühl in den Zwischendecks betrete ich eine Oase der Ruhe: Eine Kabine mit sechs Betten und einer Klimaanlage.

Um 1.00 Uhr nachts sind alle Passagiere an Bord und mehrere hundert Tonnen Fracht auf dem Schiff verstaut. Mit einem lauten Tuten der Schiffssirene verabschiedet sich die *Do-*

bonsolo aus dem Hafen von Kupang und nimmt Kurs auf Ambon, die Hauptstadt der Molukken.

Ich liege in meiner Koje, kann nicht einschlafen. Meine Gedanken wandern zu den Ereignissen der letzten zwei Monate zurück, ich lasse sie Revue passieren.

Dass ich diese Reise in den entferntesten Winkel von Indonesien und weiter nach Papua-Neuguinea, dem Land der Paradiesvögel unternehme, ist für den weiteren Reiseverlauf von entscheidender Bedeutung. Der Weg über Melanesien ist meine letzte Chance, ohne ein Flugzeug benutzen zu müssen nach Australien zu kommen. Alle meine Versuche im letzten halben Jahr, in Südostasien den Kontinent mit einem Schiff zu verlassen, sind gescheitert.

Angefangen hat es in der panamesischen Botschaft in Singapur. Dort gelang es mir trotz aller Anstrengungen nicht, ein Seefahrtsbuch zu ergattern, um einen Job auf einem Frachtschiff zu bekommen. Mein Arbeitszeugnis von meiner Frachtschiffreise auf dem Containerfrachter *Jaami* hat die Botschaftsangehörigen nicht interessiert. Vier Monate seemännische Grundausbildung sind heute das Minimum um ein Seefahrtsbuch zu bekommen.

Unzählige Anfragen bei Schiffsreedereien und Speditionen für eine Passage als Passagier sind erfolglos geblieben. Mit einem Empfehlungsschreiben der Schweizer Spedition *Panalpina* aus der Niederlassung Dhaka scheiterte ich in Bangkok und in Penang in Malysia, der Hauptstadt Kuala Lumpur, in Singapur und in den Hafenstädten des indonesischen Archipels – ob Jakarta, Surabaya oder Bali. Tage und Wochen der Suche in den Häfen und Kneipen auf meinem Weg quer durch Südostasien haben nichts gebracht.

Eine weitere Möglichkeit waren Yachthäfen und Seglerkneipen. Auf den indonesischen Inseln Bali, Timor und Kupang habe ich es versucht. Ohne Erfolg. Nur im Yachthafen von Bali bot mir eine australische Segelcrew an, auf ihrem Segelschoner mit nach Afrika zu fahren.

Die Minimalchance, der ich jetzt hinterher fahre, ist eigentlich keine. In der Hafenstadt in Surabaya auf der indonesischen Insel Java habe ich einen australischen Panamahutverkäufer kennengelernt. Er war auf einer Einkaufstour in Indonesien, erzählte mir in einer verrauchten Kneipe nach einigen Gläsern Bier eine spannende Story. Mit einer Segelyacht haben er und seine Freunde es geschafft, von Queensland in Australien bis in die Hauptstadt von Papua-Neuguinea nach Port Moresby zu kommen.

»Zwischen den beiden Ländern beträgt die Entfernung schlappe 60 Seemeilen«, hat er mir mit vor Abenteuerlust funkelnden Augen berichtet. Mit diesem Strohhalm im Gepäck will ich versuchen, Australien, den roten Kontinent zu erreichen.

Dienstagmorgen. Wir werden sehr unsanft geweckt. In jeder Kabine ist ein Lautsprecher installiert. Dass das Gebet des Muezzin um 4.00 Uhr morgens – jedes der 24 *Pelni*-Schiffe der indonesischen Staatsreederei besitzt eine Moschee – direkt in die Kabinen übertragen wird: Donnerwetter!

Der Morgen an Deck, Zeit, im Tagebuch zu schreiben, Menschen zu beobachten, kennen zu lernen. Zweidrittel der Mitreisenden sind Papuas. Sie strahlen eine Ruhe und Gelassenheit aus, die ansteckend ist. Ich fühle mich geborgen.

Das Meer ist eine Klasse für sich, Rudel von Delfinen begleiten uns. Dazu ein ganz besonderes Erlebnis! Rund dreihundert Meter vom Schiff entfernt tauchen zwei Buckelwale aus dem Meer auf. Beim Atmen blasen sie Wasserfontänen zwei bis drei Meter hoch in die Luft. Ihre riesigen Rücken heben und senken sich majestätisch glänzend aus dem Meer, einfach überwältigend. Gebannt schaue ich diesem Schauspiel zu. Die ersten Wale meines Lebens in freier Natur – faszinierend!

Im krassen Gegensatz dazu steht die Müllbeseitigung auf unserem Schiff. Ich werde Zeuge einer Entsorgungspraxis, die jegliche internationalen Bestimmungen außer Acht lässt. Auf jedem Schiff, mit dem ich gefahren bin, gibt es die Hinweisschilder: Don't carry out garbage at sea (Werfe keinen Müll in die See). Auf unserem Dampfer dagegen fliegt der Müll, den 1.500 Menschen produzieren, nach dem täglichen Großreinemachen einfach über Bord. Ein einziges Trauerspiel. Plastikflaschen, Essensreste oder Cola-Dosen, alles von den Passagieren schön ordentlich gesammelt in großen Mülltüten, Schwupp und ab ins Meer. Auf diese Sauerei spreche ich den Schiffsarzt an. Der streitet rundweg ab, dass so etwas passiert, das wäre ja gegen die Vorschrift! Ich lade ihn ein, wir können uns das gemeinsam anschauen. Tja, und dann versteht der Herr Doktor plötzlich kein Englisch mehr!

Mittwochmorgen. Gegen 8.00 Uhr läuft unser Schiff in den Hafen von Ambon, der Hauptstadt der Molukken ein. Das Militäraufgebot am Kai ist beeindruckend, nein, eher beängstigend. Soldaten mit Metallsonden untersuchen das Gepäck der aus- und einsteigenden Passagiere nach versteckten Bomben oder Sprengstoff. Anschließend werden sie durch einen Polizeikorridor geleitet und in das eigentliche Hafengelände gelotst. »Auf keinen Fall aussteigen«, rät mir ein älterer Herr, der mit mir an der Reling steht, flüsternd! Die Situation in Ambon ist aufgrund der religiösen Unruhen zwischen Moslems und Christen hoch gefährlich. Es hat, vor allem unter dem christlichen Teil der Bevölkerung, in den letzten Monaten viele Tote gegeben. An Bord gekommen sind jetzt Soldaten und Polizisten in Tarnuniformen, bewaffnet mit deutschen Schnellfeuergewehren G 3 und Pistolen. Die friedliche Stimmung ist dahin. Hoffentlich laufen wir bald aus!

Nach zwei Stunden legt unser Schiff wieder ab, wir setzen unsere Reise nach Neuguinea fort. Die Soldaten bleiben in Ambon zurück.

Mittwochnachmittag. Die Menschen beginnen offenere Gespräche zu führen, je weiter wir Richtung Neuguinea kommen. Massive Kritik an der indonesischen Zentralregierung wird laut. Die meisten Papuas wollen ein unabhängiges Neuguinea. Victor, ein baumlanger, immer fröhlicher Dekan der katholischen Kirche, drückt es mir gegenüber so aus: »Wir sind ›der Magen von Indonesien‹, deshalb will Jakarta uns auf keinen Fall die Unabhängigkeit zugestehen, beziehungsweise die von der Bewegung für ein freies Papua geforderte Volksabstimmung über die Zugehörigkeit zu Indonesien zulassen.« 90 Prozent der Erträge, die in der Provinz West-Papua erwirtschaftet werden (Holz, Gold, Zinn, Eisenerze und andere Bodenschätze), gehen nach Jakarta. Mitten durch die Insel Neuguinea zieht sich die Grenze zu Papua-Neuguinea wie ein Lineal von einem Ende zum anderen. Ohne Rücksicht auf geographische oder ethnische Gegebenheiten. Auf diese brutale Art und Weise sind Stämme, Stammesgebiete, ja sogar Dörfer auseinander gerissenen worden. Diese Grenze ist ein unglückseliges Überbleibsel von 350 Jahren Kolonialpolitik.

Nachdem Osttimor die Unabhängigkeit erhalten hat, nimmt der Druck auf Indonesien zu. Im Jahr 2000 ist in der Provinzhauptstadt Jayapura (meinem Reiseziel) erstmals auf einem öffentlichen Gebäude die Flagge des unabhängigen Papua-Neuguinea gehisst worden. Die Aktivitäten der Guerillakämpfer der *Organisasi Papua Merdeka* (Organisation Freies Papua) weiten sich aus.

Mit jeder Stunde rückt Neuguinea, mit 771.900 Quadratkilometern die nach Grönland zweitgrößte Insel der Welt, näher. Sie liegt nördlich von Australien und südlich des Äquators. Die Insel ist das letzte Glied einer Kette, die von Südostasien in den Pazifik führt, und gilt daher als eine Brücke zwischen den beiden Großräumen.

Am Donnerstag ist es dann soweit: die *KM Dobonsolo* erreicht um 4.00 Uhr morgens den Hafen von Sorong, auf der Vogelkopfinsel an der äußersten Westspitze von Neuguinea. Zur Begrüßung paddelt eine riesengroße Schildkröte am Schiffsrumpf entlang. Unser Schiff hat die erste Stadt dieser geheimnisvollen Insel, deren Wappentier der Paradiesvogel ist, erreicht. Von den 43 Arten sind allein 39 nur auf dieser Insel zu finden. Die Insel ist wohl eines der Gebiete der Erde, auf deren Landkarte noch eine ganze Reihe weißer Flecken existieren. Es gibt Regionen, die noch kein Ausländer betreten hat.

Nach 1.700 Seemeilen läuft unser Schiff am fünften Tag der Reise pünktlich in den Hafen Jayapura ein. Eine Reise durch Indonesien, dem Land mit den 7.508 Inseln, das sich über 5.000 Kilometer Luftlinie vom Äquator des asiatischen Kontinents in Nordsumatra bis West-Papua erstreckt, geht zu Ende.

Kapitel 8

Illegal durch Papua-Neuguinea

»No Return Ticket – No Visum!« Das ist die niederschmetternde Antwort des Konsulatsbeamten auf meinen Visa-Antrag im Generalkonsulat von Papua-Neuguinea in Jayapura/Indonesien. Die Aussicht, dass dreitausend Kilometer Schiffsreise von Kupang/Westtimor nach Jayapura/West-Papua mit einem Rückflug nach Jakarta enden soll, bringt mein Blut in Wallung, mobilisiert meine ganze Energie. Ich diskutiere mit den Beamten, lege Zeitungsberichte über meine Reise vor. Meine Fahrkartensammlung von Rom bis Jakarta, meine Kreditkarten. Ein zähes Ringen beginnt. Nur nicht aufgeben, kämpfen wie ein Sumo-Ringer, stur sein. Meinen westfälischen Dickschädel einsetzen, ohne unhöflich zu wirken. Nach neun Stunden Diskussion und bangem Warten drückt der Konsul von Papua-Neuguinea mit den Worten »Immer diese Deutschen, nichts als Schwierigkeiten hat man mit euch!« das Visum in meinen Pass.

Ich bin ausgelaugt, als hätte ich in einem Fußballspiel bei 35 Grad im Schatten mit zweimal 15 Minuten Verlängerung mitgespielt, aber unendlich glücklich. Beim Chinesen um die Ecke kaufe ich mir ein Bier. Noch an der Theke, zwischen Pamperswindeln und Tomaten, verdampft es in meiner Kehle.

Grenzübergang Wudung. Dieser Grenzposten schlägt alles! Nur ein Schotterweg für Fußgänger führt über die Grenze von Indonesien nach Papua-Neuguinea, dem Land der Paradiesvögel. Die Zollbeamten freuen sich, dass ein europäischer Reisender die Grenze überquert. Das kommt nicht alle Tage vor. Stundenlanges Warten auf eine Transportmöglichkeit auf der Papuanischen Seite. Ein paar Spritschmuggler erbarmen sich. Fünf US-Dollar »Cash« sind fällig. Auf der Ladefläche ihres Pick-ups, eingeklemmt zwischen undichten Benzinkanistern, richte ich mich so gut es geht ein. In halsbrecherischer Fahrt brettern wir 50 Kilometer über eine staubige Schotterpiste bis nach Vanimo, der Hauptstadt der Provinz Sandau/West-Sepik.

Mein Ziel ist es, möglichst schnell einen der beiden großen Häfen, Lae oder Port Moresby, zu erreichen. Von dort aus will ich versuchen, ein Schiff zu finden, das mich mit nach Australien nimmt.

Einen Reiseführer über Papua-Neuguinea habe ich in ganz Indonesien vergeblich gesucht. Jetzt bin ich auf eine bescheidene Landkarte aus dem Buch »Im Land der Paradiesvögel« von Christina Dodwell angewiesen. Zuversichtlich gehe ich davon aus, dass es sich bei der Provinzhauptstadt Vanimo um eine mittelgroße Hafenstadt handelt und von hier aus die Möglichkeit besteht, schnell weiter zu kommen. Das erweist sich sehr schnell als eine zu optimistische Einschätzung. Ich lande, setzt man europäische Verhältnisse an, in einem etwas größeren Dorf.

Vanimo besteht aus knapp 4.000 Einwohnern. Es gibt zwei Hotels, eine Bank, die Post, zwei oder drei Supermärkte, einen kleinen Flughafen. Dazu kommen das indonesische Konsulat und ein kleiner Hafen.

Alle zwei Wochen legt im Hafen ein Passagierdampfer an, nimmt einige wenige Passagiere an Bord und verlässt nach wenigen Stunden den kleinen Hafen in der abgelegenen Provinz wieder. Die weiteren Transportmöglichkeiten nehmen sich recht bescheiden aus: kleine Pipersportmaschinen, sie fliegen Missionare ins Landesinnere. Einige Fischkutter. Mit ihnen von hier weg zu kommen, ist eher unwahrscheinlich, erzählt mir ein Kokosnussverkäufer am Strand. Zu guter Letzt noch die Möglichkeit, mit einem der unregelmäßig verkehrenden Motorboote in den drei Bootsstunden entfernt liegenden Ort Aitape zu kommen. Eine durchgehende Straßenverbindung entlang der Küste, direkt zu meinem nächsten Etappenziel, der Stadt Wewak, existiert nicht, beziehungsweise ist aufgrund starker Regenfälle unpassierbar. Aber da ist ja der Passagierdampfer!

Im Büro eines Schiffsagenten dann die erste Enttäuschung: der Dampfer, auf den ich die größten Hoffnungen gesetzt habe, ist gestern abgefahren. Das bedeutet 14 Tage warten oder eine der oben erwähnten Alternativen suchen. Bei einer Gültigkeitsdauer meines Visums von gerade mal 30 Tagen wird es da schon zu Beginn meiner Reise kritisch. Wie ist es in dieser Zeit möglich, sich in das rund 2.000 Kilometer entfernte Port Moresby durchzuschlagen? Ganz zu schweigen von dem Umstand, dass ich ohne Flugticket das Land nicht bereisen darf. Laut Visumeintrag muss ich mir hier in Vanimo ein Flugticket kaufen und dem örtlichen Immigrationoffice (Einwanderungsbehörde) vorlegen. Das aber will ich um jeden Preis vermeiden. Was soll ich mit einem Flugticket von *Air Nuigini* nach Australien? Den langen Weg über Land in diesen entfernten Winkel der Erde mit einem Flug zu beenden: unmöglich! Ich werde ein Schiff finden! Ob kleines Segelboot oder Frachter, ob Schmuggler- oder Fischerboot, Hauptsache mein Traum bleibt Wirklichkeit – ohne Flugzeug um die Welt. Das Risiko, bei einer Überlandfahrt ohne Flugticket von der Polizei erwischt zu werden nehme ich bewusst in Kauf.

Die Gerüchteküche am Hafen brodelt. Von einem Frachter wird gemunkelt, das Schiff könnte schon in wenigen Tagen den Hafen anlaufen. Ich rase zurück in das Büro des Agenten. Ja, windet er sich, aber hundertprozentig sei das eben nicht. Er verspricht mir, auf jeden Fall zu versuchen, mir einen Platz zu besorgen. Die zweite Alternative ist die, von einem Motorboot die 120 Kilometer nach Aitape mitgenommen zu werden. Mit Lkw-Trucks, sie sind auf der 175 Kilometer langen Dschungelpiste von Aitape bis zur Hafenstadt Wewak unregelmäßig unterwegs, könnte es weitergehen. Von Wewak aus besteht die Chance, auf einem Missionsschiff mitzufahren. Eine durchgehende Straßenverbindung entlang der Küste, Richtung Süden bis Lae, ist seit Jahren in Planung, der Baubeginn weiter sehr ungewiss.

Keine guten Aussichten an meinem ersten Tag im Land der Paradiesvögel. Mein ausgeprägtes Stimmungshoch der letzten Tage tendiert gegen null. Was ich jetzt brauche, ist ein Platz zum Schlafen. Hotels sind für einen Low Budget Traveller hier in Vanimo extrem teuer. Die Preise liegen mindestens um 25 Euro oder mehr. Einer der Spritschmuggler hatte mir den Tipp gegeben, es doch mal bei der katholischen Missionsstation zu versuchen. Einen Platz zu bekommen, ist aber gar nicht so einfach, stelle ich schnell fest. Eine Nonne meldet mich beim Sekretär des Bischofs an. Der hat im Moment keine Zeit. 20 Minuten warte ich geduldig. Der Sekretär des Herrn Bischof, ein indischer Missionar, legt nur widerwillig den Sportteil seiner Zeitung beiseite, als ich endlich in sein Büro gebeten werde. Als nächstes muss ich zur Audienz beim Bischof von Vanimo, einem Italiener, antreten. Der Umstand, dass ich in meiner Jugendzeit Ministrant gewesen bin und er in Münster studiert hat, stimmt ihn gnädig. Ich bekomme ein Zimmer in der Missionsschule. Sie liegt rund zehn Kilometer außerhalb im Busch. Dort finde ich bestimmt Zeit und Ruhe, die nächsten Schritte vorzubereiten.

Das Beste wird sein, möglichst rasch mit der Suche nach einem Motorboot zu beginnen mit dem ich meine Reise in Richtung Aitape fortsetzen kann. Doch bevor ich mit meiner Suche starte, will ich an den Unabhängigkeitsfeierlichkeiten, dem Nationalfeiertag von Papua-Neuguinea, teilnehmen. Im Jahre 1975 endete die rund 200 Jahre andauernde Kolonialzeit. Holländer, Briten und Deutsche entdeckten zuvor Zug um Zug das Land und beuteten es wirtschaftlich aus.

Nationalfeiertag in Vanimo. An diesem sonnigen Tag strömen schon seit dem frühen Morgen die Menschen aus den umliegenden Dörfern herbei. Die Frauen in farbenfrohen Kleidern, die Männer mit traditionellem Kopfschmuck und weißer Gesichtsbemalung. Auf dem holprigen Rasensportplatz von Vanimo herrscht buntes Treiben – Jubel, Trubel, Heiterkeit. Offizielle Reden und Festansprachen gibt es hier nicht. Dafür messen sich Jung und Alt im sportlichen Wettkampf, ob es das Sackhüpfen ist, ein Mountainbikewettbewerb oder der Kampf um die Krone der örtlichen Volleyballmeisterschaft. Eine Lokal-Band spielt heiße karibische Rhythmen dazu. Es gibt leckere Spezialitäten vom Grill, vor allem alle Arten von Fisch: gegrillte Barrakudas, Tintenfisch, Makrelen. Der ganze Reichtum des Meeres bruzzelt auf zu Barbequegrills umfunktionierten, halbierten alten Benzinfässern. Bier und schwarz gebrannter Schnaps versetzt die Festteilnehmer schnell in eine ausgelassene Stimmung. Die Papuas verstehen es, zu feiern und ich bin mittendrin!

Am späten Nachmittag geht es per Anhalter zurück in den Busch. Ein Pick-up mit einer fröhlich singenden Kinderschar nimmt mich mit.

Bevor ich morgen nach einer Bootspassage Ausschau halte, will ich den Nachmittag nutzen und Klamotten waschen.

Hinter meinem Haus steht ein alter Waschzuber. Waschpulver bekomme ich von meinem Mitbewohner, einem Lehrer der Missionsschule, geschenkt. Eigentlich ja ein ganz normales Geschäft, so ein bisschen Wäsche waschen. Dass mein Waschtag um ein Haar in der größtmöglichen Katastrophe endete, die einem Globetrotter auf einer Reise so passieren kann, ist schon ein verrücktes Ding. So eine Geschichte kommt gleich nach dem Geld klauen! Ich mache mich ans Werk, will meine T-Shirts, Socken und die Hose einweichen. Routinemäßige Kontrolle der Hemd- und Hosentaschen. Oft ist noch irgendwelcher Krimskrams drin. Alles, was sich so in den Wochen und Monaten bei einem Reisenden ansammelt. In einer Seitentasche meiner Hose verstaue ich regelmäßig meine Ausweispapiere. Alles leer, jawohl, und hinein ins Waschwasser. Doch was ist das? Beim Eintauchen fühle durch den Stoff der Hose etwas Hartes! Verdammt, habe ich etwa zweimal die gleiche Seitentasche meiner Hose kontrolliert? Schöner Mist. Jetzt ist durch meine Schlamperei der Reisepass, der internationale Führerschein und mein Impfbuch im Seifenwasser gelandet! Die Plastikhülle, in der die Dokumente stecken, hat sie ein wenig geschützt, aber so ganz dicht ist sie nach mehr als einem Jahr auf Tour nun doch nicht mehr. Blasen in der Hülle zeigen, Wasser ist eingedrungen! Ratloser Blick auf die Wassertropfen, die den Pass herunterperlen. Willst du noch was retten, dann aber schnell, schnell! Die Spannung beim Lösen der verklebten Seiten des Passes ist unwahrscheinlich! Sie steigt ins schier Unerträgliche, dicke Schweißperlen stehen mir auf der Stirn. Verdammt, jetzt gilt es, die Ruhe zu bewahren. Vielleicht ist ja doch noch was zu retten. Sind die lebensnotwendigen Visa von Papua-Neuguinea und Australien unversehrt? Ich behandle jede einzelne Seite wie ein rohes Ei. Vorsichtig löse ich Zentimeter um Zentimeter die verklebten Seiten meines Passes. Ist mein australisches Einreisevisa zerstört, so kann ich die Schiffssuche sofort einstellen! Dann muss ich nach Port Moresby auf die Botschaft, und das geht nicht, ohne dass ich ein Flugzeug benutze. Die erste Seite mit dem Papua-Visum, Schwein gehabt, alles zu erkennen. Ein Stoßseufzer der Erleichterung. Wow, und jetzt Australien. Auch hier hat die leicht undichte Plastikhülle das Schlimmste verhindert. Ein wenig Stempelfarbe ist zerlaufen. Doch Visazeitraum, Ausstellungsdatum und Visadauer sind weiterhin lesbar und gut zu erkennen. Nie war eine Plastikhülle so wertvoll wie heute! Diesen Unabhängigkeitstag in Papua-Neuguinea werde ich mein Leben lang nicht vergessen.

Warten auf ein Schiff nach Aitape – Heilsarmee und australisches Bier

Am Strand lerne ich eines Morgens Jerry kennen. Er bietet mir an, mich übermorgen auf seinem Motorboot mit nach Aitape zu nehmen. Der Preis ist okay – 50 Kina, rund 15 Euro. Wir vereinbaren, dass er mich morgen um sieben Uhr an der Missionsschule abholt. Pünktlich um 7.00 Uhr am nächsten Morgen stehe ich mit meinem Rucksack an der Buschpiste und warte. Der Zeiger der Uhr wandert auf 8.00, 9.00 Uhr – kein Jerry taucht auf! Ich bin stinkesauer, verfluche die ganze Welt und den unzuverlässigen Jerry ganz besonders.

In Papua ist das mit Verabredungen so eine Sache. Dass ein Schiff oder ein Bus sich um Stunden oder gar Tage verspätet, kommt leider öfter vor. Dass jemand eine Vereinbarung anders auslegt oder sich nichts dabei denkt, statt um 14.00 Uhr erst um 17.00 Uhr zu erscheinen, ist normal. Die Einheimischen nennen das die Papua-Neuguinea-Time (PNG-Time).

Diese Erfahrung des »Zuspätkommens« habe ich zwar auch schon im indonesischen Teil gemacht, aber dass jemand überhaupt nicht erscheint, das ist mir neu!

Per Anhalter fahre ich mit einem Busch-Taxi nach Vanimo. Versuche mein Glück ein weiteres Mal beim Schiffsagenten. Er hat eine gute Nachricht für mich: Außerplanmäßig wird morgen ein Frachtschiff den Hafen anlaufen. Eine neue Chance? Die restliche Zeit des Tages nutze ich, halte nach weiteren Booten Ausschau. Wandere zum Strand, trinke mit den Fischern ein Bierchen, hoffe auf eine zweite Chance. Ein schnuckliges Motorboot, das in Richtung Süden fährt.

Dienstag im Hafen von Vanimo. Der Kapitän des Frachtschiffes ist nicht sehr gesprächig. Mürrisch hört er kaum hin, lässt mich gar nicht erst erklären, warum ich so gerne mitfahren möchte. Er lehnt es rundweg ab, mich auf seinem Schiff mitzunehmen! Enttäuscht trolle ich mich von dannen. Das zermürbende Warten geht nun schon fünf Tage. Und dazu immer die Angst, von der Polizei kontrolliert zu werden. Ständig patrouilliert sie in ihren Wagen durch Vanimo. Wenn ich hier noch ein paar Tage herumlungere, werden sie mich hundertprozentig kontrollieren. Ich bin weit und breit der einzige Ausländer in der Stadt! Da taucht wie aus heiterem Himmel der Filou Jerry am Pier auf! Er verliert kein Wort über unser geplatztes Treffen. Ich unterdrücke meinen Ärger über die nicht eingehaltene Verabredung, die scharfen Worte, die mir auf der Zunge liegen. Schließlich will ich was von ihm. »Morgen gibt es jetzt auf jeden Fall ein Boot«, versichert er mir freudestrahlend. Um 8.00 Uhr soll ich am Strand sein, diesmal aber hundertprozentig!

Mittwoch. Dicke schwarze Regenwolken hängen über dem Dschungel. Da kann so eine Bootsfahrt eine verdammt nasse

Angelegenheit werden! Der Rucksack ist gepackt, das Regenzeug bleibt draußen, griffbereit in eine Plastiktüte gestopft. Nebenan im Bungalow wohnt Steve, ein Neuseeländer, der in einem Entwicklungshilfeprojekt arbeitet. Er bringt mich mit seinem Pick-up raus aus dem Busch in die Stadt. Die Regenwolken nehmen immer beachtlichere Formen an, als wir kurz vor 8.00 Uhr den Strand erreichen. Ein Boot ist weit und breit nicht zu sehen! Das gibt es doch gar nicht! Jerry hat mir »Stein und Bein« geschworen, dass sie auf mich warten. Ich hatte ihm angeboten, dass ich ab 7.00 Uhr am Strand warte! Nicht nötig, nicht nötig, du weißt doch – PNG-Time, hat er gestern noch gelacht. Es ist zum Verzweifeln in diesem Land! Eine Zigarettenverkäuferin erzählt mir, dass heute morgen mehr Passagiere zusammengekommen sind als gedacht. Da sei das Boot eben schon um 7.30 Uhr abgefahren! So ein Mist, das darf doch wohl nicht wahr sein! Resigniert und ein Stück weit ratlos, fahre ich mit Steve in den Dschungel zurück. Hoffe auf eine neue Chance in den nächsten Tagen. Sie soll schneller kommen, als ich denke.

Donnerstag. Steve rüttelt an meiner Tür: »Jo, mach schnell, heute morgen sind Boote aus der Missionsstation von Aitape reingekommen. Sie wollen im Laufe des Vormittags wieder zurückfahren.« Wir rasen mit seinem Pick-up los. Und tatsächlich, diesmal klappt es! Gegen Zahlung von rund 25 Euro ist der Schiffsführer bereit, mich mitzunehmen. Eingeklemmt zwischen einem Second-Hand-Zahnarztstuhl und Medikamentenkisten geht es in einem proppevoll geladenen Motorboot der Heilsarmee die Küste von Papua-Neuguinea entlang. Dschungel, unberührte Strände, einsame Fischerdörfer, winkende Kinder am Strand. Fünf Stunden sind wir unterwegs, dann taucht am Horizont der kleine Hafen von Aitape auf.

Doch die Idylle trügt! Der kleine Ort und die Dörfer in der Umgebung leiden bis heute an den Folgen einer verheerenden Flutkatastrophe. Es ist ein Ort mit einer sehr traurigen Vergangenheit.

Im Jahr 1998 sind zwei fast 30 Meter hohe Wellen mit Urgewalten über die wenige Seemeilen vor dem Örtchen liegende Lagune ins Landesinnere hereingebrochen! Mehr als 2.200 Menschen sind von diesen zwei gewaltigen Tsunamiwellen in den Tod gerissen worden. Mit seinen weiten, weißen Stränden und dem grünen Blätterdach des Dschungels schaut der Küstenabschnitt heute wieder vollkommen friedlich aus. Nur die abgebrochenen Spitzen der Palmen lassen erahnen, mit welch ungeheurer Wucht die Flutwelle die Küste traf. Australische Missionare von der Missionsstation Aitape haben damals in den betroffenen Gebieten schnelle Hilfe geleistet. Vor allem die Versorgung der Bevölkerung mit medizinischen Hilfsmitteln und der Wiederaufbau der Schulen und Wohnhäuser in den zerstörten Dörfern ist entscheidend auf ihr Engagement zurückzuführen.

In Aitape gibt es kein Guesthouse oder Hotel. Deshalb probiere ich mein Glück ein weiteres Mal in einer Missionsstation. In Aitape gibt es mindestens ein Dutzend verschiedener Kirchen, die Entwicklungshilfe leisten oder die Bevölkerung missionieren (wollen). Die Mission, in der ich heute anklopfe und um ein Bett bitte, wird von den Missionaren aus Australien geleitet. Die Frage nach einem Nachtlager wird ohne Umschweife mit JA beantwortet. Was für ein Gegensatz zum Bischof von Vanimo! Hier bei den Australiern ist alles total unkompliziert. Das zweite »Highlight des Tages«: Bischof Austen Crapp und Vater Timothy (72 Jahre alt, 46 Jahre in Papua-

Neuguinea im Missionseinsatz) laden mich zu einem selbst gebrautem Bier ein! Am Abend geht es mit einem Landrover der Mission in den Busch. Einer der Missionare beendet seinen Einsatz in Papua. Für ihn geht es in ein paar Tagen zurück nach Australien. Bischof Crapp lässt es sich als Chef nicht nehmen, an der kleinen Feier der Dorfbewohner teilzunehmen.

Spät am Abend kommen wir zurück. Die Übernachtung im Haus des Bischofs in einer Mönchszelle eine Premiere für mich. Eine weiße Franziskanerkutte hängt meinem Bett gegenüber an der Tür! Vollkommen entspannt und mit einem Gefühl von Ruhe und Ausgeglichenheit schlafe ich ein.

Dschungelpiste und der Busch

Ein Lastwagen mit Personenbeförderung, ein so genanntes Public Motor Vehicel (PMV), fährt alle zwei Tage auf einer Dschungelpiste die 175 Kilometer von Aitape nach Wewak. Pater Timothy organisiert am Morgen meine Mitfahrt auf »Francos Family Truck«.

Um 10.00 Uhr soll es an der Missionsstation losgehen. Mein Optimismus ist schon wieder grenzenlos, klappt doch alles super! Aber ich habe meine Rechnung ohne die berühmt-berüchtigte PNG-Time gemacht. Sie schlägt heute zwar nicht alle Rekorde, aber es dauert. Um 12.00 Uhr mittags rauscht dann endlich ein blauer Toyota-Laster heran. Fröhliche Menschen auf der Ladefläche. Ein Eckchen für mich und meinen Rucksack haben sie freigehalten. Es kann losgehen.

In Vanimo habe ich eine passable Straßenkarte von Papua-Neuguinea gefunden. Die 175 Kilometer lange Straße nach Wewak (von hier aus soll es Schiffe nach Madang geben) ist als gut befahrbar gekennzeichnet. Veranschlagte Fahrtdauer: fünf Stunden. Das müsste reichen, kalkuliere ich. Wir könnten es trotz der Verspätung schaffen Wewak noch vor Einbruch der Dunkelheit zu erreichen, denn Überlandfahrten in Papua sind schon bei Tag nicht ungefährlich, nachts jedoch sollte man sie tunlichst vermeiden. Auch auf dieser Strecke werden Fahrzeuge angehalten und die Passagiere mit einer Art »Wegezoll« belegt, oder gar komplett ausgeraubt.

Unser Laster dreht noch eine Runde durchs Dorf. Immer mehr Passagiere drängeln sich auf der Ladefläche. An der Tankstelle ist unser letzter Stopp, noch eine Ladung Sprit, und jetzt geht es wirklich los. Nach wenigen Kilometern fängt es heftig an zu regnen. Eine Plastikplane deckt notdürftig das Gepäck ab, wir Passagiere sitzen auf der Ladefläche im Freien. Der heftige Regenguss verwandelt die Buschpiste in wenigen Minuten in eine Rutschbahn. Meine Mitreisenden nehmen es gelassen. Wir sind klatschnass, aber es ist ja warm. Auf der Ladefläche wird ringsum Betelnuss gekaut, sie löst eine leicht euphorische Stimmung aus. Ihr roter Saft wird ausgespuckt und landet auf Straßen und an Häuserwänden. In Restaurants in eigens dafür aufgestellten »Pinkelpötten«. Der rote Saft verziert auf diese Weise ganz Papua-Neuguinea. Ich glaube, dass 95 Prozent der Bewohner Papuas Betelnüsse kauen. Sie sind geradezu süchtig nach den Dingern. Die Zähne nehmen, vorsichtig ausgedrückt, rasch eine bräunliche Farbe an. Bestimmt nicht die reinste Freude für den Zahnarzt, aber gesund soll es sein. Vielleicht macht deshalb meinen Mitreisenden der strömende Regen nichts aus.

Doch zurück zu unserer Fahrt! Die auf meiner Karte als recht ordentlich eingestufte Straße entpuppt sich als ein besserer Feldweg. Es gibt jede Menge Schlaglöcher. Die Fahrt geht die ersten Kilometer durch eine Savannenlandschaft, bevor unser Lastwagen in den Dschungel eintaucht. Wir durchqueren eine um diese Jahreszeit sehr wasserreiche Gegend. Es gibt Flüsse in Hülle und Fülle. Um sie zu überqueren, sind einfache Ponton-Brücken gebaut worden. Einige von ihnen erwecken bei mir das Gefühl, dass sie noch aus der Kolonialzeit stammen. Mit teilweise nur lose befestigten Holz- oder Eisenbohlen ausgelegt, machen sie oft einen maroden Eindruck. Nichts für Menschen mit einem schwachen Nervenkostüm. Sobald unser Laster über sie hinweg fährt, quietschen und ächzen die Holzbohlen, dass einem Angst und Bange werden kann. An einigen der Flüsse (ich zähle zirka 30 auf der gesamten Strecke) hat man auf den Bau von Brücken verzichtet. Das heißt, es geht direkt durchs Flussbett, um das andere Ufer zu erreichen. Damit unser Fahrer genug Power hat, nimmt der Lastwagen einen regelrechten »Anlauf«, um auf der anderen Seite des Ufers auch ja wieder hochzukommen. Dass meine Befürchtungen nicht nur theoretischer Natur sind, bestätigt sich nach einer guten Stunde Fahrt erneut auf drastische Art und Weise. Eine Pontonbrücke kommt in Sicht. Unser Fahrer hat sich bei dieser Brücke entschieden, sie in einer Art Full-Power-Methode zu überqueren. Mit Schwung geht es über die Brücke, die Eisenteile ächzen, stöhnen, geraten in Bewegung. Dann passiert es: das Fahrerhaus des Lasters hat die Brücke passiert, aber mit dem Hinterteil, der Ladefläche, auf der die Fahrgäste sich drängeln, brechen wir ein. Unter der Last des schweren Fahrzeugs (zirka 50 bis 70 Passagiere plus Gepäck) hat es zwei Eisenschienen auf der Brücke auseinandergebogen. Der linke Hinterreifen ist gefährlich eingeklemmt. Die Achse liegt auf. Um ein Haar wäre der Laster in den Fluss gekippt!

Mir zittern die Knie und flattern die Hände. Mein erster Gedanke: jetzt ist die Reise zu Ende! Aber weit gefehlt. Mit Wagenheber, Eisenstangen und Holzkeilen geht die Besatzung an die Arbeit, bringt es fertig, den Reifen aus der Umklammerung der verrutschten Eisenpontons zu befreien. Die Hinterachse hat Gott sei Dank keinen Schaden genommen. Auch die Zwillingsbereifung sieht noch ganz passabel aus. Dafür aber hat es die Auspuffanlage ziemlich hart erwischt. Der Auspufftopf ist undicht. Das Fahrgeräusch hat jetzt etwas traktorenmäßiges. Bei jedem Schaltvorgang räuchert der Fahrer die Passagiere auf der Ladefläche kräftig mit Dieselabgasen ein.

Wer von uns Reisenden gehofft hat, jetzt sei die Pannenserie beendet, der wird enttäuscht. Rumpelnd, keuchend, knatternd geht es weiter. Unregelmäßige Fehlzündungen lassen nichts Gutes ahnen. Kaum sind wir eine weitere halbe Stunde unterwegs, streikt dann auch zum ersten Mal der Motor. Zwei mitreisende Bordmechaniker verschwinden im Motorraum. Sie werkeln und fluchen, die Zeit vergeht. Ich schaue jetzt öfter auf die Uhr. Nach einer weiteren Stunde des Wartens ist auch dieser Schaden behoben. Wir fahren weiter, aber nicht lange. Es ist heute wie verhext, 20 Kilometer, und die bösen Dschungelgeister schlagen erneut zu. Mit einem lauten Pfeifen gibt einer der äußeren Zwillingsreifen seinen Geist auf.

Meine Mitreisenden nehmen es mit der gleichen Gelassenheit zur Kenntnis wie die Entwicklung des Wetters. Es hat aufgehört zu regnen. Der Busch dampft in der tropischen Nachmittagshitze vor sich hin. Meine Wasservorräte werden knapp und ich zunehmend nervöser. Die kleine Chance, unser Ziel vor Anbruch der Dunkelheit zu erreichen, ist verschwindend gering. Mein Respekt vor Straßenräubern ist beachtlich! Dazu kommen die Bilder vom Unfall, wollen nicht aus meinem Kopf verschwinden. Ich schimpfe mit mir selber, führe Selbstgespräche: »Mensch Jo, was hast du, was haben wir alle auf dieser Mühle doch für ein Glück gehabt. Sei doch froh, dass wir nicht mit dem ganzen Karren in den Fluss geflogen sind!«

Weiter geht die wilde Fahrt. Für die nächste Aufregung sorgt wieder eine Brücke. Auf 300 bis 400 Meter Länge spannt sich eine wenig Vertrauen erweckende Eisenkonstruktion zehn bis fünfzehn Meter hoch über einen lehmig-gelben, gurgelnden Urwaldfluss. Der Regen der vergangenen Stunden hat ihn gefährlich hoch anschwellen lassen. Unser Fahrer ist bei dieser Brücke jetzt eine ganze Ecke vorsichtiger. Der Laster tastet sich vorsichtig von Holzbohle zu Holzbohle. Sie knarren und ächzen unter den 50, 60 Tonnen Gewicht verdächtig: mir bricht der Schweiß aus allen Poren. Ich kneife fest die Augen zu. Zwinge mich, an nichts, aber auch rein gar nichts zu denken. Sekunden werden zu Stunden. Das fröhliche Schnattern der Reisenden auf dem Laster ist verstummt, auf der Ladefläche ist es mucksmäuschenstill. Jeder hat nur den einen Wunsch, heil an das andere Ufer zu gelangen. Mann, bin ich froh, als der Laster die andere Seite erreicht!

Langsam kriecht die Dämmerung aus dem Dschungel. Meine Hoffnung, bei Tageslicht in Wewak anzukommen, ist dahin. Unsere Fahrt geht jetzt durch Sumpfgebiet. Drei, vier Meter hohe Schilfwände, brackiger Sumpf und Millionen von Moskitos begrüßen die Passagiere von »Francos Family Truck«. Wir sind eine willkommene Beute! Nach 20 Kilometern Fahrt durch dieses Sumpfgebiet ist jeder der Passagiere von Dutzenden Moskitostichen übersät. Wir verlassen das Sumpfgebiet, die Dschungelpiste klettert in hügeliges Land. Der angeschlagene Motor unseres Lastwagens hat schwer zu kämpfen, um die Berge hochzukommen. Der Laster schafft oft die Steigungen im ersten Anlauf nicht, rollt zurück. Mit Schwung und in zwei oder drei Anläufen gelingt es dem Fahrer, die

Gipfel zu erklimmen. Bei dieser Berg- und Talfahrt häufen sich nun die Fahrtunterbrechungen. Der Motor braucht Abkühlung, die Bremsen werden entlüftet, Wasser kommt in den Kühler.

Immer öfter halten wir nun an kleinen Ansammlungen von einfachen Bambusrundhütten. Passagiere steigen aus, sie haben ihr Ziel erreicht. Bei einem dieser Stopps rutscht mir das Herz in die Hose bzw. hämmert es gegen meine Brust! Im Dämmerlicht, vielleicht 150 Meter von unserem Fahrzeug entfernt, versperren zwanzig mit Macheten bewaffnete Männer die Dschungelpiste. Unser Fahrer geht in die Bremsen. Jetzt haben wir den Salat, mein erster Gedanke. Das sind bestimmt die Straßenräuber, vor denen ich gewarnt worden bin! Doch wir haben Glück: die Männer sind aus einem nahen Dorf an die Dschungelpiste gewandert. Sie warten auf Verwandte aus Aitape, die mit mir auf der Ladefläche sitzen!

Nacht im Dschungel. Unser Fahrer will nach Hause. Sein Fahrstil wird agressiver. Den Feierabend vor Augen, nimmt seine Risikobereitschaft zu. Das Gaspedal bis zum Anschlag durchgedrückt, durchquert er den Busch mit »Volldampf voraus«. Geisterhaft tauchen im Licht der Scheinwerfer Bäume und Sträucher auf. Staubfahnen wehen auf die Ladefläche, nebeln die Passagiere ein. Es wird jetzt richtig ungemütlich.

20.00 Uhr, wir haben die Piste verlassen und befahren ein Flussbett! Vermutlich ist hier die Dschungelpiste von einem Hochwasser einfach weggerissen worden. Etwa einen Kilometer lang geht die Fahrt schwankend durch das flache Flusswasser. Es wird von Minute zu Minute abenteuerlicher auf dieser Fahrt! Mann oh Mann, wenn wir doch bloß endlich da wären! Doch das Finale steht uns noch bevor! Als wir das Flussbett an einer Furt verlassen wollen, zwingt uns ein entgegenkommendes Auto, entweder einen unkonventionellen Weg zu nehmen oder zu warten. Unser Fahrer probiert es unkonventionell und entscheidet sich, eine Abkürzung zu fahren. Mit Schwung versucht er, den Laster aus dem Flussbett zu manövrieren, die Uferböschung hochzukommen. Der Laster schwankt bedenklich, Kinder fangen an zu weinen, verängstigte Frauen und Männer rufen, schreien, sind entsetzt. Der erste Versuch scheitert, wir rollen ins Flussbett zurück. Den Fahrer packt der »sportliche Ehrgeiz«, er will mit Gewalt an das andere Ufer. Die anschwellenden Schreie und Rufe seiner Fahrgäste ignoriert er und probiert es ein zweites Mal. Das Ergebnis gleicht dem des ersten Versuches, nur dass jetzt der Truck beginnt, sich mit den Hinterreifen ins Flussbett einzugraben. Beim dritten Versuch besteht die Ladefläche aus einem einzigen Schrei hilfloser, verängstigter Menschen.

Jetzt passiert es: das »Hinterteil« des Lasters versinkt bis über die Achse im Fluss, wir drohen umzukippen. In Panik springen die Leute in den Fluss. Ich schnappe mir einen kleinen Jungen und reiche ihn über die Ladefläche herunter, bevor ich selbst springe! Unser Glück, der Fluss ist an dieser Stelle relativ flach, außer ein paar nassen Hosenbeinen und einigen Hautabschürfungen gibt es keine schwerwiegenden Verletzungen zu beklagen.

Ein großer, altersschwacher Handscheinwerfer beleuchtet die gespenstische Szene im Flussbett. Unser Laster sinkt zwar nicht weiter ein, aber es sieht für mich trotzdem hoffnungslos aus. Das Wasser rauscht über den linken Hinterreifen. Die Zwillingsräder stecken in einer Schicht aus Schlamm und Kiesel 30 bis 40 Zentimeter tief im Flussbett. Da hilft wohl nur ein Abschleppwagen oder ein Bulldozereinsatz. Anders ist er nicht frei zu bekommen. Die Fahrgäste lehnen oder sitzen erschöpft auf Baumstämmen am Flussufer, ihnen steht der Schock ins Gesicht geschrieben. Ratlos und ängstlich schauen sie auf den im Fluss stehen Laster. Keiner weiß so recht, wie es nun weitergehen soll. Müssen wir vielleicht hier übernachten? Kann man den Laster irgendwie wieder flottkriegen? Der Vorschlag einer wild mit den Händen gestikulierenden jungen Frau wird nicht ernst genommen: »Bis Wewak sind es ja nur noch vier Dörfer, da könnten wir doch hinlaufen!«

Während die Fahrgäste ihren Schock verarbeiten, probiert die Besatzung tatsächlich, die Karre wieder flottzukriegen. So ramponiert der Laster auch aussieht, werkzeugmäßig ist er gut ausgerüstet. Die Jungs von der Besatzung sind absolute Dschungelprofis. Sie haben nicht nur den Handscheinwerfer dabei, auch eine Winde und eine schwere Eisenkette gehören zur Ausrüstung. Ein riesiger Werkzeugkasten kommt zum Vorschein und komplettiert das Rettungsarsenal. Auf der gegenüberliegenden Flussseite liegt ein umgestürzter Urwaldriese. Hier befestigen sie das eine Ende der Kette, das andere wird an der Achse des Fahrzeugs festgebunden. So fixiert und mit eigener Motorkraft soll sich unser Lastwagen aus dem Schlamassel befreien.

Und es klappt! Auch wenn die Kette zweimal reißt und ein dicker Ast des Urwaldriesen beim ersten Versuch mit einem lauten Krachen absplittert; die Winde arbeitet mit der Präzision eines Schweizer Uhrwerkes. Zentimeter um Zentimeter taucht der tief im Kies und Schlamm versunkene linke Hinterreifen samt Achse aus dem Fluss auf. Die Fahrgäste sind aufgesprungen, stehen knöcheltief im Wasser des Flussbettes und begleiten die Rettungsaktion mit aufgeregten Rufen. Nach gut einer Stunde Bergungsarbeiten ist es geschafft. Der Truck erklimmt ohne Passagiere und Gepäck die Uferböschung. Wir können unsere Reise fortsetzen. Bei all dem

Pech heute – was haben wir doch für einen Dusel! Ohne eine weitere Panne erreichen wir kurz vor Mitternacht die Außenbezirke der kleinen Hafenstadt Wewak. Unser Laster fährt von Haus zu Haus und setzt die Passagiere ab. Ich lande nach abenteuerlichen zehn Stunden Buschfahrt im *Windjammer*-Beachresort. Bekomme das letzte freie Zimmer, und ich bin überglücklich, das »rettende Ufer«, ein Hotel mit Security erreicht zu haben. An der Bar ein kaltes Bier trinken und dem Wellenrauschen des pazifischen Ozeans lauschen – ein Genuss, den ich mir nach diesem mit heiler Haut überstandenen Abenteuer verdient habe.

Ein Frachter nach Australien

Mit einem Passagierschiff geht es am Nachmittag des nächsten Tages weiter nach Madang in der Astrolabe-Bucht der Bismarck-See. Einstmals das Verwaltungszentrum der kolonialen deutschen Kokosnussplantagen, ist es heute vor allem ein Ziel für Tauchtouristen. Der einzige Weltenbummler, dem ich während meiner knapp vierwöchigen Reise begegne, läuft mir hier über den Weg. Es ist ein Deutscher aus Leipzig, der nach Wracks aus dem Zweiten Weltkrieg taucht.

Von 1884 bis 1914 waren der östliche Teil und die im Nordosten vorgelagerten Inseln (das Seegebiet heißt bis heute Bismarck-Archipel) des Landes deutsche Kolonie. Nach Ausbruch des Ersten Weltkrieges eroberte Australien die deutschen Kolonien. Der nördliche Teil von Neuguinea war von Holland und der westliche Teil von England besetzt. Während des Zweiten Weltkrieges ist das Land von japanischen Truppen besetzt worden. Nach Ende des Zweiten Weltkrieges kam das Land 1945 unter australische Verwaltung. Es sollte bis 1975 dauern, bis Papua-Neuguinea endlich die Unabhängigkeit erreichte.

Ein Bootsticket für die 36-Stunden-Überfahrt von Wewak nach Madang zu organisieren, ist ein hartes Stück Arbeit. Ohne Bestechungsgeld für den Ticketverkäufer sind die Chancen gleich Null. Man hatte mich im Hotel gewarnt. In der Tat sind alle Tickets »ausverkauft«. Ich könnte mich aber auf die Stand-By-Liste setzen lassen, grinst der vierschrötige Ticketverkäufer und lacht fröhlich vor sich hin. Alles Diskutieren hilft nicht. Das nächste Schiff geht erst in drei Tagen. So lange will ich nicht warten. Die Nacht im *Windjammer*-Hotel kostet 48 Euro pro Nacht. Eine Menge Geld bei meinem Etat. Entnervt lege ich deshalb eine 20-Kina-Note (zirka 5 Euro) in meinen Pass. Und siehe da: 20 Minuten später ist an Deck des Schiffes ein Plätzchen frei. Der Ärger über das Bakschisch ist schnell verraucht, als ich mich auf einem altersschwachen, leicht lädierten, mit blauem Plastiküberzug versehen Schlafsessel eingerichtet habe. 220 Seemeilen weiter und 17 Stunden später laufen wir in den Hafen von Madang ein.

Von Madang nach Lae gibt es eine 380 Kilometer lange, gut ausgebaute Landstraße. Sie führt in einem weiten Bogen durch das Landesinnere bis an die Küste des Pazifiks zurück.

Nach knapp zwei Wochen endet eine 1.000 Kilometer lange Reise mit Heilsarmeeboot, Busch-Taxis, Public-Motor-Vehicel-Trucks und verrosteten Küstenmotorschiffen in der Hafenstadt Lae. 60.000 Einwohner leben in der zweitgrößten Stadt Papua-Neuguineas. Die erste Etappe ist geschafft.

Doch was für eine Ankunft! Der Highland-Highway in die Stadt ist mit Reklametafeln von Sicherheitsunternehmen gepflastert. Auf drei Kilometern stehen alle 100 bis 150 Meter riesige, sechs bis acht Meter hohe Reklametafeln. Sie versprechen dem Kunden optimalen Schutz. Von der Selbstschussanlage bis zum deutschen Schäferhund wird ein Toparsenal von Sicherheitsmaßnahmen angeboten.

Grundstücke und Häuser, die, an europäischen Maßstäben gemessen, ein ganz klein wenig normal aussehen, sind mit Stacheldrahtverhau und Eisentoren mit Sehschlitzen gesichert. Die Geschäfte im Stadtzentrum: das gleiche Bild. Selbst Pommesbuden bilden keine Ausnahme. Die Tüte Pommes frites wandert durch ein Eisengitter in die Hand des Kunden. Schwerbewaffnete Wachleute stehen in und vor den Banken. Ohne das Passieren einer Sicherheitsschleuse kommt hier niemand rein und raus. In den Supermärkten ist die Taschenkontrolle vor und nach dem Verlassen des Geschäftes Routine.

Eine Arbeitslosenquote von über 50 Prozent, der Verlust der traditionellen Lebensweise und der kulturellen Identität der Bevölkerung mögen dazu beigetragen haben, dass dieses Land eine so hohe Kriminalitätsrate hat. Das Gefühl in meiner Magengrube an diesem Sonntagnachmittag ist nicht angenehm. Um auf das Gelände der Universität zu gelangen (hier habe ich einen Tipp zur Übernachtung für das Universitäts-*Guesthouse* bekommen), muss ich mich, nachdem ich die Eingangskontrolle passiert habe, ein zweites Mal einer Kontrolle beim Sicherheitsoffizier unterziehen. Eine Prozedur, die nervt. Umso mehr freut mich dann das Uni-*Guesthouse.* Die Einrichtung ist gediegen, absolut erste Sahne. Ich springe aus meinen verschwitzen Klamotten und genieße die erste heiße Dusche nach zwei Monaten. Da ist auch der stolze Preis von 40 Euro zu verkraften. Zufrieden krieche ich am Abend unter die blütenweiße Bettwäsche und schlafe schnell ein. Morgens um 5.00 Uhr sind alle schönen Träume dahin. Ich wälze mich ruhelos im Bett hin und her: Die Polizei und die Sicherheitskontrollen in der Stadt, die Stacheldrahtverhaue, glasscherbengespickte Mauern und Eisengitter geistern durch meinen

Traum. Schweißgebadet schrecke ich hoch und sinke erleichtert in die Kissen zurück. Alles ja nur ein böser Traum! Die Situation hier erinnert mich an eine Fahrt durch die Slums von Chicago im Jahr 1996 – das Aussteigen aus Bus oder Taxi war lebensgefährlich! Und in dieser Stadt Lae will ich ein Schiff nach Australien finden!

Montagmorgen. Es ist schwül-heiß. Mir rinnt der Schweiß in Strömen vom Gesicht. Mein Ziel ist der Hafen und die Schiffsagenten von Lae. Kurz vor Erreichen des Hafengeländes stoppt ein schicker Ami-Schlitten neben mir. Die hintere Tür schwingt auf. Freundliches Winken. Zu Fuß in dieser Gegend unterwegs zu sein, sei viel zu gefährlich, ob ich nicht mitfahren will? Danke nein, ich lehne freundlich ab und marschiere tapfer weiter in Richtung Hafen.

Auf meiner Schiffsreise von Wewak nach Madang habe ich von einem Matrosen die Adresse der australischen *Consult-Shipping Ltd.* bekommen. Die sollen regelmäßig mit ihren Schiffen nach Brisbane an die australische Ostküste fahren. Ein erster Versuch. Der Empfang im Büro der Reederei ist freundlich. David, der Manager, ein sehr freundlicher Australier mit blonden Haaren und stahlblauen Augen, begrüßt mich herzlich, lädt mich zu einem Kaffee ein und fragt, was ich auf dem Herzen habe. Ich erzähle ihm von meinem Traum, die Welt mit Eisenbahn und Schiff zu umrunden. Er schmunzelt: »Ja, morgen geht ein Frachter raus!« Die Mitnahme von Passagieren ist allerdings vor ein paar Monaten beendet worden. Sorry, bedauert er achselzuckend. Das Management in der Zentrale in Sydney hat gewechselt. Die Chance, dass sie in meinem Fall ein Ausnahme machen, ist verschwindend gering. Ein Anruf in Australien beim Generalmanager bestätigt seine Einschätzung. »Nein, keine Passagiere auf unseren Frachtern!« Ich bin nicht deprimiert, es wäre ja wirklich der

Hammer gewesen, wenn es gleich beim ersten Versuch mit einer Passage geklappt hätte. Von David gibt es zum Abschied als Trostpflaster Adressen von weiteren Schiffsagenten, bei denen ich mein Glück versuchen kann.

Die Odyssee durch die Büros der Schiffsagenten von Lae beginnt. Sie zieht sich über mehrere Tage hin. Die Antworten gleichen einander. Erstens: Wir führen keinen Passagiertransport durch. Zweitens: Arbeiten an Bord, um sich die Überfahrt zu verdienen (»eine Hand für eine Koje«) ist nicht möglich. Drittens: Der Eigner in Übersee hat striktes Verbot erteilt. Wahrscheinlich wollen immer mehr Reedereien das Risiko der Versicherung von Passagieren nicht tragen.

Neue Wege müssen her! In meinem Gepäck habe ich ein Adressenverzeichnis der *Internationalen-Transportarbeiter-Föderation (ITF).* Hier sind sämtliche Gewerkschaftsbüros eingetragen, an die sich Seeleute wenden können, die Probleme haben. Ich mache mich auf den Weg ins örtliche Gewerkschaftsbüro der Seeleute und Hafenarbeiter. Donath, der Gewerkschaftsboss des Hafens von Lae mit dem herrlich silbergrauen Kraushaar, schüttelt nachdenklich seinen Kopf. Er macht seinen Job schon 20 Jahre und sieht mein Vorhaben als ziemlich aussichtslos an. Doch dann hat er eine Idee. »So könnte es vielleicht klappen«, murmelt er kaum hörbar. Er verspricht mir, sich bei den Kapitänen der Küstenmotorschiffe umzuhören. Da ginge eventuell was, wenn es mit dem Direktlift nach Australien nicht klappen sollte. Donath erläutert mir seinen Plan. Bis Port Moresby will er mich auf einem Küstenmotorschiff unterbringen, von dort aus auf einem so genannten Steamer nach Daru, der Hauptstadt der Western Provinz. In Daru kennt er Kollegen, die mich auf einem Fischerboot unterbringen könnten. 60 Seemeilen durch die Torres-Straße fahren, und schon bist du auf einer australischen Insel. Von da aus müsste ich mich dann alleine durchschlagen. Ist das vielleicht die Nadel im Heuhaufen, die ich suche?

Tagsüber ist es unerträglich heiß. Ich muss mich jetzt regelrecht zwingen, weiter nach einem Frachter zu suchen, alle Möglichkeiten ausfindig zu machen, es immer wieder bei den Büros der Reedereien oder Schiffsagenten zu versuchen.

Das ganze Unternehmen gleicht einem Puzzlespiel und verbraucht fast alle Vorräte an Energie, die ich besitze. Da ist es gut, wenn man eine »Tankstelle« hat. Die habe ich bei einer papuanischen Familie gefunden, die mich eingeladen hat, bei ihr zu wohnen.

Emma ist beim staatlichen Gesundheitsdienst beschäftigt und kümmert sich um ungewollte Schwangerschaften bei jungen Mädchen, Douglas schlägt sich als Spirituosenvertreter durchs Leben. Eine Wahnsinnskombination, aber in Papua ist jeder glücklich, wenn er überhaupt einen Job hat! Meine Freunde richten mich am Abend mit ihrem Optimismus und ihrer Lebensfreude nach den Misserfolgen des Tages regelmäßig wieder auf. Dass ich diese Freundschaft in ihrem Haus erleben durfte, dafür werde ich ihnen immer dankbar sein.

Mittwoch. Ich spreche bei der *ATF-Shipping Ltd.* vor. Da soll am Samstag ein dänischer Dampfer in Richtung Australien rausgehen. Nachdem Kevin, der Manager, ein gemütlicher Australier mit Kugelbauch und Halbglatze, mein Empfehlungsschreiben der Schweizer Spedition *Panalpina* und mein Arbeitszeugnis von meiner Bangladeschseereise studiert hat, telefoniert er mit seinem Vorgesetzten in Melbourne. Das Telefongespräch zieht sich in die Länge. Sollte es hier vielleicht klappen mit einer Koje nach Australien? »Sorry Jo, die Zentrale sagt nein!« Ein weiterer Schlag ins Wasser! Kevin gibt mir zum Abschied den Tipp mit auf den Weg, es doch am Freitag direkt beim Kapitän des Frachters zu versuchen.

Der letzte Agent, den ich heute treffe, heißt Bob und ist von der Firma *Express Freight-Austral-Asia-Line*. Von ihnen ist für Sonntag ein Schiff aus Japan angekündigt. Der Dampfer nimmt eine Ladung Timberholzstämme an Bord, Bestimmungshafen ist Brisbane/Australien. Bob ist sehr hilfsbereit, er verspricht mir, per E-Mail beim Eigner in Zypern nachzufragen – schätzt aber, dass es zu 99 Prozent wohl kein okay zu einer Mitfahrt auf dem Frachter geben wird. Der Kapitän des Frachters ist, dem Namen nach, vermutlich ein Deutscher. Da sieht Bob eine Chance. Auf jeden Fall soll ich am Sonntagmorgen versuchen, an Bord zu kommen und mit ihm persönlich zu sprechen. Bob selbst hat keine Einwände, vorausgesetzt, mit meinen Papieren ist alles in Ordnung.

Die Woche ist vorüber, was für eine Achterbahn der Gefühle! Aufgeben kommt nicht in Frage, obwohl es manchmal wirklich zum Heulen ist. Die nächste Anfrage starte ich bei einem chinesischen Getreidedampfer. Der Kapitän ist eventuell bereit, mich für 150 US-Dollar bis zu den Philippinen mitzunehmen. Er weiß aber nicht, ob es dann wirklich Richtung Australien weitergeht. Der Frachter ist ein so genanntes Trampschiff. Die Order für den nächsten Job gibt es oft erst auf hoher See oder im nächsten Hafen. In diesem Fall in Manila/Philippinen. Mit einer Hoffnung mehr im Gepäck verlasse ich den Frachter.

Freitag. Heute kommt es knüppeldick. Der chinesische Getreidedampfer ist verschwunden! Wieder eine Chance weniger. Im Gewerkschaftsbüro erwartet mich die nächste Enttäuschung. Mein Gewerkschaftskollege Donath rauft sich sein

Kraushaar, er hat alle seine Kontakte spielen lassen, sieht aber keine Möglichkeit, mir in den nächsten zwei bis drei Wochen zu helfen. Der Schiffsführer des Küstenmotorschiffes, den er im Auge hatte, ist zu seiner Familie auf die Salomon Islands gefahren.

Mein Versuch, auf einen dänischen Frachter zu kommen – der Tipp von Kevin, dem freundlichen Manager von *ATF-Shipping* – ein Schlag ins Wasser! Der kroatische Kapitän würde mich zwar gerne auf seinem Dampfer mitnehmen, aber ohne okay des Eigners und des Carriers traut er sich nicht. Verständlich, das kann ihn seinen Job kosten! Also wieder nichts. So bleibt nach einer Woche intensiver Suche nur noch eine Möglichkeit! Der deutsche Kapitän und das Schiff der zypriotischen *Columbia-Shipmanagement.* Der Tipp von Bob.

Sonntag. Es ist 9.30 Uhr. Strömender Regen prasselt auf das Blechdach an der windigen Bushaltestelle am Hafeneingang – keine Menschenseele zu sehen. Einsam und verlassen, bereite ich mich innerlich auf meine letzte Chance im Hafen von Lae vor. Durch die Regenschleier erkenne ich die Aufbauten der *Cape Keppel.* Das ist der Frachter, der morgen nach Brisbane fahren wird. Die allerletzte Chance! Sehnsüchtig tasten meine Augen das Schiff ab. Wandern über das Deck, die Aufbauten, bleiben an der Fallreep, die an Bord geht, hängen. Jetzt heißt es den richtigen Moment zu erwischen, um aufs Schiff zu gehen und mit dem Kapitän zu sprechen, ihn möglichst bei guter Laune anzutreffen. Eine halbe Stunde warte ich noch im strömenden Regen, traue mich nicht, loszugehen. In meinem Inneren gibt's einen Ruck: Scheißegal, bring's hinter dich, Chancen hast du ja eh keine!

Ich klettere die Gangway hoch. Oben angekommen, frage ich den wachhabenden Matrosen nach dem Weg zum Kapitän. Wir marschieren los, es geht in den vierten Stock des 25.000-Tonnen-Frachters. Hier ist das Zentrum der Macht. Die Kajüte vom Kapitän und vom ersten Ingenieur. Der Matrose meldet mich an. Dann steht er im *Grolsch*-Bier-T-Shirt vor mir: Kapitän R. Bakkenutte aus den Niederlanden. Ich bin furchtbar nervös, fange an zu stottern, sage mein Sprüchlein auf von wegen Weltreise, will nach Australien und ob er einen Augenblick Zeit hat, mich anzuhören. Er grinst: »Ach Sie sind unser Passagier nach Brisbane!« Mir wird augenblicklich flau im Magen. Ich habe das Gefühl, Pudding in den Beinen zu haben, meine Hände fangen an zu zittern, eine total verrückte Situation. Was ich noch gerade so herausbringe, ist ein ungläubiges »Sie nehmen mich mit?« – »Ja. Im Moment habe ich aber keine Zeit«, antwortet er schmunzelnd. Er hat gerade eine Besprechung mit Bob, dem Manager von *Express Freight*. Der hat vor einer halben Stunde nämlich das okay des Eigners bekommen. Der Kapitän hat es jetzt eilig. »Den Papierkram müssen wir verschieben, den erledigen wir später, trink erstmal einen Kaffee.« Und genauso schnell, wie er in der Tür erschienen ist, verschwindet er wieder. Ich stolpere mit dem Matrosen die Treppen runter, bekomme einen Kaffee in der Mannschaftsmesse. Ich hab' es geschafft, ich hab' es geschafft, jubelt alles in mir. Der Steward bringt mir den Kaffee. Fragt, was ich hier mache, ob ich ein neues Crewmitglied bin. Die Worte sprudeln wie ein Springbrunnen aus mir raus. Dass ich mit ihnen nach Brisbane fahre, Weltreise, Eisenbahn, ohne Flugzeug, aus Deutschland … ein Wasserfall der Erleichterung!

Sonntag, 16.00 Uhr. Der letzte Kilometer auf dem Weg zum Hafen ist irre. Nicht nur die Hitze bei 35 Grad und 90 Prozent Luftfeuchtigkeit machen mir beim Laufen zu schaffen. Was ist, wenn ich gleich um die Ecke biege und der Frachter ist weg? Vollkommen verrückt, rede ich mir ein. Gar nicht dran denken darf ich. Dann der Augenblick, als ich um die Ecke des letzten Lagerschuppens biege. Der weiß-gelbe Schornstein mit der Aufschrift *CSM (Columbia Shipmanagement)* leuchtet mir entgegen. Einfach nur geil, absolut phantastisch. Schweißüberströmt klettere ich mit meinem 20-Kilo-Rucksack die Gangway hoch. Ein Steward bringt mich wieder in den vierten Stock. Ich hab' ja keine Ahnung, was mich erwartet! Er stoppt direkt gegenüber der Kabine des Kapitäns. Mich trifft schier der Schlag. Das ist ja die Kabine des Eigners! Geräumige 30 Quadratmeter, Wohnzimmer, Dusche, WC und eine abgetrennte Schlafkabine! An der Wand ein schickes Ölgemälde, Fernseher, Eisschrank. In diesem Augenblick hab' ich das Gefühl, ich befinde mich in einem Märchen!

Das Verladen des Timberholzes erfordert ein hohes Maß an Geschicklichkeit von den Männern am Pier und an Bord. Heftige Regenschauer unterbrechen die Verladearbeiten. Die Abfahrt der *Cape Keppel* verschiebt sich im Zweistundentakt: Von 6.00 auf 8.00 Uhr, auf 11.00 Uhr, auf 14.00 Uhr. Um 16.00 Uhr ist die Ladung endlich verstaut, es kann losgehen.

Der Schiffsagent kommt an Bord. Papierkram, Stempel, letzte Formalitäten werden erledigt. Ich bin der erste Passagier, den der Agent in acht Jahren im Hafen von Lae abfertigt.

Warten auf den Zoll. Der alles entscheidende Augenblick rückt näher. Wenn bloß nicht noch jemand von der Immigration auftaucht!

Der Kapitän hat Anweisung gegeben, dass ich mich in meiner Kabine bereithalten soll, falls der Zoll noch eine Frage hat. Ich schwitze Blut und Wasser. Vor lauter Freude über die Schiffspassage habe ich nämlich dem Kapitän eine Kleinigkeit verschwiegen. Offiziell darf ich das Land ja nur mit dem Flugzeug verlassen. Das heißt, werde ich gleich kontrolliert, ist der Traum, das Land auf dem Seeweg zu verlassen, geplatzt. Im ungünstigsten Fall lande ich im Abschiebeknast.

Zur Erinnerung: Gemäß meinem Visum hätte ich spätestens in Vanimo ein Flugticket kaufen und es dem Immigrationoffice vorlegen müssen. Jetzt baue ich darauf, dass der Zoll oder die Immigration nicht so genau hinsehen. Ich verlasse ja das Land! Mein Plan: Ich besitze noch 50 US-Dollar. Kommt es zur Kontrolle, will ich auf jeden Fall alleine mit dem Beamten vom Zoll sprechen. Ihn in meiner Kabine überreden, dass ich die Strafe an Ort und Stelle und ohne Quittung zahlen darf. Ich vertraue auf die in Bangladesch und Singapur gemachten Erfahrungen!

Gegenüber in der Kapitänskajüte gedämpftes Stimmengemurmel, Türenklappen, Stille. Daumendrücken bei mir, die Knöchel treten weiß hervor. Ich trau' mich fast nicht zu atmen. Fünfzehn quälende Minuten vergehen. Erneutes Türengeklapper. Schritte auf dem Gang. Werden sie langsamer? Klopft es an meiner Tür? Nein! Die Geräusche auf dem Gang entfernen sich. Ich wage es nicht, meine Kabinentür auch nur einen Zentimeter zu öffnen. Warte weitere zehn Minuten, nichts geschieht. So eine Menge Dusel auf einmal, ich wage es nicht zu glauben, riskiere einen Blick aus meinem Bullauge. Hinter uns liegt ein Frachter aus Hongkong. Am Bug sehe ich Matrosen. Sie lösen die schweren Schiffstaue zur *Cape Keppel!* Wir legen ab! Die Kaimauer wird sichtbar, fünf, zehn Meter Wasser trennen unser Schiff bereits von ihr. Jetzt hält mich nichts mehr. Ich stürme die Treppen hinunter und stehe an der Reling. Ein Matrose macht die Gangway fest. Es ist geschafft! Meine Augen verschwimmen. Ich schlucke, zwei, drei Tränen laufen langsam in meinen Bart. Ich kann mein

Glück kaum fassen. Wir nehmen Kurs auf den pazifischen Ozean. »Volle Kraft voraus«, es geht nach Australien.

Nach sechs Tagen auf hoher See läuft die *Cape Keppel* in den australischen Hafen Brisbane ein. Dreizehn Monate Reisezeit und 55.000 Kilometer mit Eisenbahn, Frachtschiffen und anderen Verkehrsmitteln liegen hinter mir. Der rote Kontinent Australien ist erreicht!

Die Bilanz der Schiffssuche auf drei Kontinenten – mehr als 50 Kontakte sind in meinem Tagebuch verzeichnet – angefangen vom Kapitän eines australischen Fischkutters, über einen Schiffsversicherungsagenten in Bremen und Kontakten mit Reedereien in Deutschland und den Niederlanden, der Stellenvermittlung für Seeleute in Singapore, den Gewerkschaftskollegen in Papua-Neuguinea bis hin zu Schiffsagenten in den Häfen von Madras/Indien, Bangkok/Thailand, Penang, Kuala Lumpur/Malaysia, Singapore, in Padang/Sumatra, Jakarta und Surabaya/Indonesien, in Jayapura und Vanimo in Neuguinea und der direkten Nachfrage auf Frachtschiffen in vielen Häfen. Dazu kommen Kontakte in den Segelhäfen in Bali, Kupang/Westtimor und in Lae/Papua-Neuguinea.

Kapitel 9

Hartz IV in Australien – ein deutscher Auswanderer erzählt

In Australien leben 20 Millionen Einwohner auf einer Fläche, die über zwanzigmal so groß ist wie Deutschland. Millionen von Touristen besuchen jedes Jahr das Naturparadies zwischen dem Indischen und Pazifischen Ozean. Die Schattenseite vom Paradies, abseits von Abenteuer und großer Freiheit, ist der Alltag der Menschen, die am Rande der Gesellschaft leben. Menschen, die ums tägliche Überleben kämpfen. Ihnen ist diese Geschichte gewidmet.

Es ist unangenehm kühl in Melbourne an diesem Montagmorgen im Dezember 2001, dem Frühlingsmonat im Bundesstaat Victoria. Ich bin verabredet mit Bill Manallack, dem General Manager von *Big Issue Australia*, der einzigen Straßenzeitung in Australien. Von ihm hoffe ich mehr zu erfahren über eine Zeitung, die sich mit den Schattenseiten der australischen Wohlstandsgesellschaft auseinander setzt.

Die Zentrale der Zeitung liegt in der Lonsdale Street, mitten im Herzen von Melbourne. Ein unscheinbares Gebäude neben einer alles überragenden Kirche. Die Umgebung macht einen nicht gerade einladenden Eindruck. Das Eingangstor der Zentrale von *Big Issue* ist vergittert. Ein komisches Gefühl habe ich in mir, als ich die Messingglocke betätige. Der Empfang ist herzlich, er wischt alle Bedenken beiseite. Jemma, die gute Seele des Büros, begrüßt mich. Sie ist die Ansprechpartnerin für die Zeitungsverkäufer.

Bill, Manager und Chefredakteur zugleich, hat einen dicken Pott Kaffee für mich eingeschenkt und kommt schnell zur Sache. Die Zeit drängt, Termine, Termine.

Für mich gibt es die Fakten im Telegrammstil. »Ten Years on the street!« die Kurzgeschichte von *Big Issue Australia:*

Die Idee, eine Straßenzeitung in Australien zu etablieren, stammt aus England. 1994 war es soweit, die Hauptverkaufsorte sind Melbourne, Sydney, Adelaide und Brisbane – die Startauflage damals betrug 10.000 Exemplare. Im Laufe der Jahre ging es hoch bis auf über 20.000 Exemplare, aktuell gehen 12.000 Exemplare pro Ausgabe in den Verkauf. Erscheinungsweise ist vierzehntägig. Jeder der mehreren hundert Verkäufer erhält vom Verkaufspreis (3 *Aussie*-Dollar) 1,50 Dollar für sich. Bis zu 150 Verkäufer arbeiten in der Stadt Melbourne. Der Verdienst, den sie durch den Verkauf der Zeitung erzielen, ist für einige von ihnen die einzige Einkommensquelle. Zum Teil haben sie jahrelang auf der Straße gelebt, gebettelt, getrunken, Drogen konsumiert – Aussätzige der australischen Wohlstandsgesellschaft. *Big Issue* hat ihnen eine Chance gegeben. »Durch den Zeitungsverkauf bin ich wieder Mensch geworden«, der Satz eines Verkäufers an der Wand von Bills Büro.

Die Leserschaft besteht zu 60 Prozent aus Frauen, sie ist zu zirka 70 Prozent zwischen 18 und 44 Jahren alt. Laut Facts and Figures (Kurzbeschreibung der Leserschaft) denken und Handeln die Leser von *Big Issue* sozial, sind Meinungsmacher im täglichen Leben und stehen für eine soziale Diskussion in der Zukunft.

Big Issue ist kein eingetragener Verein, aber es gibt einen Unterstützerkreis: *Friends of Big Issue.* Hauptsponsor ist das international operierende Kosmetikunternehmen *Body Shop.*

Sie stellen einen der acht Direktoren, die die Geschicke der Straßenzeitung ehrenamtlich leiten. Dazu gibt es in ganz Australien zwölf Mitarbeiter in den drei Redaktionsbüros. Die Büros befinden sich in Melbourne, Sydney und Brisbane. Fünf der Mitarbeiter arbeiten als Journalisten. Dazu kommen die freien Mitarbeiter, die wie Bill nur ab und zu einen Artikel schreiben. Einige Verkäufer sind ebenfalls Aktive, sie erhalten fünf Cent für jedes geschriebene Wort. Ein Anreiz und eine Selbstbestätigung zugleich für jeden von ihnen. Der Weg zurück in die Arbeitsgesellschaft beginnt mit vielen kleinen Schritten. Davon ist Bill, der Manager, felsenfest überzeugt.

Zurück in die Ausgabestelle von Bills Kollegin Jemma. Die anwesenden Verkäufer mustern mich neugierig. Ich stelle mich kurz vor, erzähle von den Kolleginnen und Kollegen in Deutschland, die den gleichen Job wie sie machen. Schnell ist das Eis gebrochen. Wir kommen ins Gespräch.

Wettergegerbte Gestalten, vom Leben gezeichnet, bekommen hier ihren Packen Zeitungen. Dazu ein Schwätzchen, eine selbstgedrehte Zigarette und ein kräftiger Schluck schwarzer Kaffee aus zerbeulten Blechtassen, bevor es wieder rausgeht auf die Straße. Damit es keine Streitigkeiten gibt, hat jeder seinen festen Bezirk. Jemma, feuerrote Haare, schelmisch verschmitzt blitzende graugrüne Katzenaugen, koordiniert, organisiert, hat ihre Jungs und Mädels fest im Griff. Sie ist die gute Seele, Kummerkasten und Respektsperson zugleich. Sie geht, wenn es sein muss, bei einem Streit schon auch mal dazwischen.

Peter, so um die 60 Jahre alt, schütteres Haar, Halbglatze, freundlich blinzelnde Augen hinter zentimeterdicken Brillengläsern, spricht mich auf Deutsch an. Donnerwetter, das ist aber eine Überraschung!

»Du bist aus Deutschland?«, fragt er mich. Sein fränkischer Dialekt ist unverkennbar! Na so was, mit so viel Glück habe ich ja nicht im Traum gerechnet. Ein australischer Zeitungsverkäufer aus Bayern. Peter ist vor fast 50 Jahren mit seinen Eltern nach Australien ausgewandert. Wenn das nicht der Stoff für eine kleine Geschichte ist!? Wir verabreden uns auf einen Kaffee im Restaurant *Linie 31*, gleich um die Ecke.

Und hier ist sie, die Lebensgeschichte von Peter Döring, dem Zeitungsverkäufer Nr. 207 von *Big Issue* in Melbourne:

Peter, wie alt warst du, als du nach Australien ausgewandert bist, und wie war das für dich?

PETER: Ich wurde am 14. Juni 1948 in Herne/Westfalen geboren, meine Eltern zogen aber wegen der Arbeit nach Nürnberg. Meine Mutter war in einer Lebkuchenfabrik beschäftigt, mein Vater hat als Arbeiter bei Siemens malocht. Ich war gerade mal sechs Jahre alt, als wir im Sommer 1954 in Bremen an Bord der *Fairsea*, einem italienischen Auswandererschiff, gingen. Zuerst haben wir den Hafen von Malta angelaufen. Von dort wollten in dieser Zeit auch viele Menschen nach Australien, um ein neues Leben zu beginnen. Wir waren über 2.000 Menschen an Bord, ich kann dir sagen, da ging es hoch her. Jede Menge Kinder. Gekocht wurde an Deck, Spaghetti satt. Nach vier Wochen auf See waren wir in Freemantle wieder an Land und betraten australischen Boden.

Und wie ging es weiter?

PETER: Wir haben von 1954 bis 1959 in Perth (Westaustralien) in einem Lager für Auswanderer gewohnt. Mein Vater hat als Eisengießer in der Fabrik gearbeitet, ich bin in die Primary School gegangen.

Hat es bei dir den Traum vom Tellerwäscher zum Millionär gegeben?

PETER: Nein, ich habe keinen Beruf erlernt. Nach der Schule habe ich als Maler, im Maschinenbau und auf dem Autofriedhof gearbeitet. Dann habe ich 25 Jahre (bis 1994) als Gleisarbeiter der Melbourner Straßenbahnen im Straßenbau und -unterhalt mein Geld verdient.

Du hast also ein ganz normales Leben geführt. Was ist dann passiert?

PETER: Die Straßenbahn ist privatisiert worden und alle aus dem Gleisbau wurden entlassen. Die Gewerkschaft hat einen Streik ausgerufen, der hat aber nur einen Tag gedauert und hat nix gebracht. Selbst unseren Chef haben sie rausgeworfen!

Du warst damals 46 Jahre alt, gab es einen neuen Job?

PETER: Nein! Die Arbeit an einem »Rüttler« hat meine Gesundheit ruiniert, meine Nerven haben nicht mehr so richtig mitgemacht. Ich bekomme von Zeit zu Zeit epileptische Anfälle und muss Medikamente dagegen einnehmen. Schwere Arbeit durfte ich nicht mehr verrichten. Da wollte mich keine Firma mehr haben.

Hast du Arbeitslosenunterstützung bekommen?

PETER: Ja, 360 Dollar pro Woche, das ging ja noch. Aber dann wurde ich frühverrentet und jetzt bekomme ich nur noch alle 14 Tage 420 Dollar Rente. Damit muss ich alles, was zum Leben so dazu gehört, bezahlen. Das reicht oft vorne und hinten nicht aus.

Was hat sich in deinem Leben seitdem verändert?

PETER: Ja, eigentlich alles, früher bin ich in Urlaub gefahren, ich war auf den Fidschi-Inseln und in Deutschland. Da hab' ich heute noch ein Konto bei der Commerzbank! Ich kenne mich aus mit dem Euro!

Jetzt lebe ich mit einer Frau zusammen in einer Wohngemeinschaft, um Kosten zu sparen. Wir haben vom Wohnungsamt eine öffentliche Wohnung bekommen für 360 Dollar, das geht so gerade.

Wie sieht dein Arbeitsalltag bei Big Issue *aus?*

PETER: Ich habe einen festen Stammplatz Ecke Swansonstreet/Bourkestreet im Einkaufsviertel von Melbourne. Fünf Tage in der Woche von 11.00 bis 18.00 Uhr stehe ich da, Donnerstag und Freitag ist Einkaufstag, da arbeite ich bis 21.00 Uhr.

Und wie viele Exemplare verkaufst du so?

PETER: Zehn bis zwanzig Zeitungen pro Tag schaffe ich schon. Die letzten zwei Wochen habe ich aber keine einzige Zeitung verkauft! Am ersten Mai gehe ich immer zur Kundgebung der Gewerkschaft, da verkaufe ich die meisten Zeitungen!

Was machst du, wenn du nicht für Big Issue *unterwegs bist?*

PETER: Einmal im Monat gehe ich zur Versammlung meiner Partei, der Communist Party Australia (CPA). Außerdem bin ich oft am Torquay Beach, da arbeite ich freiwillig als Lebensretter für Surflive Saving. Ich habe auch schon eine Medaille bekommen für meine Arbeit. Ja, und dann bastele ich noch gern an meiner Märklin Modelleisenbahn! Manchmal träume ich auch davon, wie es wohl für mich wäre, wieder in Deutschland zu leben.

Peter, vielen Dank für das Gespräch und alles Gute für deine Zukunft.

Kapitel 10

Tod im Indian Pacific Express

Ein kräftiger Wind bläst vom nahen Ozean, feinster Sprühregen weht in Böen über den Bahnsteig des Bahnhofes Sydney Central Station. Die Passagiere hasten über den Bahnsteig, haben es eilig, in den Zug zu kommen. Einer silbernen Schlange gleich steht er da und wartet auf das Abfahrtsignal, der Indian Pacific, einer der berühmtesten Züge der Welt.

Australiens »greatest travel journeys«, so lautet die Werbebotschaft der *Great Southern Railway* für die Fahrten mit den drei legendären Zügen, dem Indian Pacific, The Ghan (dem Afghanen) und dem Overlander. Zwei dieser drei Strecken will ich befahren. Mit dem Indian Pacific von Sydney nach Perth, zurück nach Adelaide und am nächsten Tag mit The Ghan die Strecke von Adelaide nach Alice Springs und zurück nach Sydney.

Ein dreizehntägiger Eisenbahnmarathon durch den roten Kontinent beginnt.

Es ist genau 14.55 Uhr, als sich der Indian Pacific mit seinen 26 Waggons langsam in Bewegung setzt. Gezogen von zwei bulligen Diesellokomotiven, jede bestückt mit 2.000 PS, wird der Express 4.352 Kilometer zurücklegen und dazu 65 Stunden Fahrtzeit benötigen.

Brian, der Nightmanager, begrüsst uns in der Coach Class der Sitzplatzpassagiere. Seine Art des »You are welcome« ähnelt verdächtig der Befehlsausgabe in einer deutschen Rekrutengrundausbildung. Im schönsten Feldwebelton teilt er seinen Fahrgästen, überwiegend Rucksacktouristen, die Regeln in »seinem« Waggon während der Nachtzeit mit. Ob es nun das Schlafen in den Gängen ist oder das Verzehren von mitgebrachten Speisen im Aussichtswagen: alles verboten!

Im Schritttempo passiert der Indian Pacific die Vororte von Sydney, um dann in die Bergwelt der Blue Mountains zu klettern. Hier fährt der Zug parallel zum vierspurigen Highway dem höchsten Punkt der Strecke, dem 1.046 Meter hoch gelegenen Städtchen Katoomba, entgegen. Grüne Wälder, schroffe Felsklippen und der Duft der Eukalyptusbäume sind die Markenzeichen der Blue Mountains. Im Winter, so informiert der Zugchef per Bordlautsprecher die Fahrgäste, liegt hier sogar Schnee!

Zwei Stunden schlängelt sich der Zug durch die Berge, dann gleitet er einer Silberschlange gleich zurück in die Ebene. Leuchtend gelbe Weizenfelder wechseln sich mit grünen Weidegebieten ab. Dazwischen Zypressen; sie erinnern an die Toskana in Italien. Am Himmel türmen sich riesige Wolkengebirge auf, wie mit einem Pinsel hingemalt. Ein Augenschmaus in der unendlichen Weite der Landschaft von New South Wales.

Nach fünf Stunden Fahrt kommt der erste kurze Halt. Unser Express erreicht Bathhurst, einen kleinen, verschlafenen Bahnhof. Ein paar Passagiere steigen zu. Dann windet sich der Indian Pacific weiter durch eine sanft geschwungene Hügellandschaft mit sattgrünen Feldern. Die Sonne versinkt, einem riesigen, roten Feuerball gleich am Horizont. Die Nacht bricht herein. Gelblich leuchtende Lichter einer winzigen Bahnstation, an der schon lange keine Züge mehr halten, tauchen geisterhaft auf und versinken wie im Zauberland rasend schnell in der Dunkelheit.

Essen fassen in der Coach Class der Sitzplatzpassagiere. Auch wenn es der Zugbegleiter nicht gerne sieht: Die meisten der Rucksacktouristen sind Selbstversorger, packen ihr Essen aus und legen los. Einige ältere Australier, die so genannten Buschies, die von einem Besuch in der Stadt ins Outback zurückkehren, versorgen sich im *Red Kangaroo Dining Car* der zweiten Klasse mit »Take-away«-Essen. Die Atmosphäre im Dining Car ist rau, aber herzlich. Dutzende von eisgekühlten Bierdosen wandern auf fleckenübersäte Tischdecken, dazu gibt es Pommes frites mit Bergen von Ketchup und Mayonnaise in Plastikschalen. Im Gegensatz zur *Gold Kangaroo Class* (1. Klasse), in der die betuchten Fahrgäste die Reise erleben, herrscht hier eine rustikale Stimmung.

4.30 Uhr am nächsten Morgen – eingeklemmt in meinem Day Seat *Red Kangaroo Class* (2.-Klasse-Sitzbereich), wache ich auf. Jane, meine australische Sitznachbarin, 25 Jahre jung, Jurastudentin im fünften Semester, hat sich mit ihrem Schlafsack in dem Gepäckbereich neben der Toilette ein Plätzchen gesucht, so konnte ich meine langen Beine ein bisschen ausstrecken. Sie ist die Strecke bereits mehrmals gefahren. Mit kleinen Tricks hat sie die drei Nächte im Zug immer ohne Blessuren überstanden.

Unser Zug steht in der unendlichen Weite des australischen Busches in tiefblauer Nacht. Mit zusammengekniffenen Augen riskiere ich einen Blick nach draußen. Es gibt eine Entschädigung für meine verbogene Wirbelsäule: das »Fünf-Millionen-Sterne-Hotel« des australischen Nachthimmels!

Der zweite Tag der Reise bricht an. Die Sonne ist aufgegangen. Auf der linken Seite des Zuges breitet sich silbrig glänzend der Menindee-Lake am Zugfenster aus. In den siebziger Jahren als Wasserreservoir angelegt, versorgt er heute die 110 Kilometer entfernt liegende Minenstadt Broken Hill mit Wasser und ist die Heimat von unzähligen Wasservögeln. Abgestorbene Bäume ragen kahl in den Himmel. An den Ufern tummelt sich eine Kängurufamilie bei der Morgentoilette, in den Ästen der abgestorbenen Bäume Schwärme von bunt gefiederten Kakadus. Am Ufer stehen Pelikane, die nach Fischen Ausschau halten. Ein Rudel Emus, die unser Zug aufgeschreckt hat, nimmt Reißaus ins menschenleere Outback.

Broken Hill ist die Hauptstadt des Outbacks von New South Wales. Eine ehemals bedeutende Stadt. Berühmt für ihre Zink-, Kupfer- und Silberminen. Heute sind die Vorkommen so gut wie erschöpft.

8.00 Uhr morgens, Lokwechsel und eine Stunde Aufenthalt. Passagiere mit übernächtigten, blassen Gesichtern klettern steifbeinig aus den silbrig glänzenden Waggons auf den Bahnsteig. Ein gutes Dutzend Touristen unterbricht die Reise, um einen Abstecher mit einem Tourbus nach Silverton zu unternehmen. Silverton war einmal so etwas wie die kleine Schwester von Broken Hill. Heute ist sie offiziell die kleinste Stadt Australiens mit zwei angemeldeten Einwohnern. 23.000 Menschen lebten in der Stadt. Seit 1883 nennt man sie auch »Silver City«. Ende des neunzehnten Jahrhunderts begann hier der legendäre Silberrausch. Tausende Abenteurer brachen auf um hier ihr Glück zu machen.

Mich interessiert die Lok unseres Zuges, die Bahnhofsatmosphäre der Minenstadt im Outback. Ich schieße eine Serie Fotos. Dabei komme ich mit Malcolm Wheters, unserem Lokführer, einem baumlangen, sympathisch grinsenden Einmeterneunzigmann ins Gespräch. Malcolm hat seine Kollegen aus Sydney abgelöst und wird unseren Zug bis Port Augusta fahren. Seit 36 Jahren ist er Lokführer auf dieser Strecke und kennt sie wie seine Westentasche. Die *Australian Railway* – sie vermietet die Lokomotiven für die Züge der privaten *Great*

Southern Railway – hat Malcolm vor einem Jahr aus dem Ruhestand zurückgeholt. Personalmangel! Er lädt mich auf einen Kaffee auf dem Führerstand ein. Ich wittere die Chance auf einer Schnellzuglokomotive mitzufahren und lege mich mächtig ins Zeug. Versuche ihn zu überreden, mich ein Stück auf der Lok mitzunehmen. Erzähle ihm von meiner Arbeit als freier Journalist für das Straßenmagazin *Trott-war* in Stuttgart. »Leider nicht möglich, die Vorschriften ...«, zuckt er bedauernd die Achseln. Die schönen Zeiten in Indien und Indonesien, bei denen für ein Päckchen Zigaretten oder eine Spende für die Kaffeekasse die Lokführer ein Auge zugedrückt haben, sind vorbei. Doch vielleicht nicht ganz! Malcolm gibt mir einen brandheißen Tipp, bevor ich vom Führerstand der Lok klettere. Ich solle doch im Bahnhof von Adelaide einfach einen Antrag stellen. Vielleicht klappt es ja auf der Rückfahrt von Perth mit einer Fahrt auf dem Führerstand!

Weiter geht es in Richtung Adelaide. Wir erreichen Petersborough, das bis zur russischen Revolution im Jahre 1917 St. Petersburg hieß. Ein bedeutender Eisenbahnknotenpunkt bis zum Jahre 1969. Hier kreuzen sich drei Bahnlinien mit unterschiedlichen Spurweiten. Die Passagiere des Indian Pacific mussten hier umsteigen. Das war das Ergebnis einer Eisenbahnpolitik, mit der australische Bundesstaaten ihre Unabhängigkeit von der Zentralregierung in Canberra dokumentieren wollten. Erst seit dem 23. Februar 1970 ist Schluss mit der Kleinstaaterei. Seitdem kann der Indian Pacific die Strecke durchgehend befahren.

Am Nachmittag erreichen wir die südaustralische Metropole Adelaide, die Hauptstadt von Südaustralien. Hier wird der Zug gereinigt und das Zugbegleitpersonal wechselt, außerdem werden die Vorräte an Treibstoff und Verpflegung ergänzt. Für mich Gelegenheit, Kontakt mit Jerry, dem Bahnhofsmanager aufzunehmen und zu fragen, ob eine Mitfahrt auf der Lok von Adelaide aus möglich ist. »Ohne Antrag geht da leider gar nichts«, erklärt er mir sehr freundlich. Dennoch, der große Vorteil von *Australian Railways* ist, im Gegensatz zur Deutschen Bahn, dass eine Antragstellung vor Ort möglich ist. Ein Telefonanruf bei der Lokleitzentrale im einige tausend Kilometer entfernten Perth, und Jerry strahlt mich aus stahlblauen Augen an. Die Kollegen der Lokleitung bitten um ein Fax mit entsprechender Begründung. Eine Kopie meines Journalistenausweises (für 100 Baht oder zwei Euro in Bangkok in der Kao San Road käuflich zu erwerben) und eine kurze Begründung sollten ausreichen. Sicherheitshalber packe ich noch eine Kopie eines Artikels aus dem deutschen Globetrottermagazin *Trotter* dazu. Das Ganze geht per Fax auf den Weg zur *National Railway Section Perth.* Die Antwort kommt keine zehn Minuten später per Telefon: Bis zu meiner Rückfahrt von Perth liegt eine Genehmigung vor, die Zugbesatzung wird entsprechend informiert! So unkompliziert kann Bürokratie sein.

Um 19.00 Uhr verlässt der Indian Pacific vollgetankt und mit einer neuen Besatzung an Bord den Bahnhof von Adelaide-Kesswick. Ich leiste mir zur Feier des Tages ein Känguru-steak. Zufrieden lehne ich mich in meinem Sitz im Speisewagen zurück. Genieße ein weiteres Mal einen dieser unvergleichlichen Sonnenuntergänge im Outback. Die Sonne malt eine Farbkombination, die von Blau bis ins Violette geht, an den Abendhimmel. Der weitaus wichtigere Anlass für mich, heute hier im Dining Car zu sitzen und ein Kängurusteak zu verspeisen und mit einem kalten Bier die Kehle zu verwöhnen: Ich habe einmal die Erde mit der Eisenbahn umrundet. 40.000 Eisenbahnkilometer sind geschafft!

Im Speisewagen trifft man die urigsten Typen. Einer von ihnen ist Klaus aus Kanada, 62 Jahre alt und mit einem gewaltigen Rauschebart im Gesicht. Er erinnert mich an den Nikolaus. Andererseits, mit seinem Bart und in der Trapperkleidung, seinem grau-braunen Khakihemd, seinen derben, schwarzen Fallschirmspringerstiefel und der tarnfarbenen Hose, könnte er auch geradewegs aus einem Buschcamp geflüchtet sein, um sich hier auf die Schnelle im Speisewagen ein eiskaltes Bier zu genehmigen. Vor 40 Jahren aus Deutschland ausgewandert und mittlerweile pensioniert, ist er heute in Kanada ein überzeugter Greenpeace-Aktivist. Die Reise mit dem Indian Pacific ist ein Geschenk, das sich seine Frau gewünscht hat. Mit ihr ist er in der ersten Klasse unterwegs. Darüber ist er überhaupt nicht glücklich. »Da gibt es nicht einen richtigen Traveller, mit dem du dich unterhalten kannst«, flucht er mit zusammengebissenen Zähnen. Wir kommen ins Fachsimpeln, tauschen Reiseerfahrungen aus. Seine liebsten Hobbys, erzählt er mir mit vor Begeisterung leuchtenden Augen, sind Extremwandertouren in Neuseeland und der Antarktis. Am Polarkreis, verrät er nach einigen Bierchen, hat er erst vor kurzem mit Eskimos ein Haus gebaut. Zu Hause in Toronto macht es ihm Spaß, mit Frack und Zylinder auf einer 100 Jahre alten Drehorgel auf Plätzen und Straßen zu spielen. Gekauft hat er sie bei einem Deutschlandbesuch im Jahr 2000 in Überlingen am Bodensee.

Um 23.00 Uhr erreicht unser Zug Port Augusta, ein historischer Ort der australischen Eisenbahnen. Zu uns an den Tisch hat sich Jim, ein 76 Jahre alter australischer Eisenbahnveteran gesetzt. Eine letzte Runde Bier wird geordert, bevor der Speisewagenkellner die Rolladen der »Take Away«-Theke herunterrattern lässt. Draußen in der Wüste funkeln die Sterne in tiefblauer Nacht. Im verlassenen Speisewagen erzählt

Jim die Geschichte der australischen Eisenbahn. Sein von der gnadenlosen Sonne Australiens tief gebräuntes, schlangenlederartiges Gesicht bekommt einen verträumten Ausdruck, als er in seine Erinnerungen eintaucht. Am 22. Oktober 1917 startete von Port Augusta aus der erste Transkontinental-Express der *Trans Australian Railway (TAR),* nur fünf Tage, nachdem die 1.690 Kilometer lange Eisenbahnstrecke zwischen Port Augusta und Kalgoorlie, fertig gestellt worden war. 3.395 Arbeiter schufteten fünf Jahre lang Tag für Tag und verlegten 2.500.000 Schwellen, 140.000 Tonnen Schienen, dazu bewegten sie fünf Millionen Kubikmeter Erdmasse! In der ersten Zeit des Eisenbahnbaues musste alles, vom Wasser bis zu den Schwellen, mit Kamelen transportiert werden. Das größte Problem beim Bau und Betrieb der Strecke: kein Tropfen Wasser über eine Strecke von tausend Kilometern! Den Wasserbedarf eines Arbeiters kalkulierte man mit fünf Liter pro Tag. Eine Dampflokomotive benötigte für die Strecke zwischen Port Augusta und Kalgoorlie 24.000 Liter Wasser!

Fünfzig Eisenbahnsiedlungen entstanden im Laufe der Jahre an der Strecke. Doch wie kamen in diese Einöde die Lebensmittel, Medikamente und all das, was Tausende von Arbeitern und ihre Familien benötigten? »Das erledigte der berühmte ›Tea and Sugar Express‹«, knurrt Jim in seinem schwer zu verstehenden Aussie-Dialekt. Von 1912 bis 1996 befuhr dieser Zug einmal wöchentlich die Strecke Port Augusta – Kalgoorlie, ob rollende Metzgerei im sogenannten Butcherwaggon, Kramladen oder Hospital, für alles war gesorgt. Für die Kinder der Eisenbahner kam am Weihnachtsabend der Weihnachtsmann per Zug, um die Geschenke zu bringen!« Stolz blitzt an dieser Stelle in seinen Augen. »Ja, das waren die glorreichen Zeiten der australischen Bahnen«. Der »Tea and

Sugar Express« ist heute ausgestellt im Nationalrailmuseum in Port Adelaide.

Am frühen Morgen nähert sich unser Zug der Eisenbahnersiedlung Ooldea. Hier beginnt die längste gerade Eisenbahnstrecke der Welt, es geht 478 Kilometer schnurgerade durch die Nullarborplainwüste, was soviel heißt wie »kein Baum weit und breit«. Am Kilometerstein 809 liegt die kleine Station Watson. Hier stoppt der Indian Pacific für wenige Minuten. In der gleißenden Sonne steht ein Pick-up. Ein Sack Post für die Menschen, die in dieser Einöde leben, wechselt den Besitzer. Der Fahrer, ein breitschultriger Hüne mit einem tief ins Gesicht gezogenen speckigen Lederhut, hält ein kurzes Schwätzchen mit dem Zugchef. Doch wer könnte das sein? Ist die Post vielleicht für die Leute bestimmt, die hier Messungen über den Grad der radioaktiven Verseuchung der Gegend vornehmen? Unweit von Watson, knapp 40 Kilometer nördlich gelegen, soll sich nämlich ein ehemaliges Atombombentestgelände der britischen Armee befinden. Bloß weg hier, nicht gerade eine angenehme Vorstellung, vielleicht eine Portion Strahlen abzubekommen! Ein lang gezogener Pfiff der schweren Dieselloks, und wir setzen unsere Reise fort.

Der Blick aus dem Fenster: zwei Stunden nichts als endloser Horizont, Sonne, Steine, Strauchwerk, Wüstensand, bevor der Zug die Hauptstadt der Nullarborwüste, das Örtchen Cook erreicht. Hier leben heute ganze vier Einwohner. In seiner Blütezeit war Cook die Heimat von 38 Eisenbahnerfamilien. Es gab ein Hospital der »Royal Flying Doctors,« eine Schule und einen eigenen 18-Loch-Golfplatz! Heute hält der Indian Pacific vier Mal in der Woche in Cook. Eine Stunde Zeit, um Treibstoff an Bord zu nehmen und die Besatzung der Loks zu wechseln.

Aus den klimatisierten Waggons klettern langsam einige Dutzend Passagiere. Ich habe das Gefühl, einen Backofen zu betreten. 45 Grad Celsius zeigt das Thermometer. Nur wenige von ihnen nutzen die Gelegenheit, um die Geisterstadt zu erkunden. Schnell ein paar Erinnerungsfotos schießen und einige Postkarten im Souvenirkiosk kaufen. Ich unternehme einen kleinen Spaziergang, werfe einen Blick auf das 1998 geschlossene Hospital, die Schule. Die Fensterscheiben sind zerbrochen. In einem Klassenraum finde ich eine Tafel mit verwaschener Kreideschrift, umgestürzte Schulbänke, traurig herabhängende zerfetzte Tapeten. Schaurig, schaurig, wie vergänglich ist doch unsere Zeit. Auch zwei Gefängniszellen besaß Cook. Sie erinnern mich eher an ein Toilettenhäuschen!

Zwölf Uhr mittags. Wir passieren die Staatsgrenze von Süd- nach Westaustralien. Ein Stück Eisenbahnschwelle mit Schiene, ein Straßenschild mit der Aufschrift Sydney, 2.500 Kilometer, das war es auch schon. Draußen projeziert eine Fata Morgana einen riesigen See mitten in die Wüste. Dazu direkt vor dem Zugfenster ein Wechselspiel der Farben: hellrote Erde, strohgelb ausgedörrtes Gras, silbergraues Dornengestrüpp und Spinifex-Büsche, die der Wind durch den Backofen Wüste treibt. Fünf Stunden ist der Indian Pacific unterwegs, um die Nullarborwüste zu durchqueren. Eines der faszinierendsten Erlebnisse auf einer Australienreise – 500 Kilometer und um dich herum nur Wüste, Wüste, Wüste, ein Zug und der Schienenstrang!

Kurz vor Einbruch der Dunkelheit läuft unser Zug in die Goldgräberstadt Kalgoorlie ein; Eisenbahnknotenpunkt und Haltebahnhof für den Indian Pacific. 30 Grad Hitze schlägt uns entgegen. Der Stadt in der 70 Prozent des gesamten Goldaufkommens Australiens gefördert werden. Im Bahnhof ein

Kiosk mit Souvenirs. Auf dem längsten Bahnsteig Australiens gibt es das obligatorische Tourangebot für die Touristen. Zwei Stunden Aufenthalt, das reicht für eine kleine Stadtrundfahrt, ein paar Fotos und ein Essen in einem Westernsaloon. Ich leiste mir ein kaltes Bier und eine Pizza, bevor die dritte Nacht im Indian Pacific anbricht.

Ein neuer, sonniger Tag. 65 Stunden Zugfahrt liegen hinter mir. Im Zug macht sich Aufbruchstimmung breit. Wir passieren die Vororte von Perth, aufgrund seiner geographischen Lage eine der isoliertesten Metropolen der Welt. Anderthalb Millionen Menschen leben hier. Pünktlich um 9.30 Uhr läuft unser Zug in den Bahnhof von Perth East ein. Der erste Teil meines Eisenbahnmarathons ist geschafft!

Zwei Ruhetage in Perth und Freemantle habe ich genossen, frische Energie getankt. Ausgeruht und um einen interessanten Besuch der *Art Gallery Western Australia* reicher, verlasse ich die Hauptstadt Westaustraliens, es geht nach Adelaide zurück, 2.567 Kilometer Richtung Osten.

Mord, Selbstmord oder ein Unglücksfall?

Montagmorgen. Die Spannung bei der Abfahrt ist enorm. Hat es tatsächlich geklappt mit meiner Genehmigung, auf der Lok mitzufahren? Die Zugbegleiterin kontrolliert die Fahrkarten. Kurzes Zögern, als sie meinen Namen auf der Fahrkarte liest »Are you the journalist who wanna go on the engine?« – »Yes, Miss!« Sie gibt mir einen Briefumschlag. Mit zitternden Fingern reiße ich ihn auf, überfliege den Inhalt – Donnerwetter, es hat geklappt! Einfach perfekt, ich halte einen speziellen Ausweis in Händen, in dem schwarz auf weiß bestätigt wird, dass ich die Erlaubnis bekomme, von der Station Cook bis zum Haltepunkt Watson auf dem Führerstand der Lokomotive unsere Zuges mitzufahren!

18.00 Uhr. Sonnenuntergangsstimmung auf dem Rückweg nach Kalgoorlie. Ich sitze auf meinem Lieblingsplatz im *Lounge Car* (Aussichtswagen). Der Blick aus dem Abteilfenster: Rote Erde, spärliches Gras, glänzendes Buschwerk und Bäume. Mit ihren Kronen sehen sie aus wie überdimensionierte Petersiliensträuche. Seltsames Gefühl, der rote Sand neben der Strecke vermittelt mir das Gefühl von Wärme, dabei lässt mich die Klimaanlage heute frösteln. Schräg gegenüber sitzt eine junge, geheimnisvolle dunkelhäutige Schönheit. Vermutlich eine Aborigine. Kurz vor Kalgoorlie siegt meine Neugier, ich spreche sie an. Mit meiner Vermutung, dass sie eine Aborigine ist, liege ich total daneben. »Ob ich ihr Gesicht nicht aus dem Fernsehen kenne«, fragt sie lachend. Laura kommt aus München und ist Filmschauspielerin in der Serie *Marienhof*, einer bekannten deutschen Soap Opera. Sie ist auf dem besten Weg, ein Star zu werden, verrät sie mir, hat sie doch vor kurzem ihre erste goldene Schallplatte bekommen. Schnell stellt sich heraus, dass sie ein toller Kumpel ist, Rucksackreisen total genießt und von dem so genannten Starrummel gründlich die Nase voll hat.

Dienstagmorgen – der große Augenblick, die Mitfahrt auf der Diesellok steht kurz bevor. Ich präpariere mich für die Fahrt auf der Lokomotive. Kamera einpacken – genügend Filme dabei? –, den Kassettenrekorder für das Interview mit den Lokführern vorbereiten. Alles klar, jetzt kann es losgehen. Mit etwas Verspätung erreichen wir wieder den kleinen Bahnhof Cook in der Nullarborwüste. Lokführerwechsel. Die Trainmanagerin Kathy, klein und rundlich, seit 20 Jahren bei der australischen Eisenbahn beschäftigt, holt mich an der Waggontür ab. Beim Verlassen des Waggons schlägt mir zum zweiten Mal auf meiner Marathonfahrt die Gluthitze der Wüste entgegen; wir haben heute wieder gut über 40 Grad Celsius! Mit Kathy geht es vor zur Lok. Majestätisch wuchtig steht das Prachtstück von Diesellok in der Wüstensonne. Jim und Lindsay, die beiden Lokführer, sind gerade damit beschäftigt, ihr 132 Tonnen schweres Wüstenschiff mit 5.000 Liter Dieselkraftstoff zu betanken. Unter den Achseln und auf dem Rücken ihrer hellblauen Arbeitshemden zeichnen sich riesige Schweißflecken ab. Keine angenehme Arbeit bei der Backofenhitze! Kathy stellt mich vor. Sie freuen sich, jede Abwechslung ist ihnen bei dem langen Weg von Perth bis Port Augusta willkommen. Ein kurzer, kräftiger Händedruck zur Begrüßung, und auf geht es ins Allerheiligste, auf den Führerstand der Diesellok.

Auf dem Führerstand gibt es zur Begrüßung einen Kaffee und Basisinformationen. Unser Zug erreicht auf dem Streckenabschnitt Cook – Watson eine Höchstgeschwindigkeit von maximal 110 Kilometer pro Stunde, die Durchschnittsgeschwindigkeit auf der Reise beträgt zirka 80 Stundenkilometer. Um den Zug zum Stehen zu bringen, benötigen wir einen 800 Meter langen Bremsweg. Es sind 15 Waggons und eine Diesellok, die so genannte Single-Version, im Einsatz. Die Zuglänge beträgt heute 700 Meter. Sie variiert von Tag zu Tag, abhängig von der Anzahl der Passagiere, die an Bord sind. Die 56 Güterzüge, die den Haltepunkt Cook außer dem Indian Pacific wöchentlich passieren, sind bis zu 1,6 Kilometer lang. Beide Lokführer sind besonders stolz darauf, dass 78 Prozent des Frachtaufkommens auf der Ost-West-Achse des roten Kontinents per Schiene transportiert werden.

Jim könnte mit seiner verspiegelten Sonnenbrille und den millimeterkurzen Haaren glatt in einem Actionfilm auftreten. Er ist schon 30 Jahre bei der Eisenbahn beschäftigt. Auf die

Frage, ob er in all den Jahren auf der Lok ein besonderes Erlebnis gehabt habe, kommt als Erstes eine enttäuschende Antwort: »Ach, eigentlich gibt es da nicht viel zu erzählen«. Verschmitzt grinsend überlegt er einen Augenblick, und dann gibt es doch eine Story, die ihm ganz schön unter die Haut gegangen ist: »Vor ein paar Jahren hat es an der Westküste ein verheerendes Feuer gegeben«, erzählt er. »Das hat so eine Hitze entwickelt, dass wilde Kamele kilometerweit in die Wüste geflüchtet sind! Ich bin mit einem Güterzug unterwegs gewesen. Eine pechschwarze Wüstennacht, sage ich dir, die Scheinwerfer hatten Mühe, halbwegs anständige Sicht vor die Lok zu bekommen. Da sind plötzlich hunderte Kamele am Schienenstrang aufgetaucht und neben meinem Zug her gerannt. Einige von ihnen waren so irre vor Angst, dass sie versucht haben, die Schienen zu überqueren. Ich konnte den schweren Güterzug nicht so schnell runter bremsen, fünf oder sechs Kamele hat es leider erwischt!«

Wir warten auf das Abfahrtssignal. Ich bin überrascht, als es plötzlich losgeht. Warum? Die Motoren sind schallgedämpft. Wie von Geisterhand gesteuert setzen sich 700 Tonnen Eisen und Stahl langsam in Bewegung. Die ganze Atmosphäre auf der Lok erinnert mit all den Displays und Funktionsanzeigen eher an eine Flugzeugkanzel als an den Führerstand einer Lokomotive. Fast alles an dieser Lok ist computergesteuert. Für die Sicherheit sorgt eine automatische Bremsvorrichtung. Sie wird ausgelöst, wenn nicht alle 20 Sekunden ein Signalknopf vom Lokführer betätigt wird. Um mit dem Trainmanager in Kontakt zu treten, gibt es den Zugfunk. Ein Satellitentelefon ist installiert, um jederzeit mit der Leitzentrale in Broken Hill Verbindung aufnehmen zu können. Wie nötig das ist, zeigt sich keine 30 Sekunden nach unserer

Abfahrt. Ein Licht blinkt rhythmisch, Kathy, die Zugführerin, ist am Zugfunk. Jims braungebranntes Gesicht verliert in Sekundenschnelle die Farbe. Ein knapper Befehl an seinen Kollegen Lindsay, der bringt den anfahrenden Zug sofort zum Stehen.

Was ist passiert? Der Lokführer des uns nachfolgenden Frachtzuges hat eine männliche Leiche am Schienenstrang entdeckt! Der Tote kann eigentlich nur aus dem Indian Pacific stammen. Helle Aufregung im Zug und auf der Lok. Eine hektische Suche beginnt. Sind alle Passagiere an Bord, wer fehlt, gibt es vielleicht eine offene Tür? Per Satellitentelefon wird mit der Kriminalpolizei im 400 Kilometer entfernt gelegenen in Port Augusta Kontakt aufgenommen. Die »Royal Flying Doctors« in Kalgoorlie werden ebenfalls informiert. Wir warten auf eine Entscheidung. Die Polizei hat telefonisch entschieden: Kein Passagier verlässt vorläufig den Zug. Das gilt auch für uns auf der Lok. Die Zeit vergeht wie im Fluge. Wir spekulieren. Ist es ein Unglücksfall, ein Selbstmord oder gar Mord? Ungewissheit über die Identität des Toten. Unser Gespräch auf dem Führerstand hat sich vollkommen verändert. Nach einer Stunde dann eine Nachricht von der Trainmanagerin: Zugbegleiter haben ein Fenster gefunden, bei dem die Scheibe fehlt, der Tote ist mit absoluter Sicherheit aus dem Indian Pacific! Die Kriminalpolizei in Port Augusta wird die Ermittlungen aufnehmen, sobald der Zug den dortigen Bahnhof erreicht hat. Wir setzen die Fahrt fort, aber der Tote geht mir nicht mehr aus dem Sinn. Zwei Stunden Fahrt auf dem Führerstand werden überschattet vom Unglück auf dem Indian Pacific.

In Port Augusta kommt die Polizei an Bord und nimmt ihre Ermittlungen auf. Es handelt sich bei dem Toten um den Sitznachbarn von Laura, der jungen Filmschauspielerin aus München. Die Polizei verhört sie, bis wir Adelaide erreichen. Ob es sich um einen Mord oder Selbstmord handelt, wird sich vielleicht nie klären lassen. Laura ist geschockt und froh, dass für sie die Reise in Adelaide zu Ende ist.

Ich nutze den Ruhetag in Adelaide, um auf andere Gedanken zu kommen. Adelaide ist eine angenehm ruhige Großstadt mit einem großen Kulturangebot und dem Zentralmarkt, wo es so ziemlich alle kulinarischen Leckereien, die man sich vorstellen kann, gibt. Vor allem Liebhaber des bayerischen Brotes und von Wiener Würstchen kommen hier auf ihre Kosten.

Es wird Zeit, mich gedanklich auf meine dritte Etappe des Eisenbahnmarathons einzustellen. Mit dem Wüstenexpress *The Ghan* (der Afghane) werde ich morgen nach Alice Springs, dem roten Herzen des Outback, fahren. Doch bevor es losgeht, steht ein Abstecher nach Port Adelaide in das *National Railway Museum* auf dem Programm. In Port Adelaide wurde im Jahr 1856 mit der Strecke Port Adelaide – Adelaide die dritte Eisenbahnstrecke der australischen Eisenbahnen eröffnet. Dort besichtige ich den »Tea and Sugar Express«, das Prachtstück im Museum. Ob eine Fahrt mit dem Afghanen oder die Fahrt mit dem Indian Pacific, eine bessere Einstimmung für eine Reise mit diesen berühmten Zügen gibt es nicht!

Luxusklasse zum Nulltarif

Adelaide-Kesswick: der Wüstenexpress steht abfahrbereit am Bahnsteig. Bin etwas spät dran und haste am Zug entlang, suche meinen Waggon. Da wird vom Bahnhofslautsprecher mein Name ausgerufen! Ich werde gebeten, mich vor Abfahrt des Zuges beim Bahnhofsmanager zu melden. Na so was … mein erster Gedanke: Die Polizei will mich zum Todesfall auf dem *Indian Pacific* vernehmen. Schließlich war ich als Journalist auf dem Zug. Doch weit gefehlt. Die Public Relations Managerin der *Great Southern Railway* ist über meine Mitfahrt auf der Lok informiert worden und hat für meine Fahrt mit dem Wüstenexpress ein dickes Informationspaket vorbereitet. Ein kleiner Wunsch ist damit allerdings verbunden. Das Management von *Great Southern Railway* würde sich sehr freuen, wenn ich nichts über den Toten schreibe!

Bevor der Express abfährt, werfe ich einen Blick in das Informationspaket. Der erste Zug startete am 4. August 1929 auf den Spuren der legendären »Wüstenschiffe« zu seiner zweitägigen Reise nach Alice Springs. An Bord 100 Passagiere, jede Menge Post und Frachtgut sowie eine britischen Dampflok als »Zugkamel«.

Der Name des Zuges ist den afghanischen Karawanenführern gewidmet, die, bevor diese Eisenbahnstrecke eröffnet wurde, den gesamten Waren- und Personentransport durch die Wüste nach Alice Springs bewältigten.

Entlang der Trampelpfade der Kamelkarawanen entstand in den zwanziger Jahren des letzten Jahrhunderts der Schienenstrang nach Alice Springs. Beim Bau der Eisenbahn spielten diese »Wüstenschiffe« und ihre Führer eine wesentliche Rolle, sie sind untrennbar mit dem Namen des Zuges verbunden. Tausende, nein, Abertausende Eisenbahnschwellen wurden mit Kamelen transportiert, dazu Wasser, Wasser, Wasser …

Der Zug ist, was Komfort und Ausstattung angeht, fast baugleich mit dem *Indian Pacific,* Lokomotiven und Waggons werden auf beiden Strecken eingesetzt.

Für mich gibt es bevor es losgeht noch eine weitere Überraschung. Auf Anweisung der Geschäftsleitung von *Great Sou-*

thern Railway Adelaide bekomme ich vom Schaffner ein Schlafwagenabteil in der *Red Sleeper Class* (zweite Klasse mit Schlafwagen) zugewiesen. Die Frage die ich mir in diesem Moment verkneife: Verhilft mir mein Journalistenstatus zu diesem Upgrading oder hat diese freundliche Geste doch eher etwas mit dem Toten im *Indian Pacific* zu tun?

Bis zum Abzweig der Strecke in Tacoola gibt es landschaftlich nichts Neues zu entdecken. Zeit und Gelegenheit für mich, die Welt der Komfortreisenden, zu denen ich jetzt auf unverhoffte Weise gehöre, zu erkunden.

Bis vor einigen Jahren öffnete der Zugchef die Tür zu den Passagieren der Sitzplatzklasse für den First- und Businessclasskunden nur ausnahmsweise. Damit wollte man verhindern, dass sich Passagiere der Sitzplatzkategorie in der Nacht unberechtigterweise ein Bett verschafften. Heute weist nur ein Schild darauf hin, dass der Bereich für Sitzplatzpassagiere tabu ist. Im Salonwagen der ersten Klasse *(Gold Kangaroo Class)* sucht man den Typ Rucksacktouristen oder Abenteurer der Marke *Crocodile Dundee* deshalb vergeblich. Dafür begegnet man hier überproportional vielen Damen und Herren so um die sechzig Jahre alt, wie zum Beispiel die Teilnehmer einer holländischen Reisegruppe oder zwei unternehmungslustige Senioren aus der Schweiz. Sie gönnen sich das spezielle Flair, das von der luxuriösen Ausstattung ausgeht, verbunden mit der Romantik und dem Abenteuer einer Eisenbahnreise. Der Service in der Firstclass hat schon was: am Morgen wird Tee oder Kaffee im Abteil serviert, die Mahlzeiten sind im Fahrpreis enthalten und werden im luxuriösen Stuart-Speisewagen eingenommen. Der absolute Clou aber ist das *Cabinet de Toilette*, es verwandelt sich, je nach Schublade, die man aus der Wand seiner Kabine zieht, in ein

Waschbecken oder ein Klo! Für diesen Hauch von Luxus bezahlt der Reisende von Adelaide nach Alice Springs 780 australische Dollar. 1.199 australische Dollar werden von Alice Springs nach Sydney fällig.

Etwas preiswerter geht es da in der *Red Kangaroo Class* bei den Sitzplatzpassagieren zu. Leuten über 180 Zentimeter Körpergröße wird allerdings schon etwas Akrobatik abverlangt, um eine bequeme Stellung zum Schlafen zu finden. In amerikanischen Langstreckenzügen geht es weit komfortabler für *Coach Class*-Reisende zu. In der *Red Kangeroo Sleeper Class* wird Nachts der Sitz zum Bett umgebaut, Verpflegung muss extra bezahlt werden. Die gibt es im Bordrestaurant oder als *Take Away Service.* Jeweils am Ende der beiden Klassen von Waggons sind Duschen vorhanden. Für die Fahrt in der 2. Klasse kostet es im Schlafwagen der *Red Kangeroo Class* von Adelaide – Alice Springs 624 australische Dollar; der Sitzplatz ist hier schon für preiswerte 197 »Aussie«-Dollar zu haben.

Zurück zum Geschehen im Zug. Ich bin mit David, dem Trainmanager, zu einem kleinen Interview verabredet. Seit 37 Jahren arbeitet er bei der australischen Eisenbahn. Angefangen hat er bei der *Commonwealth Railway* »up from the bottom«, das heißt, er hat als Laufbursche seine Karriere gestartet. Heute, als Trainmanager, ist er der Boss von 24 Mitarbeitern, die sich um das Wohl der Fahrgäste kümmern. An Bord befinden sich auf der heutigen Reise 240 Passagiere. Bei einer Gesamtlänge unseres Zuges von 450 Metern sind sie in insgesamt 18 Waggons untergebracht. Das Gesamtgewicht des Zuges beträgt annähernd 1.000 Tonnen. Neugierig stelle ich ihm die Frage nach dem schönsten Erlebnis in all den Jahren. »Ja, das war im Sommer 1998«, schmunzelt er vergnügt vor sich hin. »Ein schottisches Liebespaar hatte sich in den Kopf gesetzt, im Zug zu heiraten. Selbst ein Pfarrer ist organisiert worden. Eine Band hat im Speisewagen den Hochzeitswalzer gespielt.« Mit dem Ehepaar steht er auch heute noch in Briefkontakt. Aber auch die traurigen Dinge, die auf einer so langen Reise passieren können, lässt er nicht aus. Neun Passagiere starben in seiner Dienstzeit; die meisten friedlich im Bett. Bei einem Notfall an Bord nimmt er sofort Funkkontakt mit den *Flying Doctors* in Kalgoorlie oder Broken Hill auf, von dort gibt es dann die notwendigen Instruktionen. Jeder seiner Mitarbeiter verfügt über eine qualifizierte Notfallausbildung. Bei einem medizinischen Notfall setzt der Zug übrigens seine Fahrt fort, es sei denn, ein Passagier muss von einem Rettungsflugzeug abgeholt werden. Das Schnarren von David's Funkgerät beendet unser Interview. In einem der 18 Waggons ist seine Anwesenheit erforderlich. Wir verabschieden uns. Für mich Zeit und Gelegenheit, mir einen letzten Schlummertrunk im Speisewagen zu genehmigen.

Zufrieden geht es in meine Kabine zurück. Die erste Nacht in einem australischen Schlafwagen, und das ohne einen Dollar dafür bezahlen zu müssen! Ich träume von endlosen Kamelkarawanen, die Eisenbahnschwellen transportieren, und von dem Staub und der Hitze der Wüste. Die Realität bei der Ankunft des Zuges am nächsten Morgen in Alice Springs hat allerdings so gar nichts mit meinem Traum gemein. Es regnet in der Wüste, bei kümmerlichen 17 Grad und bewölktem Himmel! Gut, dass es nach vier Stunden Aufenthalt direkt nach Sydney zurückgeht.

Alice Springs, das Herz des Outback, präsentiert sich mir als eine Ansammlung von Andenkenläden, Reisebüros und dem unvermeidlichen Shoppingcenter. Dazwischen Schwärme von Touristen, die Souvenirs einkaufen, und sehr viele angetrunkene Aborigines. Sie sind an allen Plätzen im Stadtzentrum zu finden, ein trauriger Anblick. Die Kluft zwischen den Ureinwohnern Australiens und den Weißen (ob Touristen oder Australier) tritt für mich nirgends so deutlich zutage wie hier in Alice Springs.

Jetzt haben wir es 13.00 Uhr. Der im Stil der siebziger Jahre gebaute, an einen x-beliebigen Vorortbahnhof erinnernde Bahnhof von Alice Springs ist kurz davor, wieder in seinen Dornröschenschlaf zu versinken, als sich der Wüstenexpress auf die 45-stündige Rückreise in das 3.250 Kilometer entfernte Sydney begibt.

David, der Trainmanager, hat mich für die Rückfahrt in ein leer stehendes *Gold Kangeroo Class*-Abteil eingeladen. Jetzt fahre ich doch glatt zwei Tage in der absoluten Luxusklasse mit! Und wieder kostet mich dieser Traum nicht einen Dollar zusätzlich!

Am Nachmittag gibt es für die in Alice Springs zugestiegenen Passagiere der ersten Klasse einen Champagnerempfang mit Informationen zum Zug und zur Strecke. Bei der *Great Southern Railway* handelt es sich um die einzige privat betriebene Eisenbahngesellschaft der Welt, die im Langstreckenbereich Passagiere transportiert. Sie gehört zum britischen *Serco*-Konzern. Der hat 1996 die Gesellschaft samt rollendem Material aufgekauft und beschäftigt weltweit 30.000 Mitarbeiter.

Zurück zu den Zug-Infos: Unsere Diesellok braucht einen Liter Diesel pro Kilometer. Absolute Hochkonjunktur gab es für den Express Ende 2001, als die australische Fluggesellschaft *Ansett* Pleite ging. Auf einer Länge von fast einem Kilometer schlängelten sich bis zu 38 Waggons durch die Wüste. »Das war der totale Stress für die Zugbegleiter, doch irgendwie haben wir es geschafft«, erzählt mir schmunzelnd Jos Engelhaar, der Manager der *Gold Kangaroo Class.*

Die Intensität der Farben in der Wüste ist einmalig. Durch den Regen hat der ausgetrocknete rote Wüstensand eine satte, intensive Rotfärbung aufgelegt. Das staubgrüne Buschwerk leuchtet plötzlich in vollem Grün. Und überhaupt: wer kann von sich schon behaupten, eine Reise durch eine der trockensten Regionen der Erde im strömenden Regen gemacht zu haben?

Dinner Time am frühen Abend mit Kängurufilet und einem trockenen Weißwein in der luxuriösen Atmosphäre des Speisewagens. Die Sonne hat den Regen vertrieben. Langsam versinkt sie einem Feuerball gleich im Abendrot am Horizont, bevor der Express in eine weitere australische Wüstennacht rollt. Am Morgen in Adelaide wechselt die Mannschaft. Dann geht es zurück in Richtung Outback von Newsouthwales, Richtung Broken Hill.

Der Zugchef ermahnt per Bordlautsprecher die Fahrgäste, beim Beine vertreten in Broken Hill die Zeitumstellung nicht zu vergessen. Wir fahren pünktlich ab, der Zug wartet nicht! Ab Broken Hill gilt in unserm Zug »Sydney-Time«. Das heißt, es geht eine halbe Stunde früher los, als die Bahnhofsuhr anzeigt. Es kommt, was kommen muss! Zwei Fahrgäste verpassen die Abfahrt des Zuges. Jetzt haben sie nur eine Chance: sich ein Taxi zu schnappen und dem »Afgahnen« 110 Kilometer bis zum Bahnhof Menindee nachzujagen! Erwischen sie ihn hier nicht, besteht keine Möglichkeit mehr zum Zusteigen bis ins 1.200 Kilometer entfernte Sydney. Per Zugfunk wird der Bahnhofsvorsteher in Menindee über einen außerplanmäßigen fünfminütigen Stopp informiert. In den jetzt folgenden anderthalb Stunden bis an den Menindee Lake gibt es nur noch ein Thema – das Wettrennen zwischen Taxi und Zug. Wetten werden abgeschlossen. Spannung pur für die Fahrgäste. Schaffen sie es, oder schaffen sie es nicht? Wir stoppen in Menindee, doch niemand ist zu sehen, die Uhr läuft. Dann, auf den letzten Drücker, braust ein gelbes Taxi heran und kommt mit quietschenden Reifen fast direkt vor dem Bahnsteig zum Stehen! Geschafft! Die Unglücksraben, das Schweizer Ehepaar, sind überglücklich. Die Reisenden haben ein tolles Urlaubserlebnis im Gepäck. Solch kleine Geschichten am Rande, sind das Salz in der Suppe beim Zugfahren in Australien.

Am Sonntagmorgen, rollt der Express pünktlich auf die Minute um 9.38 Uhr in den Bahnhof Sydney Central Station ein. Dreizehn Tage Eisenbahnmarathon und 12.000 Kilometer Strecke sind geschafft.

Einsteigen, bitte!

Start mit dem Intercity-Express Nr. 517 vom Stuttgarter Hauptbahnhof

»Auf den Spuren von Agatha Christie« – Durch die Meerenge von Istanbul zum Bahnhof Haydarpasa

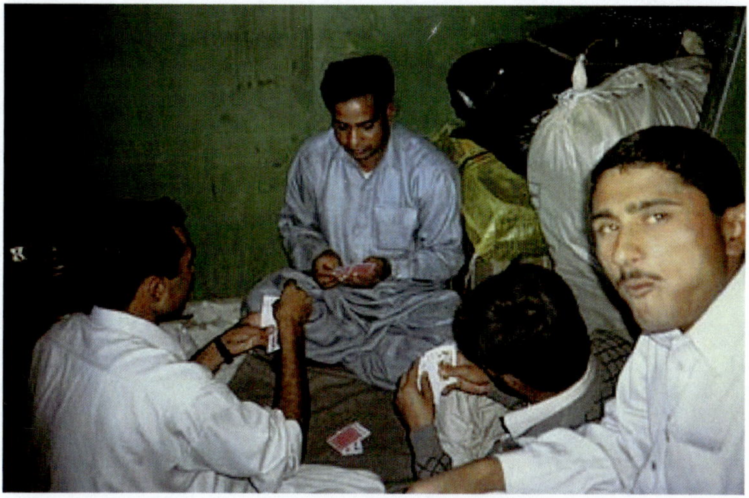

»Chaos im Bolan-Express« – Eine Männerrunde drischt Karten

»Mit Volldampf durch den Dschungel Südindiens« – Schwerstarbeit an der Weiche

»Piratenwache in der Straße von Malakka« – Auf der Schiffsabwrackwerft von Chittagong, Bangladesch

Fischer auf dem Weg zu einem Schrottfrachter

Politische Unruhen in Chittagong. Molotowcocktails setzen einen Bus in Brand

Der Frachter *MV Jaami* auf dem Weg von Bangladesch nach Singapur

Der Autor an der Feuerspritze auf Piratenwache

Ein Besatzungsmitglied streicht das Fallreep bei voller Fahrt

»Überfall und Panzerplatten – Eisenbahnabenteuer in Kambodscha« – Diesellokomotive mit Minenschutz

Im Zug von Battambang nach Phnom Penh, Kambodscha. Überfüllte Waggons und zufriedene Menschen

»Illegal durch Papua-Neuguinea« – Auf dem Lastwagen über Dschungelpisten und durch den Busch

Mit dem Frachtschiff von Lae in Papua-Neuguinea nach Brisbane in Australien

»Tod im Indian Pacific Express« – 4.352 Kilometer von Sydney nach Perth, Australien

Kapitel 11

Als illegaler Kirschenpflücker in Kanada

»Sie sind wie Zugvögel, sie kommen jedes Frühjahr und verschwinden im Herbst« (aus *Harvest Pilgrims – Erntepilger* von Vincenzo Pietropaolo, Photograph, Toronto 9/1993). In Vancouver höre ich das erste Mal von Erntehelfern aus der dritten Welt in Kanada und den Kirschenpflückern des Okanagan Valley. »Locker gibt es da bis zu 100 kanadische Dollar am Tag zu verdienen«, erzählt mir Pedro, ein schmächtiger, kettenrauchender Rucksackreisender aus Mexiko in einer Musikkneipe schräg gegenüber vom Hauptbahnhof von Vancouver, in dem ich gerade mit dem Zug aus Seattle eingelaufen bin.

20.000 Erntehelfer strömen jedes Jahr aus Mexiko, Jamaica, Trinidad, Tobago und Barbados in die Provinz Ontario in Kanada. Den Anfang macht das Okanagan Valley, das sich von der Staatsgrenze der USA und dem kleinen Örtchen Osyoos bis zur Stadt Vernon erstreckt. Ein ungefähr 200 Kilometer langes, riesiges Obstanbaugebiet im Süden der Provinz Britisch Columbia. Hier sind es rund 5.000 vorwiegend junge Quebec-Kanadier und einige hundert Globetrotter aus aller Welt, die sich als Tagelöhner verdingen. Sie kommen zur zirka zwei Monate dauernden Kirschenernte, um auf die Schnelle ein paar harte kanadische Dollars zu machen.

Der deutschstämmige Anteil der kanadischen Bevölkerung ist nach Briten und Franzosen die drittstärkste Bevölkerungsgruppe. Bauer Heinrich ist 1947 aus Deutschland ausgewandert. Die Crew auf seinem Bauernhof im Okanagan Valley ist ein buntes Völkchen von rund 30 Leuten. Ja, und schon sind wir mittendrin in der Lebenssituation der Kirschenpflücker. Unsere Zeltstadt steht direkt in der Kirschenplantage. Andere Unterkunftsmöglichkeiten existieren nicht. Jeder hat sein eigenes Zelt mitzubringen, dazu Kochgeschirr und Lebensmittel. Unser Farmer hat eine Garage zur Küche umfunktioniert. Zur Verfügung stehen zwei Öfen zum Kochen und drei Kühlschränke sowie eine Duschgelegenheit (kalt) und zwei Toiletten. Mit diesen Koch- und Waschgelegenheiten gehört der Hof von Heinrich zur Crème de la Crème der Farmen in und um Oliver. Es existieren Farmen, da gibt es noch nicht mal Möglichkeiten für die Kirschenpflücker, sich die pestizidverseuchten Hände nach dem Pflücken zu waschen! Sie duschen, so wird erzählt, im Bewässerungsgraben. Heißes Wasser ist bei Backofentemperaturen von bis zu 42 Grad Celsius nicht nötig. Dazu gibt es ein Plumpsklo im Feld oder gar nichts!

Mittwochmorgen um 6.00 Uhr. Farmer Heinrich, klein und rundlich, in Gummistiefeln und rotkariertem Hemd, wedelt mit seinen kräftigen Armen und rückt mit Formularen der kanadischen Steuerbehörde an! 25 Pflücker und Pflückerinnen versammeln sich zum Appell. Mir rutscht das Herz in die Hose! Ich fühle zum ersten Mal in meinem Leben, wie es einem illegalen Tagelöhner geht. Ich habe keine Sozialnummer, keine Arbeitserlaubnis – nimmt es Heinrich genau, dann ist der Job futsch! Doch keine Spur von Misstrauen. Namen und Adresse eintragen und unterschreiben. Nach der fehlenden Sozialnummer wird nicht gefragt, Hauptsache ein williger Arbeiter! Mit mir in der gleichen Situation sind drei Studenten aus Kamerun, ein Student aus Senegal und ein Globetrotter aus Schottland. Das bedeutet einen illegalen Arbeiteranteil von rund 20 Prozent – eine ganz normale Situation im Valley.

Für Arbeiter aus Mexiko und den karibischen Staaten gibt es mittlerweile ein zwischenstaatliches Abkommen *(Seasonal Agricultural Worker – SAW),* welches Saisonarbeitern erlaubt, für einige Monate nach Kanada zu kommen. Allerdings ohne die soziale Absicherung, wie die kanadischen Farmarbeiter sie haben. Nach einigen Tagen Wartezeit, die nicht vergütet werden (Farmer wollen ihre Crew zum Start der Ernte komplett auf dem Hof versammelt haben), gibt Farmer Heinrich das Startsignal zum Warmpflücken. Er hat eine Order für 400 Pfund Kirschen.

Der Traum vom schnellen Geld

Ivan, ein Profi in seiner fünften Saison, gibt der versammelten Pflückergemeinde einen Schnellkurs im Kirschen ernten. Seine Finger gehen wie an einem Klavier die Kirschen entlang. Die Früchte fallen fast von selbst in den 20 Pfund fassenden Korb. Gepflückt wird möglichst beidhändig, der Korb hängt, mit einem speziellen Tragegurt gesichert, vorm Bauch. Nächste Lektion: wie stelle ich die bis zu vier Meter lange Leiter möglichst sicher an den Baum, so, dass ich keine Zeit verliere, denn Zeit ist Geld! Jeder Auf- oder Abstieg, um die Leiter in eine neue Position zu bringen, ist ein Zeitfresser. Klar ist für mich vom ersten Augenblick an, Kirschen pflücken ist eine Wissenschaft für sich!

Mit Serge aus Kamerun und Pierre aus dem Senegal stürze ich mich auf den uns zugewiesenen Baum, um das Pflückerhandwerk möglichst schnell zu beherrschen. Was anfangs an den unteren Ästen gut gelingt, wird mit jeder Sprosse der Leiter eine schweißtreibende und beileibe nicht einfache Arbeit. Die Stories aus Vancouver, in kurzer Zeit jede Menge Dollars zu machen, verlieren im Minutentakt an Glanz.

Für 20 Pfund gepflückte Kirschen zahlt Heinrich 4,75 Canadian-Dollar. Damit liegt er rund zehn Prozent über dem gesetzlich festgelegten Lohn von 2,13 Dollar für zehn Pfund Kirschen. Oft versuchen Farmer, den Mindestlohn zu unterlaufen, zehn bis zwanzig Prozent Unterbezahlung sind keine Seltenheit. Ganze drei Plastikkörbe schafft jeder von uns heute in gut drei Stunden, das entspricht einem Stundenlohn von gerade mal vier Dollar! Zudem gibt es prompt den ersten Unfall!

Serge aus Kamerun ist das Opfer. Er fällt mitsamt seiner Leiter aus zirka zwei Meter Höhe beim Abstieg um und klemmt sich bei dem Sturz böse das Bein ein. Kein Bruch, aber der ganze Unterschenkel des linken Beines ist stark geschwollen und schillert noch drei Tage später in allen Farben des Regenbogens.

Im Laufe der nächsten Tage erhöht sich die Pflückgeschwindigkeit bei fast allen Pflückern. Aber das Ziel, den gesetzlich vorgeschriebenen Stundenlohn von acht Dollar zu erreichen (zirka 35 Pfund Kirschen die Stunde), bleibt für das Gros der Erntehelfer weiterhin eine Illusion.

Dagegen ist die extrem hohe Unfallgefahr bittere Realität. Am dritten Tag gerate ich beim Versuch, die dicksten, natürlich am höchsten hängenden Kirschen zu erreichen, auf meiner Leiter ins Schwanken und die Leiter fliegt um. Es gelingt mir gerade noch, mich an einen dicken Ast zu klammern und den Absturz zu vermeiden! Kalter Schweiß bricht mir aus allen Poren, »Oh du meine Scheiße«, schießt es mir durch den Kopf, was mache ich nur für einen Blödsinn! Meine Hilferufe hallen durch die Obstplantage. Zwei Kollegen kommen angerannt und stellen die Leiter wieder unter meinen Baum. Ich fasse Tritt – uff, nochmal Schwein gehabt!

Zwei Tage später. Eine junge Kanadierin hat es voll erwischt. Sie stürzt aus drei bis vier Meter Höhe mitsamt ihrer Leiter rücklings ins Gras. Das Resultat: ein angebrochenes Becken und ein komplizierter Armbruch, der eine Operation im Krankenhaus notwendig macht. Passiert so ein Arbeitsunfall einem der Illegalen, ist's zappenduster! Wenn Ausländer das Pech haben, in ein Krankenhaus eingeliefert zu werden, müssen sie in Kanada vorab 350 kanadische Dollar blechen. Dazu kommt die Rechnung des behandelnden Arztes. Unsere kanadische Kollegin erhält nach den Bestimmungen des Worker Compensation Act (Entschädigungsgesetz-Britisch-Columbia) für die Dauer der Behandlung wenigstens ein Trostpflaster, 75 Prozent des letztmalig erzielten Tagesverdienstes.

Aber es kann auch noch schlimmer kommen! Nach einer Statistik des kanadischen Arbeitsministeriums starben bei Farmunfällen von 1983 bis 1993 insgesamt 1.365 Menschen. Das entspricht einem Verhältnis von 55 Todesfällen auf 100.000 Beschäftigte in der Landwirtschaft. Dagegen erscheinen die elf Todesfälle auf 100.000 Beschäftigte in der Industrie im selben Zeitraum vergleichsweise »harmlos«. Nach Bergbau und Forstwirtschaft ist die Landwirtschaft die drittgefährlichste Branche Kanadas. Die *United Farm Workers of America – Canadian Office* haben dem kanadischen Arbeitsministerium im Jahr 2001 einen Report über die Situation der Saisonarbeiter aus der Dritten Welt vorgelegt. In diesem Bericht wird vor allem kritisiert, dass Saisonarbeiter in den ersten drei Monaten keinen Gesundheitsschutz haben, es sei denn, der Farmer oder sie selbst versichern sich separat. Darüber hinaus gibt es beim Umgang mit Pestiziden jede Menge Verstöße gegen Gesundheits- und Arbeitsschutzbestimmungen. Mangelnde Einweisung, Arbeiten ohne Schutzkleidung oder

Masken beim Ausbringen der Pestizide sind an der Tagesordnung. Jedes Jahr erkranken nach einer Studie bis zu 20.000 Arbeiter an Vergiftungen durch Pestizide. Daraus resultiert die im Report aufgestellte Forderung, dass Kanada die Konvention für Sicherheit und Gesundheit in der Agrarwirtschaft der Internationalen Arbeitsorganisation (ILO) in Genf vom Juni 2001 unterschreiben soll.

Selbst während der Erntezeit wird gespritzt, da gibt es dann laut Gesetz, je nach Pestizidmittel, 48 bis 72 Stunden Ernteverbot. In der Praxis wird die Vorschrift eher lasch gehandhabt. So erhält mein Zelt eines schönen Tages eine Pestiziddusche. Die einzige Warnung, die es gab: »Jo, nimm dein Handtuch von der Leine«, und schon brauste unser Farmer Heinrich, mit Atemschutzmaske geschützt, durch die Kirschenplantage.

Eine Erschwernis für Arbeiter aus der dritten Welt: der Arbeitsvertrag als offizieller Saisonarbeiter gilt immer nur für eine Farm. Ist der Arbeiter mit der Situation auf seiner Farm unzufrieden und sucht sich einen neuen Job, hält er sich illegal im Land auf. Um das Ganze zu komplettieren, gibt es ein Verbot für Saisonarbeiter, über Nacht zu verreisen.

Die Frage, die ich mir nach ein paar Tagen Kirschen pflücken stelle: gibt es eigentlich keine Institution, die sich vor Ort um die Belange der Arbeiter kümmert? Doch, es soll eine Zeitung geben, und es gibt wohl auch eine Info-Broschüre für Erntehelfer, erzählt man mir. In der kommunalen Bücherei werde ich fündig und ergattere ein Exemplar der Zeitung *»Le Picker«*. An einem freien Nachmittag besuche ich die Redaktion der Zeitung *»Le Picker«* und unterhalte mich mit den Redakteuren. Sie ist im alten Schulhaus von Oliver untergebracht. Die kleine Zeitung wird während der Erntezeit von Ida und Eren, zwei Lehrern aus Montreal, produziert, um den Kirschenpflückern mit Rat und Tat zur Seite zu stehen. Außerdem veranstalten Ida und Eren am heutigen Abend eine Info-Veranstaltung im Stadtpark. Hier höre ich erstmals vom Streik der Pflücker im Jahr 2001. Vier Tage streikten die Kirschenpflücker von Oliver für mehr Lohn und für bessere Arbeitsbedingungen. Leider ohne Erfolg. Die Farmer saßen da wohl einfach am längeren Hebel. Ida weiß auch warum, Gewerkschaften für Farmarbeiter gab es bis dahin in Kanada nicht! Jetzt hat das höchste kanadische Gericht, der Supreme Court entschieden, dass es Farmarbeitern nunmehr erlaubt ist, eine Gewerkschaft zu bilden, und hat die einzelnen Provinzregierungen angewiesen, die gesetzlichen Voraussetzungen bis zum Jahr 2003 zu schaffen.

Ida und Eren sind Mitglieder von *Frontiere College*, einer kanadaweit operierenden Organisation, die seit über 100 Jahren besteht. Die Hauptaufgabe sieht die Organisation in der Vermittlung von Sprach- und Lesekenntnissen für Farmarbeiter aus dem nichtenglischen Sprachraum. Das Konzept sieht vor, dass die sich selbst als Arbeiterlehrer bezeichnenden Freiwilligen als ganz gewöhnliche Tagelöhner auf den Farmen mitarbeiten und nach Feierabend Sprachunterricht erteilen. So versuchen sie, die Arbeiter aus der Dritten Welt ein wenig aus ihrer sprachlichen Isolation auf den Farmen zu befreien.

Es ist ein Stück praktische Integration im Arbeitsalltag und im gesellschaftlichen Leben, welches die Arbeiter in die Lage versetzen soll, zum Beispiel Missstände bei der Arbeit direkt mit dem Farmer zu diskutieren. Der Gründer der Organisation, Alfred Fitzpatrick, bezeichnete diese Form das Lernens 1920 als »Universität der Overalls«. Einen Lohn erhalten die zurzeit rund tausend Ehrenamtlichen für diese Arbeit nicht.

In den Pioniertagen Kanadas waren die Arbeiterlehrer auch in Eisenbahncamps der *Canadian Pacific Railway,* in den Bergbaucamps und bei den Bauarbeitern, die am Alaska-Highway gebaut haben, zu finden. Sehr viele deutsche Einwanderer haben so ihre ersten Englischkenntnisse vermittelt bekommen.

Darüber hinaus sind da die beiden Ansprechpartnerinnen der Aktion Safe Harvest (sichere Ernte), die es sich zur Aufgabe gemacht haben, Frauen zu schützen, die als Erntehelferinnen arbeiten. Eine Soziologin vom Frauenzentrum Penticton hat Kirschenpflückerinnen und Farmarbeiterinnen aus der Gegend vor einigen Jahren interviewt und festgestellt, dass 37 Prozent sexuell belästigt oder gar angegriffen worden sind.

Zurück zum Kirschen pflücken, der Arbeitsatmosphäre und dem Konkurrenzkampf unter den Tagelöhnern. In der Nacht zum fünften Tag hat es heftig geregnet. Dicke, schwarze Wolken hängen über dem Tal, aber jetzt ist es trocken. Eine Grundbedingung beim Pflücken – wenn es regnet, heißt das: keine Kohle, Pech gehabt, Tagelöhneralltag!

6.00 Uhr morgens, Farmer Heinrich auf seinem roten Traktor vorneweg, ziehen 30 Kirschenpflücker, mit Pflückcontainern bewaffnet und die Leitern geschultert, in die Kirschen. Die Bäume, die abgeernet werden, sind mit rot-gelben Plastikbändern versehen. Der Farmer gibt das Kommando und 30 Pflücker stürzen los, es beginnt die Jagd nach dem besten Baum mit den meisten Früchten. Schauen, abschätzen, überlegen, jeder will möglichst schnell seine Eimer füllen – das sind harte Dollars. Es gibt Rangeleien, da wird auch schon mal mit Schlägen gedroht. Hier ist sich jeder selbst der Nächste! Das Pflücken beginnt, Leitern klappern, Eimer scheppern, bis alles in Position gebracht ist. Gesprochen wird kaum, nur das Plopp-Plopp der Kirschen, die in die Eimer fallen, ist zu hören. Nach zehn Stunden Akkordarbeit habe ich 55 Dollar verdient, ein neuer persönlicher Rekord! Dafür spüre ich aber auch jeden Knochen einzeln; ein unglaublich harter Job!

Für mich, den Weltenbummler, ist dies ein Aufbessern der Reisekasse. Für meine Kollegen aus Kamerun und Senegal sieht es da schon anders aus. Am Abend in unserer Zeltstadt erzählen mir Paul aus Younde in Kamerun und Pierre aus Diourbel in Senegal ihre Geschichte.

Seit einem Jahr studiert ihr in Kanada. Was hat euch bewogen, nach Kanada zu gehen?

PIERRE: Meine Schwester hat mir Kanada als weltoffenes Land beschrieben. Die Integration hier, speziell wenn du eine schwarze Hautfarbe hast, sei einfacher als in Belgien oder Frankreich.

PAUL: Das stimmt nur zum Teil. Du spürst auch hier in vielen Situationen, besonders in der Provinz Quebec, dass du ein Fremder bist, dass die Leute sich in deiner Gegenwart nicht wohl fühlen. Rassendiskriminierung tritt nicht offen zu Tage, macht sich aber an den vielen Kleinigkeiten des Alltags bemerkbar. Wenn du zum Beispiel mit dem Bus fährst, alle Sitzplätze besetzt sind, nur neben dir gibt es noch einen freien Platz, da ziehen die Menschen es vor, zu stehen.

Erntehelfer bekommen rund 50 Prozent weniger Lohn als andere Arbeiter in Kanada. Warum arbeitet ihr nicht in der Industrie, zum Beispiel in Quebec, wo ihr studiert?

PIERRE: In Quebec während der Semesterferien einen Job zu bekommen, ist fast aussichtslos. Wenn du zudem noch aus Afrika kommst und eine schwarze Hautfarbe hast, kannst du das getrost vergessen. Farmarbeit in British Columbia ist für uns die einzige Möglichkeit, unser Geld für das Studium und den Unterhalt zu verdienen.

Ist es teuer, in Kanada zu studieren?

PAUL: Ich habe in Kamerun Geschichte studiert. Für mein erstes Jahr in Kanada habe ich deshalb ein Stipendium bekommen. Jetzt müssen wir pro Semester 4.000 Dollar Studiengebühren bezahlen. Dazu kommen nochmal 400 Dollar für Unterkunft und Verpflegung.

Das heißt, du musst in vier Monaten zusätzlich zu dem, was du jeden Tag brauchst, rund 6.000 Dollar verdienen? Was passiert, wenn du es nicht schaffst, das Geld zusammenzubekommen?

PAUL: Ja, ich muss dieses Geld verdienen, denn eine Unterstützung aus Kamerun von meiner Familie oder Freunden bekomme ich nicht. Darüber nachzudenken, was passiert, wenn ich es nicht schaffe, das verbiete ich mir!

PIERRE: Da habe ich Glück, sollte ich das Geld nicht zusammen bekommen, hat meine Schwester mir versprochen, dass sie mir finanziell unter die Arme greift.

Seid ihr als Studenten eigentlich kranken- und unfallversichert?

PAUL: Nein, nicht für diesen Job. Wir wissen, wir gehen ein hohes Risiko ein, aber was sollen wir machen?

Studenten bekommen in Kanada keine Arbeitserlaubnis. Was macht ihr, wenn das Immigrationoffice eine unangemeldete Kontrolle durchführt?

PIERRE: Hoffen, dass der Farmer uns rechtzeitig warnt und wir verschwinden können.

PAUL: Angeblich soll ein neues Gesetz in Vorbereitung sein, das ausländischen Studenten erlaubt, während der Semesterferien zu arbeiten, dann brauchen wir keine Angst mehr zu haben.

In Afrika gibt es große wirtschaftliche Probleme und immer wieder politische Unruhen. Wollt ihr in Kanada bleiben?

PIERRE: Ich habe einen Universitätsabschluss in Senegal und studiere hier in Kanada internationales Recht. Mein Traum ist es, eine Arbeit zu finden, bei der ich in Kanada und Senegal arbeiten kann.

PAUL: In Kamerun ist jeder hungrig, aber wir haben eine Opposition! Ich will aktiv daran mitarbeiten, dass sich die Verhältnisse in meinem Land ändern. Auch wenn ich weiß, dass es sehr schwierig für mich werden wird, genug Geld zu verdienen, um vielleicht eines Tages eine Frau und Kinder zu ernähren. Afrika ist hungrig, aber nicht weil Afrika arm ist, sondern weil die internationalen Konzerne, die in Afrika aktiv sind, korrupte Regierungen unterstützen, um so unsere Bodenschätze, unser Kapital für die Zukunft, in ihren Besitz zu bekommen.

Paul und Pierre, ich bedanke mich für das Gespräch.

So ziehen die Tage dahin, und nach 14 Tagen ist der Kirschenspuk vorbei. Ohne Vorankündigung wird den verblüfften Pflückern während der Arbeit erklärt, dass mit dem heutigen Tag Feierabend ist. Die restlichen Kirschen brauchen noch mindestens eine Woche Sonne, bis sie abgeerntet werden können. Einen weiteren Tag verbringen wir mit dem Warten auf unseren Scheck, doch dann ist endgültig Schluss! Zelte einreißen und einen neuen Job suchen, immer der Arbeit nach. Wenn die Kirschen geerntet sind, folgen die Aprikosen, Pflaumen und dann die Äpfel. Nur die Bedingungen, die bleiben immer gleich!

Meine persönliche Bilanz: Ein knochenharter Job mit sehr hohem Unfallrisiko, für gut eine Tonne gepflückter Kirschen bekomme ich 500 kanadische Dollar. Das ergibt einen Stundenlohn von 6,45 Dollar und den Rat an alle Globetrotter, die Kanada besuchen: Finger weg vom Kirschenpflücken!

Kapitel 12

Mexiko – mit dem Pacifico Express durch die Sierra Madre

Es ist ein kalter, ungemütlicher Morgen mitten im Herbst. Mein altersschwaches Taxi kommt mit kreischenden Bremsen vor dem Bahnhofsportal von Chihuahua zum Stehen. Nebelschwaden wabern um das Bahnhofsgebäude. Auf dem Vorplatz herrscht trotz des ungemütlichen Wetters reger Betrieb. Abenteuerliche Gestalten mit wagenradgroßen Sombreros, sporenklirrenden Stiefeln und qualmenden Zigarrenstumpen zwischen den Lippen schleppen Koffer und Kisten zur Bahnstation. Dunkelhäutige, gleichmütig dreinschauende Frauen in bunten Indianertrachten bewachen Hühner und Gänse in Weidenkörben, die auf ihre Verladung warten. Tortillaverkäufer sorgen für ein schnelles Frühstück und den nötigen Reiseproviant. Für ein paar Pesos besorge ich mir in der *Cantina* gegenüber vom Bahnhof einen Nescafé, bevor der Zug abfährt. Schnell eine paar braune Bohnen, Chilisauce und eine Portion Spiegeleier, und schon kann es von mir aus losgehen.

Der *Ferrocaril Chihuahua al Pacifico Express* mit seinen blauen Waggons und den drei schweren Dieselloks steht abfahrbereit am Bahnsteig, doch die Türen des Bahnhofsgebäudes werden von schwer bewaffneten Polizisten in Zivil geschlossen gehalten. Erst 15 Minuten vor Abfahrt des Zuges öffnen sich die Tore. Drängelnd und schiebend strebt die bunte Schar von Reisenden auf den Bahnsteig. Pünktlich um 7.15 Uhr geht es los. Die drei schweren Dieselloks ziehen unseren Express langsam und mit ohrenbetäubendem Lärm hinaus in die Weite der bizarren Bergwelt der Sierra Madre Occidental. Wir werden auf der 685 Kilometer langen Strecke alle Klimazonen der Erde durchqueren. Es geht über die Hochebene von Chihuahua stetig bergauf, bis in das auf 2.400 Meter gelegene 3.000-Seelen-Dorf Creel.

Zwischen Creel und Divisadero überwindet der »Pacifico« den höchsten Punkt (2.600 Meter) auf seiner Reise in die Tropenhitze von Los Mochis am Pazifischen Ozean. 86 Tunnel und 39 Brücken, schwindelerregende Schluchten und abgrundtiefe Flusstäler liegen vor uns.

Der Express rollt gemächlich durch die karge Hochebene der von Land- und Viehwirtschaft geprägten Landschaft um Chihuahua. Leicht geschwungene Hügel und flache Landschaften wechseln sich ab. Gauchos mit tief ins sonnengegerbte Gesicht gezogenen Sombreros treiben kleine Viehherden vor sich her. Wir passieren unscheinbare Bahnhöfe, Menschen, die an der Strecke in ausrangierten Eisenbahnwaggons leben. Erster Halt nach gut zwei Stunden in Cuauhtemoc. Hier besteigen Tarahumara-Indianer in farbenfrohen Trachten den Zug. Sie sind benannt nach dem gewaltigen Gebirgszug, der sich vom Südosten Arizonas bis weit nach Zentralmexiko hereinschiebt. Von ihnen leben noch zirka 50.000 in den abgelegenen Dörfern der Sierra Madre. Sie sind nach den Navajo das zweitgrößte Indianervolk Nordamerikas. Für sie bedeutet der Zug oft die einzige Möglichkeit, zu ihren Dörfern zu gelangen. Was mir an dieser ersten Station auffällt, ist der erbärmliche Zustand des Bahnhofsgebäudes im Verhältnis zu unserem blitzblanken Zug.

In der *Clasa Economica* ist die Eisenbahnatmosphäre der 60er Jahre lebendig. Hier kann ich die Fenster aufmachen und draußen auf der Plattform Fotos schießen. Was für ein Unterschied zur klinischen Atmosphäre mit Aircondition und Fastfood in den Zügen der amerikanischen Eisenbahngesellschaft

Amtrak, die ich in den letzten zwei Wochen auf den Eisenbahnstrecken der USA erlebt habe. Im Touristenxpress *El Chepe,* der ebenfalls die Tarahumara/Sierra Madre Occidental durchquert, verbringen die Reisenden die zwölf bis vierzehn Stunden dauernde Fahrt meist hinter trüben Panoramafenstern.

Sechs Stunden dauert der erste Teil meiner Reise bis Creel. Hier will ich einen Stopp von zwei bis drei Tagen einlegen und die phantastische Bergwelt der Sierre Madre auf Schusters Rappen erkunden.

Ankunft in Creel. Ich bin der einzige Rucksacktourist, der aussteigt. Verschlafene High-Noon-Atmosphäre umgibt mich. Männer mit Sombreros und Cowboystiefeln mit hohen Absätzen lehnen an der Bahnhofsmauer, einige Tarahumara-Indianerkinder spielen zwischen den Gleisen mit Schottersteinen. Ein sympathischer Ort, in dem die Zeit stehengeblieben ist. Rund vierhundert Kilometer südlich der texanischen Grenze gelegen, könnte er die ideale Kulisse für einen Western mit Pancho Villa, dem mexikanischen Revolutionär und Nationalhelden, abgeben. Seinen spektakulären Siegeszug auf Pferden und in beschlagnahmten Eisenbahnzügen haben tausende von Mexikanern Anfang des letzten Jahrhunderts begleitet.

Am nächsten Tag fahre ich in einem Kleinbus zur Barranca del Cobre, der berühmten Kupferschlucht. Der Zugaufenthalt von lediglich 15 Minuten ist indiskutabel, um das größte Naturwunder Mexikos zu betrachten. Da muss man sich schon ein bisschen mehr Zeit nehmen. Ein schmaler Weg führt an einem Felsgrat entlang, von dem die Wände mehr als 1.500 Meter senkrecht in die Tiefe fallen. Ein Netz aus kupferroten Felsspalten tut sich auf – endlos bis zum Horizont. In diesem aus sechs Canyons bestehenden Schluchtensystem, in dem der Grand Canyon in Arizona viermal Platz hätte, sollen noch Pumas, Bären und Wölfe leben. Der Blick ist atemberaubend. Gänsehautgefühl. Tief unten glänzt das Silberband des Rio Uripque, der sich vor mehr als 25 Millionen Jahren in diese Landschaft gefressen hat.

Samstagmittag, warten auf den nächsten *Ferrocarril al Pacifico.* Wieder fahre ich in der *Clasa Economica,* für 275 mexikanische Pesos oder rund 18 Euro (weniger als die Hälfte des Preises, den man für den Touristenexpress kalkulieren muss) in neun Stunden nach Los Mochis an die Pazifikküste. Die Gesamtreisezeit mit dem »Lokalexpress« von Chihuahua beträgt achtzehneinhalb Stunden. Dieser zweite Abschnitt einer der vielleicht schönsten Eisenbahnstrecken der Welt ist spektakulär. Über unzählige Brücken und durch zahlreiche Tunnels geht die Fahrt auf gewagten Konstruktionen dahin. Mit kreischenden Waggons und Schwerstarbeit leistenden Lokomotiven windet sich der Zug, Serpentinen und Kehren nehmend, selbst durch schwierigstes Gelände.

An der Bahnstation Divisadero Barrancas hält der Zug, wie schon erwähnt, nur 15 Minuten, kaum Zeit, um einen zweiten Blick in die 1.500 Meter tiefe Kupferschlucht zu werfen. Gut, dass ich bei meinem Aufenthalt in Creel der Bahnstation Divisadero und der Schlucht einen Extrabesuch abgestattet habe, um Fotos zu schießen. Heute habe ich dafür die Zeit, das Markttreiben an der Bahnstation zu beobachten. Tarahumara-Frauen hocken neben den Gleisen, den schwarzen Hut tief in die Stirn gezogen; Babys mit bunten Wolltüchern auf dem Rücken festgebunden. Schweigsam, fast unbeweglich sitzen sie da und versuchen, Tortillas und kleine bunte indianische Puppen, Holzfiguren, selbst gefertigte Ketten zu verkaufen.

Am späten Nachmittag wird es nochmal richtig spannend auf unserer Fahrt zum Pazifik. Unser Zug fährt über waghalsig verlegte Schienenstränge, taucht in kilometerlange Tunnelröhren, es geht über schwindelerregende Schluchten. Am Grund einer Schlucht entdecke ich abgestürzte Güterwaggons, deren Bergung wohl zu teuer ist. Im Schritttempo kriecht der *El Pacifico* auf der 600 Meter langen Stahlbrücke über den Rio Fuerte. 150 Meter tief gähnt der Abgrund. Im Flussbett verrostete Waggons. Mir wird ganz komisch, nicht auszudenken, wenn unser Zug hier abstürzt!

Ankunft in Los Mochis um 24 Uhr, schwülwarme Luft schlägt den Reisenden beim Verlassen des Zuges entgegen. Taxis buhlen um die Fahrgäste. Ich schnappe mir ein Taxi zum Busbahnhof und hoffe auf einen Nachtbus Richtung Mexiko-City.

Kapitel 13

Leben im Dunkel – vergessen im Land des ewigen Frühlings

Behinderte Kinder in Guatemala werden oft versteckt, totgeschwiegen oder gar misshandelt. Keine 200 Kilometer westlich der Hauptstadt Guatemala-City gibt es das Hilfsprojekt *Candelas*, das in das Leben behinderter Kinder ein wenig Licht bringt.

San Juan liegt am Ufer des Lago de Atitlan. Umrahmt von drei mächtigen Vulkanen schimmert er in verführerischem Azurblau.

Globetrotter aus aller Welt machen hier oft einen Stopp auf ihrer Route von Mexiko nach Chile.

Im krassen Gegensatz zur Schönheit der Landschaft steht die Armut der hier lebenden Mayas. 36 Jahre, von 1960 bis 1996, hat ein furchtbarer Bürgerkrieg in diesem mittelamerikanischen Land gewütet. Die Bilanz: mehr als 200.000 Menschen wurden getötet und zirka eine Million Menschen leben im eigenen Land als Vertriebene. Hohe Arbeitslosigkeit, Wirtschaftskrise und Kinderarbeit sind Alltag in dem bevölkerungsreichsten mittelamerikanischen Staat. Die Menschen in San Juan und Umgebung schlagen sich, für umgerechnet drei bis vier amerikanische Dollar pro Tag, als Tagelöhner durchs Leben. Familien von behinderten Kindern leben oft in brutaler Not.

Einhundert behinderte Kinder des *Candelas*-Projektes feiern das einjährige Bestehen des Projektes am Ufer des Atitlan-Sees in San Pedro La Laguna. Hier lerne ich die achtundzwanzigjährige Susanne, Rehabilitationspädagogin aus Frankfurt, ihre Freundin Katja, Sozialarbeiterin, und den einundzwanzigjährigen Jos, Student der Sozialwissenschaft, kennen. Sie wollen gleich zwei bis drei Monate vor Ort bleiben und sind ein Glücksfall für das Projekt, in dem sonst überwiegend Kurzzeitvolontäre die Kinder betreuen. Dazu kommt Sarah (21), eine junge Physiotherapeutin aus Irland, die erste Volontärin, die über die Website des Projektes direkt aus Europa gekommen ist, und Barbara, eine Intensivschwester aus Essen, die sich auf einer Langzeitreise durch Latein- und Südamerika befindet. Sie gibt medizinische Tipps zur Basisversorgung, versorgt wundgelegene oder offene Rückenpartien der Kinder, die während der alle zwei Tage stattfindenden Sprechstunde in das Zentrum kommen.

Motor und rastloser Direktor von *Candelas* ist der französische Sozialarbeiter Felipe. Aufgewachsen in den trostlosen Vorstädten von Paris, in denen er als Jugendlicher mit Drogen gedealt hat, erfuhr sein Leben bei einem Besuch in Guatemala im Jahr 1993 einen radikalen Wandel. Sechs Schulgründungen für die Ärmsten der Armen und die Idee, behinderte Kinder aus ihrer Isolation zu befreien, haben ihn nicht ruhen lassen. Noch heute streift er durch die Dörfer am See und spürt mit raubtierhaftem Instinkt die vergessenen Kinder auf. »Hier gibt es Arbeit für eine ganze Armee von Therapeuten«, so seine Beschreibung der Situation. Im Projekt befinden sich Kinder im Alter von zwei bis siebzehn Jahren, vorzufinden sind Behinderungen aller Art – vom Autismus bis zur spastischen Lähmung.

Da ist zum Beispiel die 17-jährige Rosalie, spastisch gelähmt, ihr einziges Spielzeug war eine kleine Katze. Sie wurde vor einem Jahr entdeckt – 16 Jahre lang lebte sie überwiegend in einem dunklen, armseligen Raum in der Hütte ihrer

Großmutter. Eingepfercht zwischen zwei Holzbrettern, den Oberkörper auf einem weiteren Brett vornübergebeugt liegend, vegetierte sie vor sich hin. Das Essen bekam sie aus dem Hundenapf. So verbrachte sie Tage, Monate, Jahre ihres Lebens. Und warum? Weil Eltern von behinderten Kindern in Guatemala in der Regel in bitterer Armut leben und sie als große Schande ansehen. Da gibt es oft nur eins – verstecken und totschweigen! Häufig sind die Eltern schlicht überfordert.

Adam Kelly, Beschäftigungstherapeut aus England und Koordinator für freiwillige Projektmitarbeit in Europa, betont deshalb im Gespräch: »Ein wichtiges Ziel der Arbeit von uns ist, Eltern von behinderten Kindern die Scham zu nehmen, ein behindertes Kind zu haben.«

Er ist Ansprechpartner für Freiwillige aus Europa, treibt von Spendengeldern bis zu Rollstühlen alles auf, was das Projekt benötigt. Hilfsgüter werden in Containern eines großen Bananenexporteurs kostenlos nach Guatemala verschifft. Eine Bettelaktion bei der Präsidentengattin bescherte dem Projekt die zollfreie Einfuhr von Hilfsgütern. So kommt jeder Pfennig, den Kelly auftreibt, jeder Rollstuhl oder medizinisches Gerät den Ärmsten der Armen zugute.

In einem Jahr wollen Felipe Mathiot und Adam Kelly ein altes, leer stehendes Krankenhaus im Nachbarort San Pedro La Laguna umgebaut haben, platzt doch das jetzige Zentrum mit seinen zwei Räumen und einem Garten aus allen Nähten.

Den Traum, den die beiden Projektgründer haben, verraten sie mir ganz zum Schluss unseres Gespräches. Eine einheimische behinderte Direktorin zu finden. Ein bescheidener Beitrag, den hier lebenden Mayas ihr Selbstbewusstsein zurückzugeben, das sie unter der Knechtschaft und der Peitsche von fast 400 Jahren Kolonialherrschaft der Spanier verloren haben.

Kapitel 14

Klebstoff schnüffeln, um zu vergessen – wie Straßenkinder in Nicaragua überleben

Fiesta – Musik und Tanz auf der Plaza Central in der historischen Altstadt von Granada in Nicaragua. Eine laue Sommernacht, wie aus einem Reiseprospekt für exotische Reisen in die Karibik. Touristen trinken Bier, essen Gegrilltes und amüsieren sich köstlich. Was diese Idylle trübt, sind einige Straßenkinder in zerlumpten Kleidern, die vor einer Musikkapelle tanzen, um sich ein paar Münzen zu erbetteln. Sie schnüffeln Klebstoff aus Plastiktüten, um einige Augenblicke der Trostlosigkeit ihres Lebens zu entfliehen. Traurige Realität im zweitärmsten Staat Mittelamerikas.

Allein in der Hauptstadt Managua leben rund 5.000 Kinder im Alter zwischen sechs und fünfzehn Jahren auf der Straße. Sie stammen aus Familien der Ärmsten der Armen, geschlagen, missbraucht und verstoßen. Seit zehn Jahren gibt es in Managua das Projekt *Si a la Vida* – Ja zum Leben. Ziel des Projektes: die Kinder von der Straße zu holen, ihnen eine Chance für ein neues Leben zu eröffnen. Ich lerne Jonathan Roise aus Seattle kennen. Er hat das *Si a la Vida* gegründet und erzählt mir aus dem Projektalltag.

Jeden Morgen machen sich die Streetworker Rosario und Omar auf den Weg zu den Märkten Managuas. Barfuß und in zerrissenen Kleidern, mit dreckigen Händen und Gesichtern streichen die Kinder zwischen den Marktständen umher. Sie leben in notdürftig zusammengehaltenen Pappkartonhütten, stehlen oder arbeiten als Prostituierte, um zu überleben. Fast alle sind vom Klebstoffschnüffeln süchtig – Stottern, Gliederzucken oder epileptische Anfälle sind eine Folge der Sucht. Dazu gesellen sich andere Krankheiten wie Parasitenbefall, Darmerkrankungen, entzündete oder eiternde Wunden von den Kämpfen auf der Straße.

Die beiden Streetworker leisten erste Hilfe, versorgen Wunden und informieren die Kinder über das *Si a la Vida*-Ausstiegsprogramm. Bis sich ein Kind entscheidet, in das Programm zu gehen, vergehen oft Wochen und Monate. Das Misstrauen gegenüber Erwachsenen, selbst wenn sie Hilfe bringen, ist riesengroß.

Casa Nuevo Amanacar, ein Haus mit zwölf Betten ist die erste Station für die kleinen Aussteiger. Drei bis vier Monate leben sie in dem Haus. In dieser Zeit wird versucht, sie psychisch und physisch zu stabilisieren, ihnen ein wenig Liebe und Halt zu geben. Doch die Gefahr, dass sie in diesen ersten Monaten des neuen Lebens wieder auf die Straße zurückgehen, ist sehr hoch.

Casa Jose Maria auf Ometepe Island im Nicaraguasee ist das zweite Haus des Projektes. Seit 1999 ist dieses Center ein weiterer Schritt auf dem steinigen Weg in ein neues Leben. Fünfzehn Jungen wohnen hier bis zu einem Jahr oder länger. Das Ziel ist, ihnen Wege aufzuzeigen, in Zukunft drogenfrei zu leben und ihren Platz in der Gesellschaft zu finden. Dazu gehört unter anderem, regelmäßig die Schule zu besuchen; für viele von ihnen der erste Schulbesuch überhaupt. Sie lernen mit Regeln zu leben, müssen ihre eigene Kleidung waschen, Betten bauen und das Haus sauber halten. Es gibt einen genauen Fahrplan, wer was und zu welchen Zeiten zu erledigen hat. Jeden Samstag müssen sie außerdem in der

Bananenplantage der *Casa* arbeiten. Keine einfache Aufgabe für die Kinder, die das freie Leben auf der Straße gewöhnt sind.

Welche Kinder leben in der *Casa Jose Maria*, was hat sie auf die Straße getrieben? Da ist zum Beispiel Carlitos (zehn Jahre alt). Geschlagen von den Eltern, landet er mit sechs Jahren auf dem Montenegromarkt in Managua, schnüffelt Klebstoff, um zu vergessen und das Hungergefühl zu betäuben. Er wird süchtig, stiehlt und betrügt, lebt vier Jahre auf der Straße, bis er den ersten Kontakt mit *Si a la Vida* hat. Oder der heute dreizehnjährige Martin, von den Eltern als Sklave an einen Farmer verkauft, weggelaufen und auf den Straßen von Managua gelandet.

Ihre Gefühlswelt ist durch die physischen und psychischen Schäden schwer verletzt, und das in einem Alter, wo Kinder in Deutschland sich mit Matheaufgaben herumschlagen und Trost bei Gameboy- und Computerspielen finden.

Seit 1994 sind mehr als 1.500 Kinder, die auf der Straße lebten, über das *Si a la Vida*-Projekt erreicht worden. Von diesen wiederum haben 600 Kinder zeitweise in einem der beiden Häuser des Projektes gewohnt. Vielen von ihnen konnte geholfen werden, einige leben heute bei Patenfamilien, sind in einem weiterführenden Programm untergekommen oder haben ein unabhängiges Leben begonnen. Die Finanzierung wird in erster Linie durch zwei Unterstützergruppen in Barcelona und Seattle sichergestellt.

Jonathan Roise verabschiedet sich von mir mit einem Satz, der uns alle zum Nachdenken bringen sollte:

»It's easier to get kids out of the streets than to get the streets out of the kids.«

Kapitel 15

Der Bananenexpress – Eisenbahnfahren in Honduras

Sonntagmorgen im Hafen von Puerto Cortes an der honduranischen Karibikküste. Im Schatten eines mächtigen 25.000-Tonnen-Containerfrachters liegt, direkt entlang der Kaimauer, die Bahnlinie Puerto Cortes – Tela. Die wollen meine Freundin Kerstin und ich heute fahren. Von einem Bahnhof ist jedoch weit und breit nichts zu sehen. An der Straßenecke, gleich beim Eingang für die Hafenarbeiter und unmittelbar am Rotlichtviertel von Puerto Cortes, versichern uns Anwohner, soll der Zug um 6.30 Uhr abfahren. Die rostigen Bahnschienen lassen Zweifel aufkommen, dass hier in den letzten Wochen und Monaten ein Zug gefahren ist. Doch welcher Honduraner sagt schon gern »Gibt es nicht!« Endlich finden wir doch noch einen Hafenarbeiter, der uns auf die richtige Fährte setzt. Sonntags geht es immer in Baracoa los, 20 Autobusminuten von Puerto Barios entfernt.

Baracoa ist ein armseliger Ort mit einer von Schlaglöchern übersäten Hauptstraße. In ihrer Mitte ein schlammüberzogener, ausgeleierter Schienenstrang, dem wir nur zweifelnd folgen. Hier soll ein Zug fahren? Nicht wirklich überzeugt, fragen wir uns durch. »Ja, ein Zug fährt,« erfahren wir von Passanten, »so zwischen 8.00 und 9.00 Uhr müsste er eigentlich in der Nähe des Marktplatzes halten.« Das wäre jeden Sonntag so. Einen Bahnhof, nein, einen Bahnhof gibt es schon lange nicht mehr!

Die Zeit verrinnt. Immer mehr Leute versammeln sich mit ihren Einkäufen – vom Sack Mais bis zum Schweinskopf ist alles am Schienenstrang vertreten. Unsere Spannung steigt. Wird es vielleicht doch was mit der Fahrt auf der einzigen noch betriebsfähigen Bahnstrecke von Honduras?

8.30 Uhr, der schrille Pfiff einer Diesellok übertönt das Geschrei der Marktleute. Kreischend, schwarze Rußwolken ausstoßend, rangiert sie ein buntes Sammelsurium von Personen- und Güterwagen rückwärts zu den direkt an den Gleisen wartenden Reisenden. Mit viel Gelächter und Geschiebe wird sich in die altersschwachen Waggons gedrängelt. Der Zug besteht zum großen Teil aus umgebauten, offenen Güterwagen mit Holzbänken. Zusammengeschweißte Stahlstreben dienen als Haltestangen. Eine etwas ungewöhnliche Art für uns, zu reisen. Aber die Wagen der *Primera Clasa* (nicht zu vergleichen mit einer ersten Klasse) sind schon so vollgestopft, dass nur der offene Waggon übrig bleibt. Warum ist der Zug so voll? – wir haben keine Antwort. Tja, meine Bibel, das *Thomas Cook Timetable* gibt Puerto Cortes – Tela an, aber das ist schon seit zwei Jahren Vergangenheit. Heute geht es nur noch von der Industriestadt San Pedro Sula nach Tela, bekommen wir zur Auskunft.

Mit einem Ruck setzt sich unser Zug in Bewegung. Schwankend wie ein Schiff, geht es voll bepackt mit Menschen, Tieren, jeder Menge Säcken, Koffern und Kisten ächzend und im Schritttempo Richtung Tela. Unsere Fahrt führt uns durch die Ölpalmen- und Bananenplantagen des Hinterlandes der Karibikküste. Am Horizont tauchen die Berge und der honduranische Dschungel auf. Über ihm hängen schwere Regenwolken – Monsunzeit in Honduras. Das Treiben im Zug, die Atmosphäre und die Begegnung mit den Menschen, das ist das Flair, das uns fasziniert.

Honduras ist ein unsicheres Reiseland. Immer wieder hört man von Touristen, die das Opfer von Überfällen wurden. Die ansteigende Kriminalitätsrate ist ein tägliches Thema in den Tageszeitungen. Dass aber beim Zugfahren unser Schaffner von einem Polizisten mit vorgehaltenem Karabiner begleitet wird, um Überfälle auf des Schaffners Kasse zu vermeiden, das ist für uns doch mehr als ungewöhnlich. Den Einheimischen scheint das nichts auszumachen. Es herrscht eine fröhliche Stimmung unter den Fahrgästen, es wird gelacht, gegessen und gesungen.

Zwischendrin bahnen sich Popcorn-, Getränke- und Früchteverkäufer ihren Weg durch die Fahrgäste, preisen mit lauter Stimme ihre Waren an. Ein lebendiges, hautnahes Eisenbahnerlebnis. Auch am Rande der Strecke begegnen uns viele Details des honduranischen Lebens.

Nicht ein funktionsfähiger Bahnhof existiert auf der insgesamt dreistündigen Fahrt ins 55 Kilometer entfernte Tela. Dafür halten wir an windschiefen Bretterbuden, meistens genutzt als Kramläden für die Bewohner, die in der Umgebung des Schienenstrangs leben. Er bildet nach wie vor eine Art Nabelschnur durch das bitter arme Land, weil es immer noch keine Straßenverbindung gibt, die direkt von Puerto Cortes nach Tela führt. Der Zug bringt zweimal pro Woche Abwechslung in den eintönigen, von harter Tagelöhnerarbeit auf den Plantagen geprägten Alltag. Trauben von Menschen warten an diesen Haltepunkten auf den Zug, sie sind neugierig, wer kommt, wer geht, was der Zug an Waren mitbringt. Sie leben oft in bitterer Armut. Die grob zusammengehauenen Hütten, in zerlumpten T-Shirts spielende Kinder oder Schweine, die im Schlamm nach etwas Essbarem suchen, sprechen für sich.

Tiefe Regenwolken hängen immer bedrohlicher über den näher heranrückenden Bergen. Es fängt an zu regnen. Kein angenehmes Zugfahren mehr in den offenen Waggons. Nur das altersschwache Wellblechdach über unseren Köpfen gibt ein wenig Schutz vor dem in feinen Böen heranrauschenden Monsunregen. Die angeschwollenen Flüsse, die wir auf altersschwachen Brücken überqueren, haben vom vielen Regen der letzten Wochen eine lehmig-braungelbe Farbe angenommen. Das gleiche Bild bietet sich an den wenigen Offroad-Pisten an den Haltepunkten der Eisenbahnstrecke. Auch hier sind die Spuren des Regens überdeutlich. Die Straßen gleichen Schlammwüsten. Hier bewähren sich immer noch Pferd und Maultier als Transportmittel. Wenn der Pick-up schon längst seinen Geist aufgegeben hat und im Schlamm versinkt, kämpfen sie sich irgendwie durch.

Gegen 11.00 Uhr rumpelt unser Zug, mit quietschenden und kreischenden Achsen unter den Waggons, über die Gleisanlagen des Bahngeländes von Tela. Sie sind in einem erbärmlichen Zustand. Zerfallene Betriebsgebäude, ein paar Waggonwracks, in denen früher Diesel transportiert wurde, fast zugewuchert von der üppigen Vegetation. Und wieder ausrangierte Waggons, Personenwagen mit der Aufschrift *Ferrocarril de Honduras,* aber schon ohne Achsen, traurige Zeugnisse einer längst vergangenen erfolgreichen Eisenbahnepoche in Honduras.

Tela ist ein Badeort an der Karibikküste, schwer geschädigt vom Wirbelsturm »Mitch«, der 1998 über die Stadt hereinbrach, aber dafür gibt es hier wenigstens einen Bahnhof. Da lädt wenig zum Bleiben ein. Um 14.00 Uhr wollen wir mit dem gleichen Zug zurückfahren. Ein Hinweisschild am halb zerfallenen Bahnhofsgebäude bittet die Fahrgäste vor Antritt der Reise, ihre Tickets doch bitte schon am Schalter zu lösen. Beim Blick durch das Schalterfenster erspähe ich allerdings nur einen leeren, etwas ramponierten alten Schreibtisch, auf dem einsam eine Schnapsflasche steht. Etwas ratlos kratze ich mich am Kopf, wat nu? Alles halb so wild, klärt mich ein Mitreisender auf, Fahrkarten gibt es wie immer, aber anstatt am Schalter später im Zug. Während ich die Zeit nutze und die Atmosphäre mit der Kamera einfange, putzt sich unser Lokführer auf dem Führerstand in aller Ruhe die Zähne. Pünktlich um 14.00 Uhr bedient er sein Signalhorn, und rumpelnd macht sich unser Zug zurück auf den Weg ins 95 Kilometer entfernte San Pedro Sula.

Wir nehmen Abschied vom Zug in Baracoa und hoffen, dass noch viele Eisenbahnfans die Gelegenheit haben werden, diese Bahnstrecke zu fahren, bevor sie endgültig der Vergangenheit angehört.

Kapitel 16

Schienenbus gemietet! – Fünf Globetrotter unterwegs in Ecuador

»Hola, hola, tren? tren?« Meine Rufe verhallen zwischen verrammelten Türen, verrosteten Gleisen und uralten vergilbten Fahrplänen in der menschenleeren Bahnhofshalle von Ibarra, einer beschaulichen Kleinstadt im Norden Ecuadors. Der Bahnhof liegt sehr zentral: mitten im quirligen Gemüsemarkt des Städtchens. Und von hier, aus diesem Gemüsegewühle, soll jeden Morgen, so *Thomas Cook Timetable,* um 7.30 Uhr ein *Autoferro* (Schienenbus) ins 52 Kilometer entfernt gelegene Primer Paso starten?

Eisenbahner sind weit und breit nicht zu sehen. Enttäuscht wollen Kerstin und ich den Rückweg zum Hotel antreten. Ein lachender Verkäufer ruft hinter uns her: »Hola, hola, senior, tren?« Er deutet auf einen Marktstand. Und tatsächlich: Zwischen bunt bemalten Bretterbuden, in denen es von leuchtend gelben Maiskolben über erdig schwarz glänzende Kartoffeln bis zu frisch geschlachteten Hühnern und rosa glänzenden Schweinehälften alles zu kaufen gibt, steht ein Mann in abgewetzter Eisenbahneruniform. Er schlürft gerade genussvoll seinen pechschwarzen Morgenkaffee. Ohne die vor sich hinglimmende Selbstgedrehte aus dem Mundwinkel zu nehmen, erklärt er uns mit einem listigen Lächeln: Im Prinzip fährt der Zug um 7.30 Uhr los, aber dazu braucht es mindestens zehn Passagiere. Aha, also doch! Aber wie um alles in der Welt soll aus dem Chaos heraus ein Zug fahren, wo mindestens zwei Drittel der Geleise mit Marktständen blockiert sind?

Wir folgen ihm in ein unglaubliches Büro. Dort sieht es aus wie in einem Museum aus dem letzten Jahrhundert. Passend dazu ist es vollgestellt mit alten, gesammelten Eisenbahngegenständen. Eingestaubte Zugleuchten, eine bronzene Bahnhofsglocke, ein Fahrkartendrucker für Pappfahrkarten und mehrere wurmstichige Zug-Ansagetafeln sowie vergilbte Fahrpläne aus den 60er Jahren sind zu bestaunen. Er bittet uns, auf einem abgewetzten Ledersofa Platz zu nehmen und fragt uns, ob wir morgen mit dem Zug fahren möchten. Gefahren wird allerdings nur, betont er nochmals, wenn zehn Personen mitfahren. Das ist Vorschrift. Entscheidung vom Bahnhofsvorsteher. »Da kann man leider nichts machen«, meint er entschuldigend. Ich starte einen Versuchsballon … ob wir denn den Zug auch mieten könnten? Er strahlt. Wenn wir bereit sind, 75 US-Dollar zu bezahlen, wäre das kein Problem! Das ist des Rätsels Lösung. Verrückter geht es ja wohl nicht. Ein Zug, der nach Fahrplan verkehrt, aber nur wenn genügend Fahrgäste zur Abfahrt erscheinen! Ansonsten heißt es: »Rent a Train«, und schon ist man Besitzer eines Schienenbusses auf Zeit! Wir sind einverstanden. Nun liegt es an uns, acht Passagiere aufzutreiben oder zu hoffen, dass morgen früh um 7.30 Uhr genügend Passagiere kommen, die Richtung Primer Paso fahren wollen. Und nun die spannende Frage, wo es denn losgeht? »Na hier vom Bahnhof«, erklärt er uns mit einem strahlenden Lächeln, und seine dunkelbraunen Augen funkeln vergnügt.

Den Tag über halten wir Ausschau nach weiteren Mitreisenden und können ein holländisches Paar und eine junge Schweizerin überzeugen, mit uns zu fahren.

Am nächsten Morgen steht unsere kleine Reisegesellschaft voller Skepsis pünktlich um 6.45 Uhr am Bahnhof. Der Markt wird gerade aufgebaut, Zelte sind auf dem Bahndamm verankert. Das Büro ist zu und kein Zug ist zu sehen. Wie sollte er auch da hinkommen? Dafür haben sich zwei einheimische Fahrgäste eingefunden. Sollte das mit der Zugfahrt nun doch noch klappen?

Plötzlich Aufregung bei den Marktständen. In der Ferne ertönt ein Hupen, Marktstände und Zelte werden hektisch wieder abgebaut und verschoben. Ein uralter Reisebus auf einem Schienenfahrgestell taucht auf! Mit viel Gehupe und drei Mann Besatzung nähert er sich im Schritttempo. Aufschrift: »Tropical Tren«. Der Bahnhofsvorstand ist auch eingetroffen und hat sein Büro geöffnet. Er trägt unsere Namen fein säuberlich in eine verstaubte Kladde ein und händigt uns die Fahrkarten aus. Dann kann es losgehen. Doch die Ausfahrt verzögert sich. Der Schaffner muss auf das Dach des Bahnhofs klettern, um ein paar gefährlich herunterhängende Telefonleitungen vor unserem Schienenbus in Sicherheit zu bringen.

Im Schritttempo und mit lautem Tuten bahnt sich das Gefährt den Weg mitten durch den Markt. Nur widerwillig geben die Marktfrauen ein zweites Mal die Schienen frei, um sie gleich nach der Durchfahrt umgehend wieder zu besetzen. Nur eine gerammte Kiste Zwiebeln ist am Ende zu beklagen. Ansonsten verläuft das heikle Manöver durch den Gemüsemarkt von Ibarra unfallfrei.

Wir machen es uns im Zug bequem. Doch schon nach 500 Metern kommt der Schienenbus stotternd zum Stehen. Ein Mechaniker verschwindet mit einem Benzinkanister und kauft am Straßenrand Benzin. Es ist ein einzigartiges Transportmittel, teils Zug, teils Bus. Dass es möglich ist, einen Schienenbus mit Lenkradsteuerung zu versehen, ist die eine Überraschung, dazu eine Gangschaltung wie im Omnibus, und fertig ist der *Autoferro*. Über eine Art Hühnerleiter besteht für die Reisenden die Möglichkeit, durch eine Luke im Waggon aufs Dach zu klettern und die imposante Bergwelt der Anden aus dieser nicht alltäglichen Perspektive in sich aufzusaugen. Die Menschen, die auf den Feldern entlang der Bahnstrecke arbeiten, unterbrechen ihr Tagewerk, winken, lachen und amüsieren sich köstlich über die Verrückten auf dem Dach des Zuges.

Unser Vehikel schnauft ratternd in abgelegene Täler, immer höher in eine herrliche Natur hinauf. Über eine fantastische Strecke mit toller Aussicht, entlang schroffer Felswände und tiefer Schluchten windet er sich von den Anden ins Tiefland dem Dschungel entgegen. Die Geleise, auf denen der Schienenbus sich bewegt, sind eng an schroff aufsteigende Kalkwände »gelehnt«; eine Serpentine folgt der anderen. Ein ums andere Mal verschwindet er in Tunnels. In ihnen herrscht eine Finsternis, die nur schemenhaft durch die Scheinwerfer durchbrochen wird. Zwölf Tunnel durchqueren wir auf der Fahrt. Für uns ein nicht ganz ungefährliches Unternehmen, denn wir sitzen auf dem Dach und lassen uns den Fahrtwind um die Nasen wehen. Weiter ruckeln und zuckeln wir über hundert Jahre alte Stahlbrücken, unter denen sich, in gähnender Tiefe, rauschende Gebirgsflüsse ihr Bett gegraben haben.

Nach einer Stunde rumpeln wir in den Bahnhof von Salinas ein. Ein korrekt gekleideter Bahnbeamter trägt unsere exakte Abfahrtszeit auf einer Kreidetafel ein, als ob hier stündlich ein Zug vorbeikäme. Passagiere steigen nicht zu. Wir nehmen dafür unterwegs noch ein paar Leute vom Feld zum nächsten Dorf mit.

Nach knapp drei Stunden Fahrzeit erreichen wir eine Ansammlung von ärmlich wirkenden Hütten. Primer Paso ist ein Dorf zwischen Anden und Meer. Hier verliert sich die Strecke in einer riesigen Steinlawine, aus der anklagend Reste der Schienen herausragen. Endstation. Das Ergebnis eines Erdrutsches, der vor einigen Jahren die Strecke Ibarra – San Lorenzo vermutlich für immer unterbrochen hat, denn für eine Instandsetzung fehlt der Eisenbahnverwaltung das Geld. Unser Schienenbus wird wohl nie mehr San Lorenzo und das Meer erreichen.

Unbestrittener Mittelpunkt des Dorfes ist die Drehscheibe. Auf ihr muss unser Schienenbus, um die Rückreise antreten zu können, in die Gegenrichtung gedreht werden. Hierzu benötigen die Eisenbahner unsere Mithilfe, denn die Vorrichtung wird mit Muskelkraft betrieben.

Unter den kritischen Blicken von treu dreinschauenden Mauleseln und meckernden Ziegen wird der Autoferro von der Besatzung und seinen Passagieren mit vereinten Kräften in Richtung Ibarra gedreht, bevor es im einzigen Gasthaus von Primer Paso eine wohlverdiente Stärkung gibt. Um die Ecke finden wir einen kleinen Krämerladen. Hier gibt es ein paar Kekse und Bananen zum Nachtisch. Das Angebot ist »überschaubar«. Doch ohne die Bahn stirbt das Dorf. Da es keine Straße gibt, ist der Zug der einzige Lichtblick für seine Bewohner. Sie leben vom Verkauf von Patatas Fritas (Pommes frites) mit Fríjoles (Bohnen) und Zitronenlimonade. Der Gewinn: nur wenige Cent, aber sie reichen aus, um in dieser schönen, aber einsamen Gegend zu überleben.

Auf der Kreidetafel steht 14.00 Uhr. Und in der Tat, pünktlich auf die Minute treten wir die Rückfahrt an. Stoppen erneut in der kleinen Bahnstation Salinas, um Kühlwasser zu tanken.

Ein paar Kinder am halb verfallenen Bahnhof mustern uns neugierig, lachen, ziehen Grimassen. Der Bahnhofsvorsteher notiert wie gehabt die Ankunft des Zuges in seinen Unterlagen, schließt sein Büro ab und fährt mit uns in Richtung Ibarra. Am späten Nachmittag sind wir zurück. Die Besatzung lässt es sich nicht nehmen, uns ihr Bahnbetriebswerk zu zeigen, bevor unser Schienenbus laut hupend in den Bahnhof einläuft. Mit uns als »Könige der Eisenbahn« in unserem ganz privaten Zug.

Kapitel 17

Die letzte Ruhestätte – Endstation Wüste

Ein eisigkalter Wind pfeift über den Bahnsteig der Minenstadt Oruro in Bolivien. Der *Nuevo Expresso del Sur* steht zur Abfahrt bereit. Der schnauzbärtige Bahnhofsvorsteher zieht kräftig an der bronzenen Bahnhofsglocke. Aufgeregt quetschen sich einige Nachzügler in den überfüllten Zug. Pünktlich um 15.30 Uhr beginnt unsere Reise in den südlichsten Zipfel des Andenstaates. Ein kräftiger Anzug der gelb-orange lackierten Diesellok und schon geht es los in Richtung Endstation Wüste. Der Bahnhof von Oruro verschwindet in einer riesigen Staubwolke, und unser Express nimmt Kurs auf die wilde, menschenleere Hochlandebene des Altiplano.

Bolivien, auch genannt das Tibet Amerikas, reicht vom Titicacasee im Norden über die Hochebene des Altiplano der Zentral-Anden bis zum größten Salzsee der Welt, dem Salar de Uyuni. 12.000 Quadratkilometer weit erstreckt er sich im Süden Boliviens bis zur Grenze des Nachbarlandes Chile. Unser Ziel ist die Stadt Uyuni, Ausgangspunkt für Touristen aus aller Welt, die diese Naturattraktion mit dem Geländewagen oder Motorrad erkunden. Für Eisenbahnfans gibt es einen ganz anderen Grund, das Städtchen »In the middle of nowhere« zu besuchen. Hier ist die letzte Ruhestätte der Dampflokveteranen von Bolivien.

Im Express machen es sich die Reisenden bequem. Das Warten auf den Zug in Oruro hat hungrig gemacht. Im Speisewagen herrscht Hochbetrieb. Die Speisewagenkellner flitzen hin und her. Für uns gibt es Hühnchen mit Pommes frites –

nicht gerade bolivianische Hausmannskost, aber sehr preiswert, nur 25 Bolivianos, knapp 2,50 Euro. Und zum Nachtisch wird etwas ganz Besonderes serviert: Die Landschaft, die an unserem Abteilfenster einem Fernsehfilm gleich vorbeigleitet, präsentiert die erste Salzlagune. In deren Mitte tummeln sich hunderte rosafarbener Flamingos und verleihen ihr ein buntes Kleid.

Die kleinen Dörfer, die der Express passiert, ducken sich im eisigen Wind, der durch die staubigen, menschenleeren Straßen fegt. Lehmziegelhütten mit Grasbüscheldächern haben das allgegenwärtige Wellblech der bolivianischen Städte abgelöst. Ein dick vermummter, sich gegen den Wind stemmender Schafhirte treibt eine Herde Schafe in die Weite der baumlosen Steppe. Mich fröstelt es vom Zuschauen. In den für bolivianische Verhältnisse recht komfortablen Waggons dröhnen derweil in der zweiten Klasse US-amerikanische Actionfilme ohne Unterbrechung. Die Atmosphäre im Zug passt so gar nicht zu der kargen Landschaft.

Je weiter unser Express gen Süden eilt, desto unwirklicher wirkt die Natur. Schroffe Felslandschaften haben die Steppenlandschaft abgelöst. Kein Mensch oder Tier ist weit und breit zu sehen. An den Fenstern der Waggons bilden sich in den Ecken winzige Eisblumen. Im Innern dagegen ist es mollig warm. Die Bolivianos, die mit uns unterwegs sind, sind ein fröhliches Völkchen. Ihr Gelächter und Geplauder klingen wie Musik. Drei Stunden sind wir unterwegs. Weit draußen schimmert das silberne Band eines Sees. Am Horizont macht sich die Sonne bereit, unterzugehen. Sie verschwindet gleich einem riesigen Feuerball, feuerrot leuchtend in einem gewaltigen Wolkengebirge. Dunkelheit senkt sich urplötzlich über das Land.

Der Zeiger der Bahnhofsuhr von Uyuni zeigt 22.30 Uhr, als wir ein wenig steifbeinig nach siebenstündiger Fahrt aus dem Zug klettern. Wir haben das ehemalige Zentrum des Bahnverkehrs Boliviens zwischen Chile und Argentinien erreicht. Zwei trübe Laternen am Bahnhofsvorplatz weisen uns den Weg in das Städtchen. Wir befinden uns auf 3.500 Meter Meereshöhe, das Thermometer zeigt 20 Grad minus. Eine Heizmöglichkeit im Zimmer unseres *Low Budget*-Hotels suchen wir vergeblich. Dick im Schlafsack eingemummelt, überstehen wir die klirrende Frostnacht. Als Entschädigung bewundere ich am nächsten Morgen die schönsten Eisblumen meines Lebens am Fenster unseres Zimmers.

Den Verlockungen der Verkäufer von Abenteuertouren auf dem Salzsee habe ich bei unserer Ankunft am Vorabend noch widerstanden. Jetzt werde ich schwach, gebe dem Drängen nach. Die dreitägige 900-Kilometer-Off-road-Tour auf dem größten Salzsee der Welt, das ist die »Vorspeise zum Hauptgericht« – der letzten Ruhestätte der Dampflokomotiven von Bolivien.

Eine Karawane von einem Dutzend Geländewagen braust am nächsten Morgen durch Uyuni Richtung Salzwüste. Kilometerlange Staubfahnen weisen den Weg. Am Rande der Wüste in einem kleinen Weiler ist ein erster Halt. Wir schauen Arbeitern bei der Salzverarbeitung zu. Nach zwei Stunden Fahrt auf dem Salar de Uyuni erreichen wir die Kakteeninsel Isla Pescado. Inmitten der sich bis zum Horizont ziehenden blendend weiß schimmernden Wüste meterhohe grüne Kakteen zu entdecken, ist eine dicke Überraschung. Sie wachsen aus einem Hügel aus Lavagestein anscheinend direkt in den azurblauen Himmel des bolivianischen Hochlandes. Nach kurzer Pause geht die Fahrt weiter. Auf dem See zieht sich Wagenspur an Wagenspur in den Salzkrusten. Dass unser einheimischer Jeepfahrer in dieser sich Hunderte von Quadratkilometern hinziehenden weißen Pracht seinen Weg findet, ist erstaunlich. So mancher Tourfahrer hat sich aber auch schon in der unendlichen Weite der Wüste hoffnungslos verirrt. Einige haben dabei sogar ihr Leben verloren.

Im totalen Kontrast zur Faszination der Wüste, dem verschwenderischen Weiß, das uns tagsüber umgibt, stehen die grauen Dörfer, in denen wir übernachten. Der Ausgleich, der uns am nächsten Tag beim Weiterfahren erwartet, die Stille und Einsamkeit des Hochlandes und seiner grandiosen Natur, lassen die Nächte jedoch schnell vergessen. Nach drei Tagen und 900 Kilometern auf dem Salar de Uyuni kehren wir einigermaßen zerschlagen, aber um ein überwältigendes Naturerlebnis reicher in das Städtchen Uyuni zurück.

Am Freitag ist es soweit. Wir machen uns auf, die Reste vergangener Eisenbahnherrlichkeit Boliviens zu entdecken. Auf einem verrosteten Schienenstrang der bolivianischen Eisenbahn stapfen wir der heimlichen Attraktion des abgelegen Städtchens entgegen. In den sechziger Jahren waren hier noch 1.000 Arbeiter mit der Unterhaltung und Wartung von rollendem Material der bolivianischen Eisenbahnen beschäftigt. Heute dagegen ist keine Menschenseele weit und breit zu sehen. Einzig der einsame Wachposten auf dem mit Stacheldraht umzäunten Wachturm einer Kaserne, an der wir vorbeilaufen, beäugt uns misstrauisch. Am Ortsrand empfängt uns eine Schar kläffender Straßenköter. Lautes Schreien und die Drohgebärde mit einem dicken Knüppel lassen sie das Weite suchen.

Schon aus mehreren hundert Metern Entfernung in der kargen, baumlosen Steppenlandschaft sind sie zu sehen, die stolzen Überreste der glorreichen Dampflokepoche der bolivianischen Eisenbahnen. Wir nähern uns dem weitläufigen Gelände vorsichtig. Betreten-verboten-Schilder, Stacheldrahtzäune oder Aufsichtspersonal sind nicht zu sehen, aber sicher ist sicher! Dann stehen wir auf dem »Cementerio de Trenes«, dem größten Dampflokfriedhof Boliviens!

Der Weg zu den Dampfloks führt vorbei an demolierten, von Unfällen zerstörten oder schwer beschädigten Reisezug- und Güterwaggons. Sie erzählen dem Besucher die Geschichte der Unglücke der bolivianischen Eisenbahn, die in Uyuni mit dem Bau der Eisenbahnlinie im Jahr 1889 begann. Die Wracks der verunglückten Waggons türmen sich in einem wirren Eisenknäuel übereinander, oder sind an den Rand eines Kraters rangiert worden und abgestürzt. Gespenstisch hochgebogene Geleise ragen in den Himmel. Dazwischen verrostete Achsen, Berge von Eisenbahnnägeln, vor sich hinrottende Ölfässer und eine ganze Ladung Zugschwellen. Langsam arbeiten wir uns weiter vor durch dieses Chaos aus Schrott, bis wir auf die stählernen Riesen stoßen. Zwei lange Reihen ausrangierter Dampflokomotiven mitten in der bolivianischen Wüste!

Wuchtige, schwarze Kolosse erleiden still einen langsamen Tod. Kein Bahnarbeiter schmiert mehr ihre Achsen, kein Stück Kohle findet mehr den Weg in ihre Tender und Feuerbüchsen. Alles, was irgendwie verwertbar erschien, haben die Schneidbrenner aus ihren stählernen Leibern gerissen. Die von ihrer Außenhaut entblößten Stahlgerippe geben den Blick in die Eingeweide der einst so stolzen Dampfrösser frei. Hier ein freigelegter Feuerkessel, da ein aufgerissener Kohletender.

Die 50 Dampflokskelette, von der Orgie der Schneidbrenner verunstaltet, strahlen dennoch in Würde in der untergehenden Sonne des bolivianischen Hochlandes. Die Sonne zaubert am Spätnachmittag auf 3.500 Meter Höhe ein faszinierendes Licht. Die Farbenspiele auf dem Rost der einst so stolzen Dampfrösser gewinnen von Sekunde zu Sekunde an Ausstrahlung: ein Ausdruck von Sinnlichkeit in einer trostlosen Umgebung.

Dann schickt sich die Sonne an, hinter den am Horizont leuchtenden, schneebedeckten Gipfel der Cordillera de Lipez zu versinken. Mit den letzten Sonnenstrahlen verschwindet auch der Zauber des Augenblicks. Kalter Wind kommt auf und wirbelt Staubfahnen zwischen die einsamen Riesen der bolivianischen Eisenbahngeschichte. Gnädig senken sich die Schatten der Nacht über den »Cementerio de Trenes«.

Kapitel 18

Verboten – Mit dem Höllenzug in die Wolken

Kalter Morgennebel hüllt die kleine, stillgelegte Bahnstation Alvarado im Nordwesten Argentiniens ein, kriecht unbarmherzig in unsere Kleidung, macht die Finger steif und klamm. Frierend stehen Kerstin und ich hinter der eingefallenen Mauer eines alten Lokschuppens. Keine Menschenseele weit und breit ist zu sehen. Nur ab und zu kläffen Hunde auf dem nahe liegenden Schrottplatz. Der Bahnhof liegt außerhalb vom Dorf. Beste Voraussetzungen für ein Unternehmen, das keine Zeugen anlocken soll.

Unser Plan: wir wollen mit einem Güterzug auf einer der spektakulärsten Eisenbahnstrecken der Welt 4.220 Meter hoch in die Anden fahren. Wir wissen, dass heute aus der nur wenige Kilometer entfernten Stadt Salta ein Zug mit einer Ladung Flüssiggas losfährt. Er wird 900 Kilometer durch die Einsamkeit der Berge der Cordillera de los Andes unterwegs sein. Wir sind fest entschlossen, als blinde Passagiere zu reisen. Sein Ziel: die chilenische Hafenstadt Antofagasta am pazifischen Ozean. Unser Ziel: die alte Minenstadt San Antonio de los Cobres. Was treibt uns zu diesem Abenteuer?

Vor einigen Tagen haben wir die Eiseskälte des bolivianischen Hochlandes verlassen und sind in das frühlingshafte Argentinien geflüchtet. Die erste Station ist die Stadt Salta, auch genannt »La Linda«, die Schöne. Hier erholen wir uns in kleinen Parks und bewundern prachtvolle Kolonialbauten der vergangenen Jahrhunderte. Beim abendlichen Bummel auf der Promenade entdecken wir im Schaufenster eines Fotogeschäftes das erste Foto der imposantesten Eisenbahnbrücke Südamerikas, des Viaducto La Polvorilla. Da müssen wir hin! Das Viadukt ist 221 Meter lang und 63 Meter hoch und ganz in der Nähe der alten Minenstadt San Antonio de los Cobres gelegen.

In meinem Fahrplan *Thomas Cook Timetable* ist ein gemischter Personen-Güterzug, ein so genannter »Mixto«-Zug verzeichnet. Laut Fahrplan soll er jeden Mittwoch von Salta aus fahren. Im Visitorcenter von Salta erkundigen wir uns nach den aktuellen Möglichkeiten, das Viadukt zu überqueren. Eine freundliche Dame zuckt bedauernd die Achseln. Seit Jahren ist der planmäßige Personenverkehr eingestellt, »Sie wissen schon – die Wirtschaftskrise in Argentinien.« Nur noch unregelmäßiger Güterverkehr findet statt. Sie empfiehlt uns, den samstags verkehrenden Touristenzug zu nehmen, mit Speisewagen und Aussichtsplattform. Und das Beste, erklärt sie stolz, »er ist mit Sauerstoffflaschen für die Passagiere ausgerüstet.« Die Vorstellung des Eisenbahnfahrens mit ein paar hundert Touristen, Sauerstoffflaschen und Fremdenführer inklusive, ist uns zuwider.

Mit einem Taxi geht es zum Bahnhof *General Belgrano*. Wenigstens ein paar Fotos vom alten Bahnhof möchte ich schießen und mich gleichzeitig vergewissern, ob der Touristenzug tatsächlich die einzige Möglichkeit ist, die berühmte Strecke zu befahren.

Szenenwechsel. Der Bahnhof Salta ist ein trauriges Beispiel vom Niedergang der argentinischen Eisenbahn. Die Bahnhofshalle ist menschenleer, der Fahrkartenschalter mit Brettern vernagelt. Ein paar streunende Hunde suchen nach Essbarem. Die Halle macht einen verlassenen Eindruck. Dafür wird es draußen auf dem Bahnsteig lebendig. Das dumpfe

Wummern von Dieselmotoren dringt an mein Ohr; schnell raus auf den Bahnsteig! Kreischend kommt eine Diesellok der *Ferrocaril Belgrano* zum Stehen. Der Lokführer lehnt aus dem Fenster und raucht eine Zigarette. Er freut sich über den seltenen Besuch und ist einem kleinen Schwätzchen nicht abgeneigt, »Ja, ja, Personenzüge fahren schon lange nicht mehr Richtung San Antonio de los Cobres!« Er lädt uns ein, die Lok zu besichtigen. Und bei einer Rangierfahrt dürfen wir auch dabei sein. In einer Zigarettenpause gibt er uns einen heißen Tipp. In zwei, drei Tagen kommt ein Güterzug aus Chile, er lädt hier Flüssiggas und wird danach zurück in die Stadt Antofagasta in Chile fahren.

Gegen ein kleines Bakschisch nehmen die Lokführer schon manchmal jemanden mit. Jose vom *Belgrano*-Transportbüro im Bahnhof könnte uns bei der Kontaktaufnahme sicher helfen.

Jose ist ein ehemaliger Lokführer der berühmten Bahnstrecke und heute im Innendienst. Er ist 25 Jahre in den Anden gefahren und absoluter Eisenbahnenthusiast. Im Nebengebäude des Bahnhofes hat er ein kleines Museum eingerichtet. Hier gibt es jede Menge Eisenbahnhistorie zum *Tren de las Nubes.* Sein ganzer Stolz ist ein vom deutschen Magazin GEO im Jahr 1998 gedrehter Film »Höllenzug über die Wolken«. Sein Gesicht, wettergegerbt und von Falten überzogen, verzieht sich zu einem wissenden Lächeln, als ich ihm unser Anliegen erkläre. Er bestätigt die Information seines Kollegen und verspricht augenzwinkernd, mit den chilenischen Lokführern zu verhandeln. Die argentinischen Kollegen, die die zweite Lok steuern, kenne er gut, das müsste eigentlich gehen. Wenn es klappt, sollen wir einen guten Rotwein und etwas zu essen mitbringen, gibt er uns mit auf dem Weg. Er will uns anrufen, sobald er neue Informationen für uns hat.

Das Warten beginnt. Zwei Tage verbringen wir zwischen Hoffen und Bangen, ob Jose bei seinen Verhandlungen Erfolg hat. Dann klingelt in der Pension *Santa Rosa* das Telefon. Es hat geklappt! Morgen um 7.00 Uhr wird der Zug losfahren. Die Lokführer wollen uns in einem alten Zugbegleiterwaggon mitnehmen. Einsteigen können wir nicht im Bahnhof Salta! Da gibt es zu viele Zeugen. Die Besatzung will uns erst im Vorortbahnhof Alvarado auf den Zug lassen. Hier wird der aus zwei Teilen bestehende Zug zusammengekoppelt, und es sind keine neugierigen Blicke von Bahnoffiziellen zu befürchten.

Mit zwei Kilogramm bestem argentinischen Rindersteak, einigen Flaschen Rotwein und einer Flasche Cognac für unsere Lokführer ausgerüstet, fahren wir in aller Frühe mit einem Taxi durch das verschlafene Salta. Das Fahrtziel Alvarado macht unseren Taxifahrer stutzig. Was wir um Himmels willen da wollen? Als wir darauf bestehen, dass er uns zum einsam gelegenen Bahnhof bringt, schüttelt er nur verständnislos den Kopf. An dem hält doch schon lange kein Zug mehr.

Ob er uns nicht doch lieber zum Busbahnhof bringen soll? Händeringend versucht er uns zu überzeugen. Wir lehnen dankend ab. Jetzt können wir nur noch hoffen, dass er nicht die Polizei verständigt angesichts solch verdächtiger Fahrgäste.

Das Warten auf den Güterzug beginnt. Die Zeit zieht sich wie Kaugummi. Ich werde zunehmend nervöser. Es wird 8.00 Uhr, 9.00 Uhr, 11.00 Uhr, kein Zug ist zu sehen. Dafür bekommen wir in unserm Versteck unerwarteten Besuch. Ein junger Globetrotter aus Polen taucht auf. Bartok hat in Salta »Wind davon bekommen«, dass heute ein Güterzug Richtung Chile durchkommt. Er will zur Pazifikküste nach Antofagasta.

Die Sonne hat den Nebel verdrängt und es geht auf Mittag zu. Die Hoffnung, dass der Zug kommt, sinkt langsam auf den

Gefrierpunkt. Doch da, in der Ferne, das war doch ein Lokomotivenpfiff! Nach mehr als vier Stunden Hoffen und Bangen hören wir das satte Brummen der Lokomotiven. Das nervenaufreibende Warten, die Angst vor einer Polizeikontrolle haben ein Ende. Zwei Güterzüge mit Flüssiggaswaggons, gezogen von 40 Jahre alten schweren Güterzugloks der amerikanischen Firma *General Motors,* schieben sich in den verlassenen Bahnhof. Die Lokführer begrüßen uns kurz und zeigen auf einen uralten Holzwaggon am Ende des Zuges: Unser »Salonwagen« für die Reise zum Viaducto La Polvorilla.

Der Waggon ist museumsreif, sein hundertjähriger Geburtstag bestimmt nicht mehr weit. Die Einrichtung besteht aus vier Holzkojen mit Strohsäcken, einem wackligen Holztisch und einem rostigen Kanonenofen. Auf ihm werden wir später bestimmt die Steaks brutzeln. Die Eisenbahnfahrt ist allein wegen unserem Museumswaggon einmalig, davon bin ich vom ersten Augenblick an überzeugt. Für »kein Geld in der Welt« möchte ich jetzt mit den Touristen tauschen, die samstags in Aussichtswaggons und Speisewagen sitzen und in die Cordillera de los Andes fahren.

Mit einem langgezogenen Pfiff setzt sich unser Güterzug rukkend in Bewegung. In gemütlichem Tempo geht es den Bergen entgegen. Die Fenster in unserem Waggon sind verdreckt und verschmiert und gegen Steinschlag mit Gittern gesichert, so dass wir auf den ersten Kilometern unserer Reise nicht allzu viel von der Landschaft zu sehen bekommen.

Pedro, ein Baum von einem Mann, seit 30 Jahren bei der chilenischen Eisenbahn als Lokführer beschäftigt und seit zwei Jahren auf der Strecke Antofagasta – Salta eingesetzt, leistet uns Gesellschaft. In unserem nach altem Maschinenöl und Kohle riechenden Museumswaggon gibt er uns einen

Überblick, was uns auf dem Streckenabschnitt bis zur Minenstadt San Antonio de los Cobres erwartet. Wir werden 21 Tunnels durchfahren, 29 Brücken sowie 21 Viadukte überqueren und auf den 200 Kilometern zirka 1.400 Kurven bewältigen. Der spannendste Abschnitt bevor wir das Polvorilla-Viadukt erreichen, ist ein Steilhang von 54 Meter Höhe, den die Züge über zwei Kehrschleifen und zwei so genannte Spitzkehren im Vor- und Rückwärtsbetrieb (»Zick-Zack-Verfahren«) erklimmen. Die Steigung beträgt auf diesem Streckenabschnitt 2,4 Prozent. Der Zug schafft es über das Vor- und -Zurückrangieren, innerhalb einer halben Stunde auf die Höhe eines achtzehnstöckigen Hauses zu kommen. Pedro verspricht mir, dass ich auf diesem Abschnitt auf der Lok mitfahren dürfe.

Brand auf der Lokomotive

Bis die Strecke im Jahr 1948 eröffnet worden ist, wurde 27 Jahre an ihr gebaut. 875.000 Schwellen mussten verlegt werden. Von den 1.500 eingesetzten Arbeitern verunglückten über 600 tödlich. Die Mehrzahl der tödlichen Unfälle ereignete sich bei Sprengarbeiten. Steinschläge und Erdrutsche machten den eingesetzten Arbeitern aus aller Herren Länder ebenfalls große Probleme. Der berühmteste Schwellenleger, der an der Strecke gearbeitet hat, hieß Josip Broz, der spätere Präsident der jugoslawischen Volksrepublik, Marschall Tito.

Nach einer Stunde Fahrt verlangsamt unser Zug das Tempo, der Bahnhof Campo Quijano kommt in Sicht. Für mich naht der große Augenblick: ich darf auf die Lok! Mit Pedro geht es über das Schotterbett in Richtung Lokomotive.

Doch was ist das? Bei der Führungsdiesellok dringt dicker Qualm aus dem Motorraum, Flammen züngeln. Wir rennen los. Schreie aus dem Führerstand. Ein Feuerlöscher fliegt aus der Lok. Er ist kaputt. Mit einer großen Portion Glück gelingt es im letzten Augenblick, mit einem Eimer Sand und einer alten Pferdedecke den Schwelbrand zu löschen. Was war passiert? Funken haben vermutlich die Filzabdichtung des Motorblocks in Brand gesetzt. Junge, Junge, ein Filterbrand auf der Lok – das ist so gerade nochmal gut gegangen!

Lokführer Pedro und seine Kollegen beratschlagen sich, informieren per Funk die Leitstelle in Salta. Der Bahnhof in Salta hat keine Ersatzlok im Depot. Ist eine Reparatur möglich oder müssen wir zwei Tage auf eine Lok aus Chile warten? Die Diskussion beginnt. Pro und Kontra werden zwischen den Lokführern mit südamerikanischer Leidenschaft ausgetauscht. Geredet wird mit Händen und Füßen. Vor allem Pedro diskutiert mit einer solchen Leidenschaft, dass ich befürchte, gleich fliegen die Fäuste. Ich habe den Eindruck, dass die Nationalitätenfrage Chile kontra Argentinien eine nicht unwesentliche Rolle spielt. Letztendlich sind die vier aber Lokführerkollegen. Die Entscheidung: Austausch des defekten Ölfilters von Diesellok eins mit Diesellok zwei und hoffen, dass die reparierte Lok bis zur chilenischen Grenze durchhält.

Halsbrecherische Turnübungen auf der Lok beginnen, um an die Eingeweide der schweren Diesellok zu kommen. Die Lokführer fluchen, wir zweifeln. Für die neugierigen Kinder vom nahe gelegen Dorf dagegen ist der festliegende Zug eine Sensation. Stundenlang ziehen sich Ein- und Ausbau, Reparieren, Reinigen und Prüfen hin. Unsere Hoffnungen auf ein glückliches Ende der abrupt unterbrochenen Fahrt in die Wolken gehen langsam mit der Sonne hinter den umliegenden Bergen unter.

Der erste Versuch, mit dem notdürftig geflickten Filter die schwere Dieselmaschine wieder auf Touren zu bringen, wird gestartet. Drei, vier Anläufe, der Anlasser orgelt, leistet Schwerstarbeit, und plötzlich springt die Maschine an! Dicke, fettschwarze Dieselqualmwolken ausstoßend, setzt sich der Zug mit dem Gestampfe der schweren Dieselmotoren wieder in Bewegung. Auf dem Führerstand reckt ein strahlender Pedro triumphierend den Daumen in die Höhe. Die Teufelskerle von Lokführer liegen sich in den Armen, sie haben es tatsächlich geschafft! Wir können unsere Reise fortsetzen.

Pedro und sein chilenischer Kollege haben nun auf dem ersten Teil der Strecke Pause. Die argentinischen Kollegen fahren den Zug. Für uns Zeit, auf dem Kanonenofen die mitgebrachten Steaks in die Pfanne zu hauen und mit einem Schlückchen argentinischen Rotwein auf die gelungene Reparatur anzustoßen.

Unser Zug schlängelt sich am breiten Geröllbett des Rio Rosario entlang, rollt über den 260 Meter langen Rio Toro-Viadukt. Beim Passieren der geländerlosen Brücke bekommen wir eine Ahnung von dem zu erwartenden Höhenkitzel – und der Höhenkrankheit, dem »Apunamiento«.

Nachtfahrt

Es ist 22.00 Uhr und stockdunkle Nacht. Wir erreichen den auf 1.806 Meter Höhe gelegenen Bahnhof El Alisal. Hier beginnen die Steilrampen, um die 54 Meter hohe Flanke des Berges zu überwinden. Diesmal klappt es mit der Mitfahrt auf dem Führerstand. Gleich hinter Pedro nehme ich meinen Platz ein und beobachte gespannt jeden seiner Handgriffe. Ohrenbetäubender Lärm beim Anfahren der Lok, als sie das erste Rampenstück in Angriff nimmt. Geisterhaft taucht der Lokscheinwerfer die umliegenden Berge in ein diffusses Licht. Die steil in den Nachthimmel ragenden Kandelaber-Kakteen an der Strecke sehen aus wie Totempfähle der Siouxindianer in alten

Westernfilmen. Die Bewohner des Altiplano der Cordilleren nennen sie respektvoll »Die Wächter der Berge«.

Unsere Loks schieben mit aller Kraft ihrer 5.000 Pferdestärken im Schritttempo die 15 schwer beladenen Flüssiggaswaggons die erste Rampe hoch. Auf dem Bahnhof ist ein Rangierer zugestiegen. Eine seiner Aufgaben ist es, am jeweiligen Ende der Rampe die Weiche umzulegen, damit der Zug zurückstoßen kann. Er steht auf dem Trittbrett vorn an der Lok und schwenkt heftig seine Karbidlampe zum Zeichen »Alles in Ordnung«. So klettert unser Zug einmal im Rückwärtsgang, dann wieder im Vorwärtsgang wie eine Ziege den steil an den Berg gebauten Schienenstrang hinauf. Ich stehe draußen auf einem schmalen Gitterrost, direkt neben den röhrenden Motoren. Halte mich an einer schmalen Laufreling fest. Ohrenbetäubender Lärm und eisige Temperaturen, Millionen Sterne funkeln am Himmel. Eisenbahnalltag in den Anden.

Nach einer Stunde härtester Arbeit für Mensch und Lokomotiven ist das gefährlichste Stück der Strecke gemeistert. Der Rangierer klettert zu uns auf die Lok. Er setzt sich auf einen kleinen Holzschemel und stopft sich seine Tabakpfeife. An der Station Chorillos auf 2.111 Meter Höhe verlässt er den Führerstand und verschwindet in seinem gleich neben dem Bahnhof liegenden Eisenbahnerhäuschen. Für ihn beginnt der wohlverdiente Feierabend. Unser Güterzug aber setzt seine Fahrt zum Viaducto La Polvorilla fort.

Ich bin zurück in unserem Begleitwagen. Bei geöffneter Waggontür ist der Sternenhimmel mit der Milchstraße zum Greifen nah. Tief unter uns dagegen gähnen geheimnisvolle Schluchten im Dunkel gleich einem Höllenschlund. Schauer durchfahren mich beim Überqueren von Brücken ohne jedes Geländer. Langsam fühlen wir, dass wir uns auf fast viertausend Meter Höhe befinden. Apathie macht sich unter uns breit, das Atmen fällt zunehmend schwer. Wir schlüpfen in unsere Schlafsäcke auf den Holzkojen und fallen in einen häufig unterbrochenen Schlaf. Ein heftiger Wind rüttelt an den alten, verwitterten Holzwänden unseres Waggons. Der Zug stoppt häufig. Die Güterwaggons quietschen und ächzen schauerlich beim Anfahren und Bremsen. Das Feuer im Kanonenofen ist schon lange ausgegangen. Die Kälte kriecht langsam, aber unbarmherzig durch die Holzritzen.

Mit einem Ruck kommt unser Zug zum Stehen. Es ist stockfinster im Waggon, draußen hören wir Stimmengemurmel, quietschend wird die Schiebetür geöffnet. Ein eisiger Wind pfeift ins Waggoninnere. Das Licht einer Taschenlampe blitzt auf und geistert durch den Raum. Holt uns die Bahnpolizei aus dem Zug? Pedros Stimme ertönt und beruhigt uns. Wir haben den 4.080 Meter hoch gelegenen Abramunanao-Pass erreicht. Schichtwechsel auf der Lok. Draußen jagen Graupelschauer über das Bahnhofsgelände.

Die Zeit des Abschieds naht. Anderthalb Stunden später muss alles sehr schnell gehen. Letzte Instruktionen von »unseren« Lokführern, damit wir später in San Antonio unerkannt vom Bahnhofspersonal den Zug verlassen können. Mit 13 Stunden Verspätung erreicht der Güterzug um 5.30 Uhr die Minenstadt San Antonio de los Cobres. Wir stapfen im eisigen Wind den grauen, von Sonne und Regen ausgebleichten Häuschen der uralten Bergwerkssiedlung entgegen. Das 64 Meter hohe Viadukt La Polvorilla wird unser Zug nun ohne uns überqueren, bevor er bei Socompa die chilenische Grenze erreicht.

Kapitel 19

Ein Frachtschiff nach Afrika

Mit dem letzten Langstreckenzug Brasiliens fahren wir von Belo Horizonte an den Atlantischen Ozean! Die brasilianische Hafenstadt Vitoria ist erreicht, ein kleines, schnuckliges Hotel gefunden, was uns nun noch fehlt zu unserem Glück – unser Dampfer nach Afrika. Wir setzen uns schleunigst mit unserem Schiffsagenten in Verbindung.

Der Agent hat schlechte Nachrichten für uns. Die Ankunft des Schiffes verzögert sich um mehrere Tage. Grund: Lotsenprobleme im Amazonas. Das, was uns in den folgenden Tagen bevorsteht: ein Krimi. Im Stundentakt verändert sich die vermutliche Ankunftszeit der *Johanna Oldendorff*, einem Trampschiff der Reederei Oldendorff aus Lübeck. Trampschiffe sind im Gegensatz zu anderen Containerfrachtern nicht nach Fahrplan unterwegs. Sechsmal verschiebt sich die Ankunft, sechsmal werden wir von unserm Agenten vertröstet. Unzählige Telefonanrufe, und wir immer auf dem Sprung. Sobald ein Dampfer in den Hafen einläuft, muss es fix gehen. Das Be- und Entladen dauert nicht mehr als ein paar Stunden, und ehe man sich versieht, ist der Frachter wieder auf hoher See. Wer da nicht »just in time« im Hafen ist, hat Pech gehabt.

Logbuch einer Schiffsreise Brasilien – Afrika

DIENSTAGABEND. Endlich ist der Dampfer da. Um 21.00 Uhr klettern wir die Gangway der *Johanna Oldendorff* hinauf und sind überglücklich, dass es endlich geklappt hat – Afrika wir kommen!

MITTWOCH. An Deck treffen wir den dritten Passagier – Neil, er kommt aus Schottland, ist Lokführer von Beruf und auf seiner 36. Frachtschiffreise.

15.00 Uhr. Begrüßungstrunk beim Kapitän der *Johanna Oldendorff.* Na, wenn das kein Service ist! Es gibt Kaffee und Kuchen und eine Flasche Sekt aus Neuseeland. Die Versorgung bei der *Reederei Oldendorff* ist erste Sahne!

DONNERSTAGMORGEN. Wal in Sicht! Von der Brücke unseres 23.000-BRT-Dampfers beobachten wir ihn. Die Entfernung beträgt vielleicht 300 Meter, nur leichter Wellengang, so können wir seinen schwarz glänzenden Rücken mit bloßem Auge erkennen. In regelmäßigen Abständen steigen seine Wasserfontänen auf. Das Schauspiel dauert nur wenige Minuten, bevor der Wal wieder in die Tiefen des Atlantischen Ozeans abtaucht.

FREITAG, 6.00 UHR. Bei strahlendem Sonnenschein laufen wir in den Hafen von Salvador de Bahia im Nordosten Brasiliens ein. Zeit für einen kleinen Stadtbummel durch eine der schönsten Altstädte Brasiliens. Trommeln und Samba, einfache Kneipen und überschäumende Lebensfreude. Brasilianischer kann es auch in Rio nicht zugehen. Ein letztes Bier in der Hafenkneipe auf ein Jahr Amerika, und es geht zurück an Bord, um 23.00 Uhr ist Zapfenstreich.

SONNTAG, 8.00 UHR. Die Uhr wird zum ersten Mal eine Stunde vorgestellt. Auf der Brücke bekomme ich vom zweiten Offizier Informationen zu unserer Reiseroute. Wir werden rund zwölf Tage unterwegs sein, bevor wir die Küste Afrikas erreichen und 4.004 nautische Seemeilen (7.491 Kilometer) zurücklegen. Dazwischen ist nur Wasser, mal abgesehen von einer winzigen Insel im atlantischen Ozean. Die Wassertiefe in der Gegend beträgt bis zu 6.000 Meter. Da überkommt die »gemeine Landratte« doch ein leichtes Frösteln.

17.00 Uhr, pünktlich zum Sonnenuntergang hat der Kapitän zu einer Grillparty auf dem Achterdeck eingeladen. 26 Seeleute aus neun Nationen und drei Passagiere feiern bei Grillwürstchen und chinesischem Bier die Äquatorüberquerung.

MONTAG. Die zweite Woche auf See bricht an. Arbeitsintensive Tage: Schreiben, schreiben, schreiben – das Reisetagebuch wird auf den aktuellen Stand gebracht.

DIENSTAG, DER ACHTE TAG. Ein Fax aus dem Büro der Reederei in Lübeck verursacht Aufregung. Der Schiffsagent in Durban braucht unsere Flugnummer für die Rückreise von Südafrika nach Europa. Wieso Flug? Wir wollen doch über Land nach Kairo! Fieberhaftes Überlegen setzt ein. Vielleicht über das Büro pro forma einen Flug buchen und nach geglückter Einreise in Südafrika stornieren? Die rettende Idee: Wir haben im Gepäck noch eine schriftliche Bestätigung der ursprünglich ins Auge gefassten Route mit einem Frachter direkt von Kapstadt nach Hamburg. Die muss reichen!

FREITAG, DER ELFTE TAG. 1.310 nautische Meilen vom Kap der Guten Hoffnung entfernt, überspringt mein Kilometerzähler die 160.000-Kilometermarke auf meiner Reise um die Welt. Unter uns in 4.433 Meter Tiefe der Meeresboden des südatlantischen Ozeans.

SAMSTAG, DER ZWÖLFTE TAG. Um 10.00 Uhr heulen die Alarmsirenen auf. Alle Mann in die Rettungsboote! Wir stolpern mit Schwimmweste, Schutzhelm und Notset ausgerüstet an Deck, sind ganz schön aufgeregt. Der Bootsmann gibt Entwarnung. Alles nur eine Übung! Samstagnacht: Totenstille an Bord. Der

Kapitän hat die Maschinen stoppen lassen. Probleme im Maschinenraum. Reparaturarbeiten beginnen. Vier Stunden dümpelt unser Frachter in den Wellen des Südatlantiks, bevor es wieder heißt: »Volle Kraft voraus«.

MONTAG. Die dritte Woche auf hoher See bricht an. 23.00 Uhr – Vollmond und spiegelglatte See. In gut 25 Meilen Entfernung begrüßt uns das Leuchtfeuer vom Kap der Guten Hoffnung auf der Höhe von Kapstadt. Wir haben es fast geschafft, Afrika liegt zum Greifen nahe vor uns.

DIENSTAG. Der sechzehnte Tag beginnt. Der Wind hat aufgefrischt. Heute Nacht ist unser Frachter ganz schön in der Dünung gerollt. Und wir rollten im Bett. Besuch auf der Brücke. Windstärke sechs bis sieben, eine steife Brise stellt sich unserem Dampfer entgegen. Das Vorschiff hebt und senkt sich in der Dünung, geht in den Wellentälern rauf und runter. Die Wellen sind vier bis fünf Meter hoch. Die *Johanna Oldendorff* dampft die afrikanische Ostküste entlang Richtung Durban, unserem Bestimmungshafen.

DONNERSTAG. Achtzehn Tage auf See liegen hinter uns. Ein Tag an Bord bleibt uns noch, bis wir in das Abenteuer Afrika starten. Wir liegen auf Reede. Um unser Schiff kreisen ein bis anderthalb Meter lange Raubfische im kristallklaren Wasser. Der Koch gibt Befehl, zu angeln. Binnen einer Stunde ist das letzte Mittagessen an Bord gesichert.

Kapitel 20

Einsteigen, bitte – von Kapstadt nach Kairo

Südafrika – das Land mit den zwei Gesichtern

Durban: während der Zeiten der Apartheid Ferienmetropole des weißen Südafrikas, heute das Ziel des internationalen Tourismus. Wenn da nicht die ausufernde Kriminalität wäre, die die Stadt immer wieder in Verruf bringt! Der Kapitän unseres Containerfrachters, mit dem wir vor zweieinhalb Wochen in dem brasilianischen Hafen Vitoria die Reise über den atlantischen Ozean begonnen haben, hat uns zum Abschied vor dem »heißen Pflaster Durban« gewarnt. Man solle die Innenstädte von Pretoria, Johannesburg, Kapstadt und Durban nach Geschäftsschluss meiden, rät das Auswärtige Amt. Von der Benutzung von Vorortzügen wird abgeraten.

Das *Traveller International* ist ein Guesthouse, in dem man es aushalten kann. Es liegt in einem Außenbezirk der Stadt. Wir lernen Allan, einen Tourguide kennen. Mit ihm fahren wir am Abend zu einem Rockkonzert in einem Kulturzentrum in der Innenstadt. Er zeigt uns im Vorbeifahren, welche Straßen im Zentrum Touristen meiden sollten. Aber auch Einheimische werden hier Opfer der Straßenkriminalität. »Die Straße entlang der Hafenpromenade«, behauptet er, »ist auf der linken Seite ganz okay, auf der rechten Seite heißt es aufpassen.« Hier ist die Gefahr eines Raubüberfalles selbst tagsüber sehr hoch. Die Türen seines Autos sind deshalb an den Ampeln auch immer geschlossen, erklärt er uns. Mir schießt die Warnung des Auswärtigen Amtes durch den Kopf. Allan ist überzeugt, dass für die Mehrheit der Südafrikaner inzwischen die Kriminalität das beherrschende Problem des Landes ist.

Durban – Kapstadt

Wir leisten uns einen klapprigen Mietwagen, einen VW-Golf der ersten Generation. Mit ihm werden wir den größten Teil der ersten 1.600 Kilometer bis Kapstadt zurücklegen. Dann wollen wir versuchen, weite Teile unseres Weges mit dem Zug von Kapstadt nach Kairo zu reisen.

Die ersten 600 Kilometer sind das härteste Stück der Strecke. Wir durchqueren das ehemalige Homeland Transkei. Auch heute noch fast ausschließlich von Afrikanern bewohnt, ist es eine der ärmsten Regionen das Landes. Eine Provinz, die in den Jahren der Apartheid vollkommen entrechtet war und in der Afrikaner lebten, die zu jung oder zu alt waren, um in der südafrikanischen Industrie zu arbeiten. Eindringlich hat man uns gewarnt, anzuhalten; allenfalls zum Tanken. Der Mietvertrag unseres Autos sieht vor, dass im Falle unserer Entführung 7.000 Rand, zirka 1.000 Euro für den Verlust unseres Fahrzeuges an die Verleihfirma zu bezahlen sind! Nach 280 Kilometern erreichen wir das Städtchen Kronstad. Ein Schild an der Tankstelle: »Nach Einbruch der Dunkelheit keine Fahrzeuge außerhalb unserer bewachten Tankstelle parken.« Einige Tage später erreicht mich die E-Mail eines Freundes: Andy aus Frankfurt und seine Freundin Siska sind ganz in der Nähe Opfer eines bewaffneten Raubüberfalls geworden. Gefährliches Südafrika!

Unsere Fahrt führt über die Landstraße N 2, die für Autos, Menschen, Ziegen und Kühe eine Art Highway bildet. Immer wieder tote Tiere auf der Fahrbahn. Zwei Kühe, ein Pferd und unzählige Hunde und Katzen zähle ich auf einem knapp 50 Kilometer langen Abschnitt. In der Landschaft verstreut sehen wir afrikanische Rundhütten, die so genannten Rondavels, und sehr, sehr viele Afrikaner in zerlumpten Kleidern an der Landstraße. Sie wandern am Straßenrand entlang, weil selbst die paar Cent für den Bus unerschwinglich sind.

Wir überqueren eine nicht sichtbare Grenze zwischen dem schwarzen und weißen Südafrika. Am Horizont geht die Sonne als roter Feuerball unter. Kurze Zeit später erreichen wir wieder den Indischen Ozean. Ein phantastischer Blick über die Bucht auf das Meer verdrängt das allgegenwärtige Elend auf und neben der Nationalstraße 2. Das tiefblaue Meer empfängt uns mit weißen Schaumkronen, dem Rauschen der Brandung und einem Backpackerhotel mit hübschen Strandhäusern. Dazu passen sanft geschwungene Hügel, goldfarbene Dünen, sattgrünes Buschwerk, in dem Vögel in schillernden Farben zwitschern und der endlose weiße Strand – ein Paradies? Wir haben das Gefühl, in einer anderen Welt gelandet zu sein. Keine drangvolle Enge wie im Homeland Transkei, keine Schwarzen, es sei denn als Dienstboten, Küchenhilfen oder Gärtner in den Hotels und Ferienvillen der weißen Besitzer.

Auch wenn die Apartheid offiziell seit 1994 abgeschafft ist – vom ersten Augenblick auf südafrikanischem Boden an ist sie für uns allgegenwärtig. Die Arbeitslosenquote liegt bei 40 Prozent, betroffen sind überwiegend Schwarze. Das Misstrauen zwischen Schwarz und Weiß ist körperlich spürbar. Ein versteckter Rassismus der weißen Südafrikaner gegenüber den Afrikanern auch nach zehn Jahren ohne Apartheid ist immer noch vorhanden. 400 Jahre Kolonialzeit, Unterdrückung, Mord und Folter zu überwinden, ist ein schwerer Weg für die junge Demokratie.

Wir setzen unsere Fahrt am nächsten Tag fort, wollen möglichst schnell nach Kapstadt. Am Nachmittag legt sich ein wenig die Paranoia der ersten Tage. Das mag auch daran liegen, dass wir mit zwei alten farbigen Damen ins Gespräch kommen, die wir, bevor eines der gewaltigen afrikanischen Wintergewitter losbricht, in unserem Auto mitnehmen. Ein schönes Gefühl, schwarze und weiße Menschen, die sich in einem Augenblick der Not helfen. So wandelt sich unser Bild von feindlich gesinnten Bewohnern und Straßenräubern, die an jeder Ecke nur darauf warten, weiße Touristen auszurauben, langsam aber sicher.

Die nächste Station auf unserer Fahrt entlang der Wild Coast ist das kleine Städtchen Port Alfred. Hier gibt es Zimmer zum Übernachten im alten, zur Pension umgebauten Bahnhof. Zwei Tage später erreichen wir die Gardenroute.

Im Städtchen Mosselbai legen wir eine zweitägige Pause ein. Ganz in der Nähe gibt es eine Eisenbahnlinie, auf der noch Dampfzüge unterwegs sein sollen. Denen wollen wir einen Besuch abstatten. Doch bevor es soweit ist, übernachten wir zur Einstimmung in einem ausrangierten Schnellzug der südafrikanischen Eisenbahngesellschaft *Spoornet,* dem *Santos*-Express. Er ist keine 50 Meter vom Indischen Ozean entfernt auf einem Gleis abgestellt und dient heute als Hotel mit einer ganz besonderen Note. Zum Einschlafen gibt es an diesem Abend »Brandungsblues« und eine tolle Aussicht auf die Bucht. Der ganze Spaß kostet pro Nacht 20 Euro. Im Speisewagen ist ein Restaurant eingerichtet, in dem wir bei rustikaler Atmosphäre Springbocksteak oder Zebraschnitzel serviert bekommen.

Dampf auf der Gardenroute

Die Bahnhofsuhr am Bahnsteig im Städtchen George zeigt exakt 9.20 Uhr. Hier startet heute ein Zug zu einem der schönsten Eisenbahnerlebnisse, die Südafrika zu bieten hat – die

Fahrt mit dem legendären »Outeniqua Choo Tjoe«, dem letzten in Südafrika noch verkehrenden dampfbespannten Güter- und Passagierzug. Seinen Namen erhielt der Dampfzug wegen der in der Nähe liegenden Outeniquia-Berge und dem »Choo-Tjoe«, dem typischen Geräusch der Dampfloks.

Fauchend und dicke, weiße Dampfwolken ausstoßend rangiert die auf Hochglanz polierte Dampflokdame »Toutsie« der südafrikanischen Dampflokbaureihe 19 D an diesem Morgen vor den kombinierten Güter-/Personenzug. Eine Museumseisenbahn, die regulär Güter in die an der Stecke liegenden Ortschaften bringt und nicht nur Touristen befördert.

Schon bald nach dem Verlassen des Bahnhofes George erreicht der Zug den Indischen Ozean. Beeindruckend, die Eleganz der schwarzglänzenden Lok, die sich am Hang der Steilklippen die Küste entlangwindet. Nach drei Tunneldurchfahrten erreichen wir die Kaaimans River Bridge. Die lang gezogene Brücke ist sicherlich die meistfotografierteste Eisenbahnbrücke Südafrikas. Der Zug fährt hier in einer weiten Kurve, gibt den Blick frei auf den Indischen Ozean und das weite Tal des Kaaimans River. Der imposanteste Streckenabschnitt beginnt in einem Urwaldgebiet, von wo aus es schwer stampfend hinauf ins Goukamma Valley geht. Zielbahnhof und Endstation der Fahrt ist das kleine Städtchen Knysna. Über eine zwei Kilometer lange Brücke, die in einem weiten Bogen über die Lagune von Knysna führt, schiebt sich der Zug in den kleinen Bahnhof des Städtchens.

Für Dampflokfans gibt es, nur wenige Kilometer vom Ausgangspunkt der Eisenbahnreise, dem Städtchen George, entfernt, einen Leckerbissen, der in keinem Reiseführer erwähnt ist – das Dampflokdepot Voorbaai. Durch Zufall haben wir das Depot von der Autobahn aus erspäht. Fünf voll funktionsfähige südafrikanische Dampfloks werden hier gewartet, dazu 25

Veteranen, die als Ersatzteillager dienen oder auf den Schneidbrenner warten.

Kapstadt – Pretoria

Geschäftiges Treiben herrscht in der Bahnhofshalle des quirligen Hauptbahnhofes der Kap-Metropole. In der Halle erhalten wir ein wenig Geschichtsunterricht, bevor der letzte große Abschnitt der Reise um die Welt beginnt – drei Monate über Land nach Kairo. Hier steht »Blackie«, die älteste Lokomotive des Kontinents. Sie fuhr 1863 über die knapp 100 Kilometer von Kapstadt nach Wellington. Es war, nach der ersten Strecke 1856 von Alexandria nach Kairo, der zweite längere Schienenweg in Afrika, der Mitte des 19. Jahrhunderts in Betrieb genommen wurde.

Pünktlich um 10.00 Uhr starten wir heute mit dem Zug zur Durchquerung des schwarzen Kontinents. Die erste Etappe: Mit dem *Trans-Karoo*-Express der *South African Railway (SAR)* nach Pretoria, der Hauptstadt Südafrikas. Die 1.600 Kilometer lange Strecke soll unser Zug in 30 Stunden zurücklegen. Wir verlassen die für uns zweifellos schönste Stadt Südafrikas – Kapstadt und seinen berühmten Tafelberg. Den Tafelberg, den man bei schönem Wetter bis zu 200 Kilometer von der See her sehen kann und der zum Symbol für Seefahrer aus aller Welt geworden ist. Hier haben wir uns, trotz der Warnungen des Auswärtigen Amtes, am wohlsten und am sichersten gefühlt.

Unser Express ist zwar nicht mehr der Jüngste, aber er hat Stil. Ob es nun das verchromte Waschbecken in unserem Zweiter-Klasse-Schlafwagenabteil ist oder die Dampfheizung des Zuges, die das Gefühl vermittelt, dass ein Stück Eisenbahnhistorie mitfährt. Der Express besteht aus 18 Waggons, gezogen von zwei schweren Dieselloks. Auf die Wände im Speisewagen sind Szenen der südafrikanischen Geschichte gemalt. Dazu passt unser Kellner, ein baumlanger Afrikaner, der mit strahlendem Lächeln im traditionell gehaltenen Hemd unser zweites Frühstück, einen kräftigen Kaffee, serviert. Die gesamte Inneneinrichtung schillert farbenfroh und wird, ganz dem Zeitgeist entsprechend, von einer südafrikanischen Fastfoodkette gesponsert.

Unsere Fahrt beginnt weit weniger aufregend als erhofft. Der Zug rollt durch die Weinanbaugebiete der westlichen Kap-Provinz. Das Weingebiet wird später abgelöst von sanft geschwungenen Hügeln und viel Weideland. Den Kontrast dazu bilden die kleinen Ortschaften am Schienenstrang mit ihren Armensiedlungen, in denen ausschließlich die schwarze Bevölkerung lebt. Das Elend, das ich vom Zugfenster aus beobachte, ist für mich bedrückend, macht mich traurig. Kleine Häuser, die an Viehverschläge erinnern, sind zu sehen, zusammengeschustert aus roh gezimmerten Brettern und Kartonpappe, notdürftig abgedeckt mit Plastikplanen und speckigen Einkaufstüten. Müllberge vor den Hütten und kaum Platz für die Menschen.

Verhärmte Frauen balancieren in Plastikkanistern Trinkwasser von weit entfernten Wasserstellen zu ihren Hütten. Die Kinder spielen zwischen den Hütten in zerlumpten Kleidern, viele von ihnen sind barfuß, das alles im Nieselregen und bei Temperaturen von fünf bis acht Grad im südafrikanischen Winter.

Erster kurzer Halt in Wellington. Es regnet. Später: Endlos dehnt sich die mit Buschgras bedeckte afrikanische Savanne vor uns aus. Wir zuckeln mit einer Durchschnittsgeschwindigkeit von gut 50 Stundenkilometern dahin. Gut geschützt durch einen einmeterfünfzig hohen Metallgitterzaun, der hier an der Strecke vermutlich zum Schutz der Tierwelt errichtet worden ist. Wir beobachten Emus und ab und zu hoch über unserem Zug schwebende Raubvögel. Hinter den Hexrivierbergen beginnt die große Karoo, eine Halbwüste, die ein Drittel des südafrikanischen Subkontinents bedeckt. Stunden um Stunden geht es durch die Wüstenlandschaft. Unterbrochen wird die Sicht durch zahllose Tunnels. Es ist das viertlängste Tunnelsystem der Welt. Der längste ist beachtliche 13,5 Kilometer lang. Die Stadt Kimberly, in der 1869 das Diamantenfieber ausbrach, passiert unser *Karoo*-Express, während wir in unserem Schlafwagenabteil von den schwarzen Nashörnern des *Karoo*-Nationalparks träumen.

Nach 1.530 Kilometer und 30-stündiger Fahrt erreichen wir den Bahnhof von Johannesburg. Mit 2,5 Millionen Einwohnern ist sie die größte Stadt Südafrikas und zugleich auch die gefährlichste. Rushhour. Die »zwei Gesichter Südafrikas« vor dem Zugfenster: Auf dem gegenüber liegenden Bahnsteig drängen sich hunderte von Afrikanern um in die völlig überfüllten Vorortzüge zu kommen. Ihr Zuhause sind die trostlosen Townships, weit außerhalb der hoch in den Himmel schießenden Marmorpaläste der Metropole. Auf dem Nachbargleis fährt der *Blue Train* aus Pretoria zur Weiterfahrt nach Kapstadt ein. Ein Rolls Royce auf Schienen. Hier der Luxus, da die bittere Armut, die Welt der sozialen Gegensätze zusammengeballt auf einem Bahnsteig in Afrika.

Wir sind weitere zwei Stunden unterwegs, bevor der *Trans Karoo*-Express mit über vier Stunden Verspätung den Bahnhof von Pretoria, der Hauptstadt Südafrikas, erreicht. Der erste Abschnitt auf den historischen Gleisen eines transkontinentalen Traumes, der nie Wirklichkeit wurde, einer Eisenbahnstrecke vom Kap der Guten Hoffnung nach Kairo, ist geschafft.

Von Swaziland nach Mosambik

Mein Pass ist bis auf die letzte Seite vollgestempelt. Deshalb habe ich mir in der deutschen Botschaft in Pretoria einen neuen Reisepass besorgt. Nun steht der Weiterreise zu einem der drei letzten Königreiche Afrikas nichts mehr im Wege. Mit dem Zug geht es von Pretoria in gut zehn Stunden ins 470 Kilometer entfernt liegende Komatipoort. Im Guesthouse *Spice of Live* lernen wir ein junges südafrikanisches Pärchen kennen, die uns in ihrem alten VW-Bus mitnehmen.

Die Grenzkontrolle in das kleine Königreich Swaziland passieren wir ohne Probleme. Unser Ziel in dem nur eine Million Einwohner zählenden Land ist der *Hlaane Royal*-Nationalpark.

Am Eingang, umgeben von einer Sammlung ausgebleichter Elefantenschädel, empfängt uns ein freundlicher Parkranger. Er erklärt uns die Verhaltensregeln im Nationalpark. Im Park gibt es Unterkünfte der verschiedenen Kategorien. Wir als *Low Budget Traveller* entscheiden uns schweren Herzens gegen eines der herrlichen Cottages und nehmen mit dem Zeltplatz vorlieb. Auf ihm sind wir die einzigen Gäste. Das Gelände rund um den Zeltplatz, das Restaurant und die Cottages ist mit einem Elektrozaun gesichert, damit die Touristen nicht während der Nacht versehentlich von einer Herde Nashörner überrannt werden.

Unter den Bäumen am Restaurant und auf dem Campingplatz wartet eine farbenfroh gekleidete Menschenmenge – der König hat heute seinen Besuch angekündigt! Er will sich drei junge Löwen anschauen. Sie sind vor einigen Tagen aus Südafrika importiert worden. Eine gute Gelegenheit für die Königstreuen unter den Einwohnern des Landes, ihren Herrscher aus nächster Nähe zu bejubeln.

Wir lassen den König König sein und buchen für den Nachmittag eine Safari-Tour. Zwei Stunden fahren wir mit einem Wildhüter im Jeep zu den Naturschönheiten des Parks. Im Nationalpark treffen wir auf Giraffen, Elefanten, eine Nashornmutter mit Kind, Gazellen, Springböcke und eine Löwenfamilie. Um ehrlich zu sein, alles in allem ist der Besuch im Nationalpark ein bisschen enttäuschend. Die freie Wildbahn in Swaziland ähnelt doch eher einem etwas zu groß geratenen Safaripark in Europa.

Zwei Tage verbringen wir im Park, bevor es weitergeht nach Mosambik. Wir reisen über den kleinen Grenzübergang Lomahasa ein. Die Überraschung steht uns ins Gesicht geschrieben, als wir von deutschsprachigen Grenzern mitten in Afrika begrüßt werden. Seine Sprachkenntnisse, erzählt mir einer der Grenzer, habe er im Studium erworben. In der Zeit, in der viele junge Menschen aus Mosambik in der ehemaligen DDR studiert oder gearbeitet haben.

Unser Versuch, nach der Grenzabfertigung einen Platz in einem der großen Reisebusse, die auf der Route Johannesburg – Maputo verkehren, mitzukommen, scheitert. Wir müssen mit einem Minibus-Taxi, einem so genannten Matatu, fahren. Die Benutzung ist nicht ohne Risiko. In unserem Reiseführer wird sie wie folgt beschrieben: »Schlecht gewartete Fahrzeuge, rücksichtslose Fahrer und gewalttätige Auseinandersetzungen zwischen konkurrierenden Betreibern sind an der Tagesordnung.« Außerdem sei der Stauraum für das Gepäck begrenzt. Von der Theorie in die Praxis: So viele wandelnde Schrotthaufen, die irgendwie fahren, habe ich auf meiner Reise noch nicht gesehen! Wir warten auf einem kleinen Markt direkt hinter der Grenze darauf, dass genügend Fahrgäste von den Schleppern des Besitzers unseres Matatus gefunden werden. Das dauert seine Zeit. Ich nutze die Gelegenheit und sehe mich ein wenig um. Erschreckend, wie arm die Leute hier an der Grenze sind. Zerrissene Hemdchen schlabbern den Kindern um die ausgemergelten Körper. Ein Junge trägt Schuhe unterschiedlicher Größe, seine Hose ist von Motten zerfressen. Doch bei aller Armut: zu uns, den reichen Weißen, sind sie sehr freundlich.

Sie versuchen uns alles Mögliche für die Reise zu verkaufen. Irgendwann sind wir mit Reiseproviant, Bonbons und Wasserflaschen »überversorgt«. Nach zwei Stunden Wartezeit hat unser Busbetreiber genügend Fahrgäste beisammen. Es geht los. 25 Menschen in einem voll gequetschten *Toyota*-Kleinbus, dazu ein selbst gebauter Anhänger, randvoll mit Gepäck. Auf dem offenen Anhänger zwischen Koffern, Kisten und unseren Rucksäcken werden noch schnell 20 Kilo Fleisch (sie sind in grellbunten Plastiktüten verpackt) verstaut, bevor unser verbeulter Bus in Richtung Maputo losbraust. In diesem Augenblick beschließe ich, zum Vegetarier zu werden. Jedenfalls so lange, bis ich Afrika wieder verlassen habe.

Die Fahrt in die Hauptstadt ist ein reines Kamikazeunternehmen! Unser Fahrer fährt immer nur »volle Pulle«, überholt wird selbst an Stellen, an denen die Sicht gleich null ist. Dagegen hilft nur eins – sich ablenken. Aus dem Fenster die vorbeiflitzende Landschaft anschauen, Daumen drücken, dass alles gut gehen wird und an nichts denken. Schweißüberströmt, aber gesund erreichen wir gegen Abend die Metropole Maputo.

Maputo – Jo wird verhaftet

Selbst in der Hauptstadt des Landes steckt der Tourismus in den Kinderschuhen. Es gibt gerade mal zwei Backpackerunterkünfte in der ganzen Stadt, und das eine, für das wir uns entschieden haben, ist voll! Na, das kann ja heiter werden, aber »wat willste machen«? Der Engel, der uns rettet, schwebt genau in diesem Augenblick zur Tür herein und beantwortet die Frage meines Selbstgespräches total unkompliziert: »Ja ihr könnt bei mir schlafen, in meinem Haus ist jede Menge Platz!« Caroline ist Französin und leitet ein Volontärprogramm zur Völkerverständigung der Europäischen Union.

Maputo selbst erinnert ein bisschen an vergangene Zeiten des Sozialismus à la DDR, obwohl Kapitalismus und die Globalisierungswelle auch Mosambik nicht verschont haben: Breite Alleen mit kolonialem Flair und so klangvollen Namen wie Leninallee, Che-Guevara-Straße, Karl-Marx-Platz oder Mao-Tsetung-Straße. Und überall triffst du Polizisten, die so aussehen, als ob ihre Uniformen direkt aus dem Schneiderkombinat VEB Karl-Marx-Stadt stammen.

Sonntagabend, eine laue afrikanische Nacht. Wir wollen ein Bierchen trinken gehen in unsere »Kneipe um die Ecke«. Ohne Pass in der Tasche sollte man das in Maputo jedoch tunlichst unterlassen. Auf dem Weg in die kleine Bar kommt uns in der Dunkelheit eine drei Mann starke Polizeistreife entgegen. Im letzten Augenblick des Vorbeigehens ertönt die Aufforderung, stehen zu bleiben. Ich ignoriere die Hallo-Rufe. Eine Taschenlampe blitzt auf, also lieber stehen bleiben! Es kommt, was kommen muss – ich habe meinen Pass vergessen! Diskussion auf portugiesisch unter den Polizisten. Ich verstehe nur Bahnhof, einer der Polizisten übersetzt ins Deutsche. Auch er hat einige Jahre in der DDR als Vertragsarbeiter gearbeitet. Der Streifenführer erklärt mir, dass ich festgenommen bin. Meine Freundin soll den Pass besorgen und auf die Polizeiwache bringen. Alles Weitere wird vom Kommissar entschieden.

Auf der Wache angekommen, werde ich zum Vorgesetzten gebracht. Hinter einem riesigen Schreibtisch blinzeln mich ein paar schläfrige Augen desinteressiert an. Er fragt mich etwas auf portugiesisch. Ich zucke hilflos mit den Schultern, gebe mich zerknirscht, zeige Reue. Als nächstes muss ich mich ausziehen, meine Kleidung wird durchsucht (mein Bargeld hab' ich Kerstin bei der Kontrolle zustecken können). Alles raus aus den Hosen und auf den Tisch legen. Ich breite ein paar Münzen und meine Uhr und einen Schmierzettel vor ihnen aus. Jetzt kommen die Schuhe und die Socken dran. Einer der Polizisten untersucht sie. Nichts gefunden. Aufatmen. Man bringt mich in eine Zelle, ich setze mich auf die Holzpritsche und warte. Hoffentlich muss ich nicht die Nacht im Knast verbringen! Wie werde ich wohl bestraft? Tausend Gedanken jagen mir in diesem Augenblick durch den Kopf.

Und das alles nur, weil ich meine Papiere vergessen habe. Um 22.00 Uhr ist Kerstin mit meinem Pass zurück. Mein Pass mit Visum stimmt die Polizisten gnädig, auch wenn sie kein Geld oder ein bei ihnen überaus beliebtes Schweizer Taschenmesser bei mir gefunden haben, das sich hätte beschlagnahmen lassen. Mit einem Kopfnicken und ohne große Worte werde ich entlassen. Schwein gehabt!

Afrika pur – Eine Fahrt durch Mosambik

Die Strände im Süden von Mosambik sind von weißen Südafrikanern »besetzt«. Es ist ein bisschen wie die Ferieninsel Mallorca für uns Mitteleuropäer. Der Norden des Landes dagegen ist für Reisende schon eine echte Herausforderung. Kaum Infrastruktur, wenige Verkehrsmittel, das Vorwärtskommen ist äußerst mühsam. Hier braucht man Zeit und Geduld. Dafür erfährt der Reisende eines der schönsten Länder des südlichen Afrika mit sehr warmherzigen, freundlichen Menschen.

Wir fahren mit dem Bus von Maputo zum Tofo Beach. Bevor es weitergeht, wollen wir dort an ein paar Tagen im Indischen Ozean baden, um danach in Richtung Beira, der zweitgrößten Stadt Mosambiks, aufzubrechen. Drei bis vier Tage Reisezeit kalkulieren wir für die gut 1.000 Kilometer lange Strecke in den Norden von Mosambik.

Im Morgengrauen geht es mit einem Bus von *Oliveras Transport*, einem der vielen privaten Busunternehmen von Maputo, los. Doch erstmal brauchen wir Tickets. Der Fahrkartenkauf ist oft ein Glücksspiel. Eine Stunde müssen wir vor einer baufälligen Garage anstehen. Durch die blinden Scheiben ist außer einem Buswrack nichts zu erkennen. Um die Ecke ist dann der Schalter. Vor dem Fahrkartenschalter, einer winzigen Luke in der Hauswand, von der grauer Putz abbröckelt, eine Versammlung von drängelnden Leibern. Die Luke ist mit einem Eisengitter gesichert. Über den Köpfen der Wartenden baumelt eine nackte Glühbirne.

Die Menschenmenge schiebt und drückt. Wer beim Kampf um die Tickets verliert, muss seine Reise auf den nächsten Tag verschieben. Pro Tag geht nur ein Bus in Richtung Beira. Heute kommt jeder mit.

Ein fröhliches Geschnatter herrscht im Bus. Die Kinder mit ihren großen, runden Kulleraugen schäumen über vor Lebensfreude. Für sie ist die vor uns liegende zehnstündige Busfahrt ein einziges großes Abenteuer. Mosambik ist zu dieser

Jahreszeit sehr grün. Kleine Trampelpfade am Wegesrand führen von der Straße weg zu strohgedeckten Rundhütten. Meist vier oder fünf sind rund um einen einfachen Ziehbrunnen gruppiert, davor ein paar Ziegen, die von den Ästen der Bäume das frisch sprießende Grün der jungen Blätter fressen. Dazu kleine Felder, auf denen die Bauern Mais, Süßkartoffeln und Gemüse anbauen. Auf den winzigen Feldern arbeiten fast nur Frauen, den jüngsten Spross tragen sie bei der schweißtreibenden Feldarbeit unter glühender afrikanischer Sonne im Tragetuch auf dem Rücken.

Zwischenstopp in einem Provinznest. Scharen von wild gestikulierenden Verkäufern umlagern sofort unseren Bus, versuchen, mit den Fahrgästen ins Geschäft zu kommen. Es wird vieles verkauft: Apfelsinen, Cashewnüsse und Süßkartoffeln garniert mit Sonnenbrillen, Haushaltsgeräten, Lippenstiften sowie Pillen und Salben, die garantiert gegen jedes Wehwehchen des Alltags helfen sollen. Dazwischen schieben sich die Bettler, zum Teil blind, mit fehlenden Gliedmaßen und in zerlumpter Kleidung. Traurige Folgen des furchtbaren, 16 Jahre dauernden Bürgerkrieges zwischen der *Frelimo*, der Befreiungsfront Mosambiks (die gegen die Kolonialmacht Portugal 1975 die Unabhängigkeit erkämpft hat), und der *Renamo*, einer vom ehemaligen Rhodesien, später Südafrika, unterstützten antikommunistischen Widerstandsbewegung, der das Land bis Anfang der 90er Jahre erschüttert hat. Auf Holzkrücken stehend, mit Sandalen aus zerschnittenen Gummireifen an den Füßen, strecken die buchstäblich bettelarmen Kriegsveteranen ihre Arme aus.

Müde, flehende Augen bitten um etwas Kleingeld oder ein bisschen Essen. Mir treibt es die Tränen in die Augen, wie unterwürfig diese Menschen um ein paar Cent betteln, wie überschwänglich sie sich für jede noch so kleine Münze bedanken, die sie bekommen.

Einige Tage später. Busse fahren in diesem Teil Afrikas grundsätzlich morgens zwischen vier und fünf Uhr los. Strom gibt es erst ab acht Uhr. In unserer Hütte suchen wir mit der Taschenlampe unsere Klamotten zusammen. In stockdunkler Nacht laufen wir schwer bepackt durch das kleine Örtchen Vilanculo und sind auf der Suche nach dem Busbahnhof. Zwei stockbetrunkene Polizisten knurren etwas Unverständliches, als wir sie nach dem Weg fragen. Uns läuft die Zeit davon. Wir kommen ins Schwitzen. Das kann doch nicht so schwer sein, in diesem kleinen Kaff den einzigen Bus zu finden! Mit ein wenig Glück entdecken wir in einer schmalen, unbeleuchteten Straße den völlig überfüllten Bus. Jetzt wird es ernst, bekommen wir überhaupt noch ein Ticket? Bange Momente, auch wenn bis zur offiziellen Abfahrt noch eine Stunde Zeit ist. Wir haben Glück, ergattern im letzten Augenblick zwei Plätze.

Die Fahrt der aufgehenden Sonne entgegen ist nur von kurzer Dauer. Ein lautes Zischen lässt mich aus dem Halbschlaf schrecken, Wasser sprüht aus den Ritzen des Motorraumes in das Businnere, Qualm breitet sich im Fahrgastraum aus. Der typische Geruch von verbranntem Gummi zieht in unsere Nasen. Die Fahrt ist zu Ende – nach nur zwei Stunden stehen wir mitten in der Savanne im afrikanischen Busch. Der Schreck sitzt allen Fahrgästen in den Gliedern. Ratlosigkeit in den Gesichtern. Wie soll es nun weitergehen? Dem Busfahrer und seinen Helfern gelingt es nicht, den Bus wieder flott zu kriegen. Die Rettung: Ein vorbeikommender Tanklastwagen nimmt unseren Bus samt Passagiere kurzerhand »an den Haken«. So können wir dank dieser, für europäische Verhältnisse doch recht ungewöhnlichen Abschleppaktion die Reise bis zu einem kleinen Marktflecken fortsetzen. Die Suche nach einem Mechaniker beginnt.

Gut anderthalb Stunden später taucht ein mächtig schwitzender, aber freudestrahlender Busfahrer auf. In seinem Schlepptau ein Mechaniker mit einem riesigen, verbeulten Werkzeugkasten. Mitten auf der Straße und unter sengender Hitze beginnen der vierschrötige Handwerker und sein Kollege in ölverschmiertem Arbeitszeug, den Kühler und weitere Teile aus dem Motorraum auszubauen, um schlussendlich zur Wasserpumpe vorzustoßen. Ich bin beeindruckt von ihrem Improvisationstalent. Auf unserem weiteren Weg durch Afrika werden wir die eine oder andere ähnliche Situation erleben. Ob es sich um einen Lastwagen, Bus oder Pkw handelt, es gibt nichts, was nicht irgendwie zu reparieren ist. Mit einfachsten Mitteln machen in Afrika Handwerker Unmögliches möglich.

Die Einheimischen breiten bunt karierte Decken aus und machen Picknick im Schatten eines Affenbrotbaumes, lassen sich überraschen, ob das hinhaut mit der Reparatur. Die Zeit vergeht. Wir lernen eine Mutter mit zwei nörgelnden Kindern im Teenageralter kennen. Sie sprechen uns auf Deutsch an. Was für eine Überraschung! Die Mutter ist ganz in der Nähe aufgewachsen, hat in der DDR studiert und ist nun auf dem Weg, ihre Familie in dem winzigen Weiler, in dem sie geboren ist, zu besuchen. Seit sechs Jahren arbeitet sie bei *Daimler-Benz* in Stuttgart in der Werkskantine. Zum wiederholten Mal stelle ich fest, wie klein doch diese Welt ist!

Am und unter dem Bus arbeiten die Mechaniker in der gnadenlos vom wolkenlosen Himmel brennenden Sonne, versuchen den Bus wieder flottzukriegen. Der Schweiß rinnt in Strömen. Die Reparatur scheint zu gelingen. Der Schaden ist nach zwei Stunden behoben. Die Probefahrt steht noch aus. Einmal die staubige Buschpiste mitten durchs Dorf hinauf, dann müsste es weitergehen, versichert der Busfahrer. Der Motor wird gestartet, er hört sich ganz gut an. Mit Karacho braust der Bus an den lagernden Passagieren vorbei. Ein lachender Mechaniker winkt vom Fenster aus den Passagieren im Gras zu. Doch auf der Rückfahrt spritzt Wasser aus allen Ritzen der Wasserpumpe. Die Diagnose der Schlosser der Landstraße: Feierabend – dieser Bus braucht eine neue Pumpe!

Den aufgeregten Passagieren wird ein Teil des Fahrgeldes zurückerstattet. Jetzt heißt es warten, bis morgen der nächste Bus kommt oder wir eine andere Transportmöglichkeit finden. Auf der Landstraße ist nur wenig Verkehr. Ab und zu ein Lastzug oder Pick-Up, meistens voll beladen. Kein Platz für 40 gestrandete Passagiere im afrikanischen Busch. Wir aber haben Glück. Ein alter Mercedes-Geländewagen hält an und nimmt uns mit – ein Gefühl wie »Sechs Richtige im Lotto«. Die ersten 150 Kilometer über die mit Schlaglöchern übersäte Buschpiste geht alles gut, bis auch diese Fahrt abrupt zu Ende geht!

Wir müssen anhalten. Die Motorengeräusche verheißen nichts Gutes. Das Bild, das sich uns bietet, eine Katastrophe! Der linke Kotflügel ist schwarz von Öl aus dem Motorraum. Felix, unser Fahrer, rauft sich den kahlrasierten Kopf. Eine Schweißnaht, die Ölkühler und Kühler zusammenhält, ist gebrochen. Durch die Schläge an den Motorblock sind die Kühlerlamellen undicht geworden und haben fast das ganze Öl im Motorraum verteilt. Ja, das war es dann wohl endgültig für heute. Nein, wieder wird das afrikanische Improvisationtalent »ausgepackt«, diese bei uns längst verlorene Fähigkeit, mit einfachsten Mitteln einen Schaden zu beheben. Mit Knetmasse und einer Mullkompresse aus meinem Erste-Hilfe-Set gelingt es Felix, den Kühler abzudichten. Ein vorbeikommender LKW spendet fünf Liter Öl, zwei Pick-ups steuern weitere zwei Liter Öl bei, und weiter geht die wilde Fahrt.

Pechschwarz und undurchdringlich wirkt die afrikanische Nacht. Die Scheinwerfer geistern bei jedem neuen Schlagloch, das wir passieren, gespenstisch durch den Busch. Alle 20 bis 30 Kilometer müssen wir anhalten und mit der Taschenlampe nachschauen, ob die Knetmasse und das Verbandspäckchen halten. Zur Sicherheit kaufen wir unterwegs in einem Dorf eine Weinflasche voll Motorenöl, doch der Motor des Geländewagens hält. Nach 20 Stunden Fahrt durch den afrikanischen Busch erreichen wir mit durchgeschüttelten Knochen, aber überglücklich die Hafenstadt Beira am Indischen Ozean.

Quelimane – die Rattenstadt

Drei Tage sind wir durch Beira, der zweitgrößten Stadt von Mosambik gestreift, haben Energie getankt, bevor wir beschließen, die nächste Etappe in Angriff zu nehmen. Die 600 Kilometer entfernt liegende Hafenstadt Quelimane, rund 20 Kilometer vom Indischen Ozean entfernt, ist unser nächstes Ziel. Die Stadt ist die Endstation einer 120 Kilometer langen Eisenbahnstrecke. Und dort soll es noch Dampflokomotiven geben! Bevor wir jedoch unser Etappenziel erreichen, gilt es, mit heilen Knochen über den Sambesi-River zu gelangen. In Afrikas viertlängstem Fluss gibt es heute noch bis zu viereinhalb Tonnen schwere Flusspferde. Dass die allerdings an der Fähre gerade auf uns warten, ist eher unwahrscheinlich. Schauen wir mal.

An der Fähranlegestelle warten Dutzende von Schwerlastern. Sie transportieren vom Plastikstuhl bis zu Bergen von Kokosnüssen, Ziegen, Esel, Kühe oder Schafe, alles was auf und in ihre Lastwagen passt. Und wenn auf der Ladefläche kein Platz mehr ist, landet eine Ziegenherde auch schon mal in luftiger Höhe auf der Plane des Lasters. Ich entdecke einen Konvoi der südafrikanischen Polizei. Er ist voll gepackt mit Kriegsgerät. Auf den Lastwagen stapeln sich Panzermunition und Maschinengewehre. Ein Polizist erzählt mir, wie die Polizei aus Südafrika in das Herz von Mosambik kommt. Im Rahmen eines Entwicklungshilfeprojekts bergen und entsorgen Spezialeinheiten die Altlasten des Bürgerkrieges. Ganz im Gegensatz dazu ein 40-Tonnen-Sattelschlepper, voll beladen mit Hunderten von Bierkisten und Fässern, die auch über den Sambesi müssen. Mit ihm stauen sich unzählige Kleinbusse und Personenwagen am mehrere hundert Meter breiten Flussufer. Vier bis fünf von ihnen, ein Lastwagen und ein Bus haben Platz auf der abenteuerlich aussehenden Fähre. Zwei Stunden vergehen. Dann sind wir dran. Unser Bus wird samt Anhänger auf die Fähre rangiert. Neben uns wird der Bierlastzug platziert. Dazwischen quetschen sich die Fußgänger und Radfahrer. Zehn Minuten dauert die Fahrt durch die schmutzig-lehmigen Fluten des Sambesi River, bis unser betagtes Fährschiff am anderen Ufer festgezurrt wird.

Ein kurzer Halt an einem Polizeiposten gleich hinter dem Fähranleger, Ausweis- und Gepäckkontrolle. Dann darf der Bus weiterfahren in Richtung Quelimane, der Hauptstadt der Provinz Zambezia.

Die Dämmerung bricht herein, als unser Bus auf den mit Schlamm übersäten Busbahnhof von Quelimane rumpelt und zum Stehen kommt. Die Ankunft in der Hafenstadt am Rio dos Bons Sinais (Fluss der guten Zeichen!) ist alles andere als entspannt. Zur Begrüßung flitzen uns beim Aussteigen aus dem

Bus zwei Ratten über die Füße. Eklig, eine Gänsehaut jagt über meinen Körper.

Die Stadt macht einen heruntergekommenen Eindruck: eingefallene alte Kolonialhäuser, aufgebrochener Straßenbelag, qualmende Abfallhaufen an den Straßenecken. Wir klappern auf der Suche nach einem einigermaßen akzeptablen Schlafplatz drei Low-Budget-Hotels ab. Wollen unsere 20-Kilo-Rucksäcke loswerden, duschen und die Stadt erkunden. Mit Mühe finden wir ein Hotel, allerdings gehört es zur Kategorie »Absteige – halbverfallen«. Stolze 15 US-Dollar für ein total verdrecktes Zimmer sind fällig. Aber es gibt sonst nichts, es sei denn wir sind bereit, 50 bis 60 Dollar zu bezahlen. Die Geschäftsführerin unserer Bude erklärt uns den Weg zum Bahnhof. Von Dampflokomotiven, die hier fahren sollen, ist ihr nichts bekannt. Ab und zu gäbe es einen Zug. Allerdings nur am Wochenende, und dann meistens Güterzüge. Angesichts der Umgebung, in der wir gelandet sind, kommen uns Zweifel, ob es eine gute Idee ist, in Quelimane zu bleiben. In unmittelbarer Nähe des Bahnhofes soll es ein Restaurant geben. Na wenigstens etwas. Mit vollem Magen sieht die Welt meistens viel freundlicher aus. Wir machen uns auf den Weg. Den Versuch, das Restaurant zu erreichen, stellen wir nach wenigen Metern wegen weiterer freudig umherspringender Ratten und fehlender Straßenbeleuchtung frustriert ein. Auf den Besuch des Bahnhofes verzichten wir für heute.

Der Hunger nagt weiter in den Eingeweiden, und so machen wir uns auf den Weg ins Café *Nicola*, einem zweiten Tipp aus der Hotelrezeption. Das Café ist eine weitere Enttäuschung. Die Toilettenschüssel auf dem Männerklo ist zerschlagen, bei den Damen gibt es dafür zum Händewaschen Wasser aus einem verbeulten alten Eimer. Durchatmen, wir haben schließlich Hunger! Die Speisekarte gibt nicht viel her. Bevor wir zum Bestellen kommen, flitzt doch glatt schon wieder eine riesige Ratte mit struppigem Fell durch die Gegend. Sie kommt direkt von der Straße durch die Lokaltür rein, saust mit Kurs auf die Kuchentheke quer durch das Café, hinter der sie prompt verschwindet – Mahlzeit! Mit Todesverachtung schlingen wir zwei Brötchen mit Ei runter, spülen mit einem Bier nach und treten den Rückzug an. Angesichts von so vielen possierlichen Tierchen in dieser Stadt brauchen wir nicht lange zu überlegen und verschwinden am nächsten Morgen aus Quelimane.

Höllenfahrt nach Malawi

Eine gute Woche streifen wir weiter durch Mosambik. Mit der Eisenbahn geht es weiter in den hohen Norden. Von Nampula 400 Kilometer weit bis nach Cuamba, nahe der malawischen Grenze. Für jedes Dorf am Schienenstrang ist die Ankunft des Zuges ein Fest. Aus strohbedeckten, halbkugelförmigen Hütten, die unter afrikanischer Sonne auf roter Erde wie Pilze in der Savannenlandschaft stehen, strömt, sobald der Zug zum Halten gekommen ist, das ganze Dorf herbei. Oft führen nur kleine Pfade oder eine festgefahrene Sandstraße vom Dorf an die kleinen Bahnhöfe. Die Bewohner verkaufen körbeweise prallrote Tomaten, säckeweise Kartoffeln, meterlange Knoblauchzöpfe, goldgelbe Bananen und köstlich saftige Früchte. So wird aus dem Zug nach einigen Stunden Fahrt ein rollender Gemüsemarkt.

Die Übernachtung in der Stadt Cuamba, eine Überraschung. Es mag mit der Nähe zum Nachbarland Malawi zusammenhängen, aber wir sind doch einigermaßen verdattert, als wir feststellen müssen, dass unsere kleine Pension in der Nähe des Bahnhofes gleichzeitig als örtliches Bordell benutzt wird.

Die Damen und ihre Kunden lernen sich im angeschlossenen Freiluftrestaurant der Pension kennen. Das Miteinander zwischen »normalen« Hotelgästen, den Damen und ihren Besuchern funktioniert einwandfrei. Nachdem wir so unverhofft zu einem amüsanten Abend gekommen sind, brechen wir frühmorgens zum Bahnhof auf, um unsere Reise fortzusetzen. Gestern Abend haben wir durch Zufall erfahren, dass ein Güterzug in Nampula gestartet ist – Fahrtziel Lilongwe in Malawi! Inoffizielle Personenbeförderung wird geduldet. Er soll im Laufe des Vormittags eintreffen. Pünktlich um 9.00 Uhr stehen wir am Bahnhof und hoffen auf den Güterzug der *Caminhos de Ferro do Mocambique (CFM).* Doch auf dem Bahnhof ist weit und breit kein Güterzug in Sicht. Wir gehen zum Büro des Bahnhofsvorstehers und fragen nach. Der zuckt bedauernd die Schultern und erklärt uns: »Ankunft auf unbestimmte Zeit verschoben!« Der für heute Morgen angekündigte Zug soll frühestens am Nachmittag ankommen. Er ist unterwegs auf der Strecke liegen geblieben.

Na, dann wenigstens ein Foto von einer Uralt-Diesellok schießen, die gerade mit zwei verrosteten Kesselwagen in den Bahnhof rangiert. Plötzlich taucht die Staatsgewalt auf. »Mitkommen – Verstoß gegen das Fotografierverbot auf dem Bahnhofsgelände.« Gerate ich jetzt unter Spionageverdacht? Guter Rat ist teuer. Es gelingt mir, kurz mit Kerstin zu sprechen und den Fotoapparat vor der Beschlagnahme zu retten. Von zwei Polizeibeamten eskortiert, geht es auf die Wache. Im Büro des Polizeichefs findet gleich die Vernehmung statt. Im Gegensatz zu den beiden Polizisten, die mich verhaftet haben, macht ihr Chef keinen so verbissenen Eindruck. Ich werde freundlich willkommen geheißen. Doch ohne Genehmigung auf dem Bahnhof fotografieren, erklärt er mir streng, das ginge auf gar keinen Fall. Ich taktiere, schütze Unwissenheit vor, erzähle von unserer Überlandreise durch Afrika und setze meinen Journalistenausweis ein. Er wird von ihm misstrauisch gedreht und gewendet und eingehend studiert. Beiläufig fragt der Polizeichef, »ob ich eventuell ein Päckchen Zigaretten hätte?« Ja, aber natürlich!

Er entscheidet nach kurzem Zögern, den Ausweis als Ersatzgenehmigung zu akzeptieren. Die Zahlung von zwei weiteren Päckchen Zigaretten sorgt für meine umgehende Freilassung. Mit guten Wünschen für die Reise versehen, verschwinde ich erleichtert aus der Polizeistation.

Szenenwechsel: Am Marktplatz lagern seit gestern Nachmittag 100 bis 150 gestrandete Reisende mit Sack und Pack unter dem Blätterdach eines weit ausladenden Baumes. Eigentlich ist das der Platz, von dem aus die Minibusse nach Entre Lagos an der malawischen Grenze fahren. Das Problem: die Polizei kontrolliert seit vorgestern die Transportgenehmigungen der Fahrer der Minibusse, erzählen uns die Leute. Natürlich besitzt keiner der Fahrer so ein Papier, also müssen sie zahlen oder warten, und mit ihnen die Kundschaft. Wir treffen eine Familie, die wir gestern im Zug kennen gelernt haben. Sie wartet seit 20 Stunden auf eine Transportmöglichkeit. Wir sind frustriert. Da gibt es wohl auch für uns kein Durchkommen. Erst die Sache mit dem Güterzug und jetzt das! Was bleibt uns da anderes übrig, als abzuwarten und Tee zu trinken … oder doch auf den Güterzug hoffen?

Eine gute Stunde lang passiert nichts. Dann rumpelt ein Pick-up auf der staubigen Straße heran. Alles springt auf, umringt den altersschwachen *Toyota*-Kleinlaster. Der Fahrer behauptet, eine Sondergenehmigung der Polizei zu besitzen. Wer gut schmiert, der gut fährt? Für 100.000 Meticias, knapp vier Euro pro Person, bietet er den Wartenden Plätze zum

Mitfahren an. Obwohl für die meisten der Wartenden dieser doppelt so hohe Preis eigentlich unerschwinglich ist, entsteht sofort ein heilloses Gedränge. Jeder will mit. Wir ergattern zwei Plätze auf der Ladefläche inmitten von Reissäcken, Zwiebelbündeln, Gepäck und Menschenbeinen. In diesem Chaos versucht ein »freundlicher Helfer«, meinen Tagesrucksack zu klauen. Im letzten Augenblick bemerke ich sein Vorhaben. Der Dieb spielt das Unschuldslamm und brüllt mir immer wieder lachend zu: »Alles okay, alles okay«.

Die Fahrt geht los. Kerstin und ich sitzen auf zwei Reissäcken. Unsere Beine hängen halb über der Rückwand des *Toyota*-Kleinlasters. Wir müssen aufpassen, dass wir nicht bei der Durchquerung der unzähligen Schlaglöcher von der Ladefläche auf die Sandpiste geschleudert werden. Zehn Kilometer legen wir so zurück – bis zur ersten Polizeikontrolle. Der Fahrer verhandelt mit den Polizisten. Banges Warten. Werden wir nach Cuamba zurückgeschickt? Wir kramen unsere Reisepässe heraus. Das Gesicht von Kerstin wird blass. In ihren Augen spiegelt sich Entsetzen. »Jo, mir haben sie den Pass geklaut!« So ein Mist, wie ist denn das passiert? Der Pass befand sich in der Seitentasche ihrer Hose, nun ist der Klettverschluss offen, Pass und Zigaretten sind weg. Bei dem Durcheinander vor unserer Abfahrt kein Wunder. Da hat sicher ein Taschendieb die Situation ausgenutzt. Jetzt ist guter Rat teuer. Da vorne die Polizei, meine Freundin dem Heulen nahe, was sollen wir tun? 2.000 Kilometer über Schlaglochpisten zurück nach Maputo und einen Ersatzpass in der deutschen Botschaft besorgen oder versuchen, mit einer Passkopie nach Malawi zu kommen? Eine Visapflicht für Deutsche besteht in Malawi nicht. Vielleicht haben wir ja eine Chance! Unser Fahrer kommt lächelnd vom Streifenwagen der Polizisten zurück; sein Abkommen wirkt. Hier müssen wir keinen

Pass vorzeigen. Irgendwie kommen wir über die Grenze, wenn alle Stricke reißen, illegal oder mit einem kleinen Bakschisch, entscheide ich.

Die zweieinhalbstündige Fahrt zum Grenzübergang entwikkelt sich zu einem absoluten Horrortrip. Wir holpern knapp 100 Kilometer über Stock und Stein, üble Sandpisten und ausgefahrene Feldwege. Der kleine Lastwagen quietscht und ächzt von Schlagloch zu Schlagloch, feiner Staub legt sich wie ein Schleier über die Passagiere, dringt in die Nase, in die Ohren, brennt trocken auf der Zunge, die Augen fangen an zu tränen.

Entre Lagos, entpuppt sich trotz des attraktiven Namens – »zwischen den Seen« – als trostloses Kaff an der Grenze von Mosambik nach Malawi. Die Passabfertigung für Fußgänger erfolgt im Bahnhofsgebäude an der Eisenbahnstrecke. Eine letzte Suche auf der Ladefläche des Lasters nach den Papieren – vielleicht ist der Pass ja doch nicht gestohlen worden? Möglicherweise ist er aus der Seitentasche der Hose herausgerutscht und liegt zwischen einem der Reissäcke auf dem Boden. Ein halbes Dutzend liebenswerter, besorgter und hilfreicher Menschen sucht mit. Der erste Reissack hoch – nix, der zweite Sack – nix, der kleine Hoffnungsschimmer schwindet dahin. Doch dann fällt Kerstins Blick in die Ritze der Rückklappe, und die Augen unter der Dreck- und Staubschicht in ihrem Gesicht beginnen zu leuchten. Eingeklemmt zwischen Ladeklappe und Ladefläche steckt ihr Pass! Ich stoße ein wahres Indianergeheul aus. Eine Zentnerlast fällt von uns ab. Wir sind unendlich erleichtert. Strahlende Gesichter bei den Helfern, sie freuen sich mit uns, lachen, klopfen uns mit ihren schwieligen, von harter Arbeit gezeichneten Händen auf die

Schultern, beglückwünschen uns. Diese verrückten Weißen, denken sie wohl. Zwei südafrikanische Wildhüter, die mit uns auf die Grenzabfertigung warten, spenden Wasser für eine Gesichtsdusche. Köstlich! Sie haben sogar ein Stück Seife an Bord ihres Geländewagens.

Die Rattenstadt Quelimane, die Horrorfahrt zur Grenze – am Lake Malawi gerät all das in kürzester Zeit in Vergessenheit. Eine Woche Urlaub am Malawi-See kann beginnen. Wir lassen die Seele baumeln. Mit der *Ilala*, einem alten Dampfer, der noch aus britischer Kolonialzeit stammt, fahren wir nach erholsamen Tagen die 400 Kilometer lange Strecke von der Monkey Bay im Süden von Malawi bis kurz vor die tansanische Grenze nach Chilumba.

Chinesische Eisenbahn nach Daressalam – arabische Gewürztour auf Sansibar

In der Bahnhofshalle von Mbeya in Tansania tickt eine Bahnhofsuhr »Made in Shanghai«. Sie ist, wie die gesamte gut 850 Kilometer lange Eisenbahnstrecke bis Daressalam, eine Entwicklungshilfe der Volksrepublik China. Anfang der siebziger Jahre gebaut, ist diese darüber hinaus eine der modernsten Strecken in Afrika. Die Linie führt mitten durch den *Mikume*-Nationalpark und das *Selous Game Reserve,* dem mit 45.000 Quadratkilometern größten Nationalpark Tansanias – er bedeckt fünf Prozent der Staatsfläche. Gnus, Antilopen, Elefanten und Giraffen ziehen wie in einem Film an den Waggonfenstern vorbei. Für Leute, die nicht unbedingt eine der teuren Safaris der internationalen Touristikveranstalter buchen wollen, aber trotzdem die Weite der afrikanischen Landschaft spüren möchten, genau das Richtige. Nach 30 Stunden Fahrtzeit erreichen wir Daressalam, die Hauptstadt Tansanias, um schon am nächsten Tag zur Gewürzinsel Sansibar überzusetzen.

»Nepper, Schlepper, Bauernfänger«, das ist das Nervigste an Daressalam – jeder von ihnen hat ein Superangebot für uns, um nach Sansibar zu kommen. Wir suchen auf eigene Faust, ignorieren standhaft die Agenten. Unschlagbar günstig die Fahrt mit der *Aziza,* einem schon etwas in die Jahre gekommenen ausrangierten griechischen Fährschiff. 15 US-Dollar kostet die Schiffspassage. Allerdings ist beim Weg zum Anlieger und beim Einchecken höchste Vorsicht geboten, es wimmelt im Hafen von Taschendieben.

Fünf Stunden durchpflügt unser Oldtimer den Indischen Ozean bis wir in den Hafen der sagenumwobenen Gewürzinsel einlaufen. Die Atmosphäre in Stonetown, dem arabischen Viertel mit seinen verwinkelten Gassen und Basaren, erinnert mich auf Schritt und Tritt an die Basarviertel in der Türkei und dem Iran. In der ersten Nacht haben wir prompt Mühe, zu unserem Guesthouse zurückzufinden. Am Nachtmarkt direkt am Hafen spielt sich jeden Abend eine Schlemmerorgie ab, die ihresgleichen sucht. Kingfish, Marlin oder Barrakuda vom Grill, alle kommen direkt von den Fischerbooten. Für 3 US-Dollar ein Hochgenuss, dazu die phantastische Stimmung und die Gerüche aus 1001 Nacht. Eine kostenlose Zugabe, damit der Zauber der Nacht ein wenig länger wirkt.

Am Tage wandern wir durch verwinkelte Gässchen, streifen über Märkte, verbringen Stunden in Kaffeehäusern und Teestuben und beobachten verschleierte Frauen und Männer in langen, weißen Gewändern, lassen uns verzaubern von einem Stück Arabien mitten in Ostafrika.

Äquatorüberquerung in Nord-Kenia – durch Banditenland nach Äthiopien

Uns läuft ein bisschen die Zeit davon. In zwei Monaten wollen wir Kairo erreichen. Unseren Plan, von Daressalam nach Mombasa mit dem Bus und von dort mit einem Nachtzug in die kenianische Hauptstadt Nairobi zu fahren, haben wir deshalb schweren Herzens aufgegeben. Wir fahren mit einem Bus direkt von Daressalam nach Nairobi.

Montag. Es ist kurz vor 21.00 Uhr. Wir haben die gefährlichste Metropole von Afrika erreicht. Der Wachmann unserer Busgesellschaft bietet uns an, uns zu dem nur 250 Meter entfernten Guesthouse *New Kenya* zu begleiten. Wir lehnen dankend ab. Im Guesthouse angekommen hören wir die Warnung des Besitzers, für den Besuch im Restaurant gegenüber nicht mehr als 5 US-Dollar mitzunehmen. Allem Anschein nach sind wir in einer gefährlichen Gegend der Millionenstadt gelandet.

Drei Tage bleiben wir, besuchen das sehenswerte Eisenbahnmuseum, kümmern uns um unsere Visa für Äthiopien und hören täglich die Gruselstorys von falschen Polizisten und ausgeraubten Touristen. Nichts hält uns in dieser Stadt. Wir wollen weiter. Mit einem klapprigen Taxi geht es am vierten Tag von der Innenstadt Nairobis in einen der unzähligen Vororte. Die schlammigen Straßen sind mit Müllhaufen übersät. Hochbepackte Eselskarren, altersschwache Fahrräder, japanische Mopeds und rostzerfressene Kleinlaster verstopfen die schmalen Gassen. Von hier aus soll täglich ein Bus in das einige Hundert Kilometer entfernt liegende Isiolo, unserem nächsten Etappenziel, starten? Der Taxifahrer ist die Ruhe selbst. »Ihr werdet schon sehen«, beruhigt er uns. Zwei, drei Straßen weiter hält er vor einem Laden, über dem eine frischgepinselte Reklame für Kamelmilch prangt. Daneben ist das Ticketbüro der Busgesellschaft, die von Nairobi nach Isiolo fährt. Ein schmaler Vorplatz dient als Busstation. Könnte so gerade zum Ein- und Aussteigen reichen, spekuliere ich.

Warten auf den Bus. Wie so oft in Afrika hat er Verspätung. Als er ankommt, ist er nicht nur voll gepackt bis unters Dach mit Reisenden. Drei Dutzend Kanister Kamelmilch – eine ungewöhnliche Fracht aus dem Norden Kenias – haben Nairobi erreicht! Auf den blauen 10- oder 20-Liter-Kanistern sind Warnhinweise zum Einsatz des Unkrautvernichtungsmittels eines weltbekannten Chemiekonzerns zu erkennen. Ich stelle mir den Werbespruch vor: Ob Pestizide oder Kamelmilch – mit unseren Kanistern liegen sie richtig!

Sechs Stunden Fahrt sind geschafft, und an den Busfenstern zieht das Panorama des Mount Kenya vorbei. Auf der Spitze des höchsten Berges (5.990 Meter über dem Meeresspiegel) liegt Schnee. Bei Temperaturen, die uns bei 45 Grad Celsius in unserem Bus die Hose und das Hemd am Hintern kleben lassen, ein verrückter Anblick. Zwischenstopp in Nanyuki. Der Ort liegt genau auf dem Äquator! Ich notiere in meinem Tagebuch die Äquatorüberquerung Nummer vier.

Wir erreichen Isiolo, ein trostloses Kaff im Norden Kenias. Zwischenstopp für die Viehtransporter auf ihrem staubigen Weg über 500 Kilometer Schotterstraße nach Äthiopien. Von hier aus wollen wir versuchen die äthiopische Grenze zu erreichen. Mitten durch das Banditenland von Nord-Kenia!

Seit einigen Wochen ist auf der 250 Kilometer langen Route zwischen Isiolo und Marsabit ein so genannter Lastwagenbus, ein umgebauter Uralt-Daimler-Benz-Laster der kenianischen Armee unterwegs. Er ist gerade angekommen und soll morgen früh zurück nach Marsabit fahren. Für sieben US-Dollar erwerben wir beim Kolonialwarenhändler an der Hauptstraße einen Fahrschein.

Pünktlich um 6.00 Uhr morgens stehen wir am nächsten Tag am 30 Jahre alten Gefährt und verstauen unsere Rucksäcke auf dem Dach. Der Fahrer teilt dem guten Dutzend Fahrgästen mit, dass sich unsere Abfahrt ein wenig verzögert, es sei noch eine kleine Reparatur zu erledigen. Ich mache mir Sorgen, würde zu gern wissen, was mit dem Lastwagen los ist. Mit einem der Passagiere gehe ich los, die Lage peilen.

Der Anblick, der sich mir in einem zur Reparaturwerkstatt umfunktionierten Hinterhof bietet – au Backe! Der Mercedes-Laster ist hochgebockt, ein halbes Dutzend Mechaniker sind dabei, eine Blattfeder an der hinteren Achse auszuwechseln. Zwei Kollegen sitzen im Motorraum und schrauben fleißig am Motorblock herum. »Alles kein Problem«, versichern sie, »wir sind bestimmt gleich fertig, es geht bald los!«, – na Jungs, da habe ich so meine Zweifel.

11.00 Uhr. Ich bringe den fleißigen Handwerkern einige Flaschen Wasser und ein paar Zigaretten vorbei, erkundige mich nach dem Stand der Dinge. Sie laden mich zum Dank in eine nahe gelegene Kneipe zum Tee ein.

14.30 Uhr. Der reparierte LKW biegt um die Ecke! Endlich. Doch statt das Signal zur Abfahrt zu geben, entscheidet der Manager der Busgesellschaft: Zu wenig Fahrgäste! Die Busgesellschaft will auf den Bus aus Nairobi warten und hofft auf zusätzliche Einnahmen.

17.00 Uhr. Der Bus aus Nairobi ist angekommen. Unser Lastwagenbus füllt sich. Jetzt geht es bestimmt gleich los. Denkste, wir haben uns zu früh gefreut: Kat-Pause. Kat ist eine pflanzliche Droge mit leicht aufputschender bis narkotisierender Wirkung. Man nimmt die Blätter des Katbaumes und stopft sie sich in den Mund. Das Kat-Kauen am späten Nachmittag hat in den abgelegenen Ortschaften Nordkenias

Tradition und bringt für Stunden das öffentliche Leben zum Erliegen. Auch unsere Busbesatzung ist mit Feuereifer dabei und macht keine Ausnahme! Mit prall gefüllten Backen und glasigen Augen liegen sie im Schatten des Mercedes und lassen es sich bei einem Gläschen Tee gut gehen.

20.00 Uhr. Seit einer Stunde rollt der Lastwagenbus über eine üble Schlaglochpiste in Richtung Marsabit. Vierzehn Stunden Reparatur und Warten liegen hinter uns. Die Zeit habe ich genutzt und Freundschaft mit Achmed, unserem Fahrer, geschlossen. Mit ein paar Schachteln Zigaretten und einem kleinen Extrafahrgeld ist es mir gelungen, die beiden Sitze im Führerhaus zu ergattern.

Unser grüner Mercedeslastwagen schaukelt sich von Schlagloch zu Schlagloch durch die afrikanische Nacht. Der aufgehende Vollmond taucht die Landschaft in ein geheimnisvolles Licht. Im Scheinwerfelkegel erscheint ein schroffer, hoher Berg auf, der im Mondlicht an den Ayers Rock in Australien erinnert. Achmed erzählt Schauergeschichten über die rivalisierenden Stämme im Gebiet des *Losai*-Nationalpark. Sie sind stolze Krieger und benutzten ihre Uralt-Kalaschnikows und Karabiner nicht nur zur Jagd auf Tiere. Lastwagen, die auf dieser Route den dünn besiedelten Landstrich durchfahren, werden gerne ausgeraubt. Die Banditen sollen erst vor ein paar Tagen einen Landrover der nahen Missionsstation überfallen haben.

Statt der Banditen steht am Ende einer scharfen Kurve plötzlich ein Zebra im Scheinwerferlicht. Achmed steigt voll in die Bremsen. Erschreckt starrt das Tier in die aufgeblendeten Scheinwerfer und verschwindet fluchtartig im Busch. Wir sind jetzt hellwach, starren angestrengt in die Nacht, wollen mithelfen, dass wir nicht ein zweites Mal in eine gefährliche

Situation geraten. Doch es kommt, wie es kommen muss! Ob es an der Hitze im Führerhaus gelegen hat oder der lange Tag seinen Tribut fordert, unseren tüchtigen Achmed übermannt der Sekundenschlaf. Mit Karacho rauschen wir in zwei Dornenbüsche. In einer Reflexbewegung reißt er das Lenkrad herum und schafft es gerade noch so zurück auf die bucklige Sandpiste.

Der Beinaheunfall hat zu einem wilden Durcheinander im Fahrgastraum geführt. Zum Glück ist niemand verletzt worden. Die Besatzung entscheidet, nachdem wir den gefährlichsten Teil der Strecke geschafft haben, regelmäßige kurze Pausen einzulegen, bei denen der Zustand der Reifen und der Motor überprüft wird. Nachts um 1.00 Uhr halten wir zu einer Teepause in einer Oase. Ein defekter Kühlerschlauch wird gewechselt. Der Kühler, der durch die Schlaglöcher und unseren Ausflug in die Dornenbüsche instabil geworden ist, wird mit ein paar Hanfstricken gesichert. Oh, oh, im Licht der Taschenlampen sieht das alles sehr provisorisch aus, aber Hauptsache, wir kommen heil nach Marsabit.

Um 8.00 Uhr morgens rumpelt der Laster die Dorfstraße von Marsabit hinauf. Zwölf Stunden Fahrt und 250 Kilometer Buschfahrt liegen hinter uns. Wir haben den ersten Teil des Weges nach Äthiopien geschafft.

Einen Tag Pause einlegen? Dies ist nicht unbedingt ein Kurort. Außerdem fahren immer mehr Lastwagen wegen der Überfälle eine andere Route. Das heißt für uns: »Nimm wat de kriegen kannst!« In einer Teestube gibt uns ein freundlicher Herr einen Tipp. Ein Polizeijeep wird heute Morgen zur Grenzstation Moyale fahren. Ich soll den Polizeinotruf 999 anrufen und mich nach einer Mitfahrgelegenheit erkundigen. Am Telefon erklärt mir ein freundlicher Polizist, wir seien eine Stunde zu spät, der Jeep sei schon weg. Man stelle sich das mal in

Deutschland vor – den Notruf benutzen, um von einem Polizeiwagen als Passagier mitgenommen zu werden! Am späten Nachmittag dann ein Treffer. Der Fahrer eines *Toyota*-Lasters macht uns Hoffnung. Eigentlich ist er zwar schon so gut wie ausgebucht, aber für zwei Rucksackleute und ein kleines Zusatzfahrgeld seien noch zwei Plätzchen frei.

Im Morgengrauen, kurz vor 6.00 Uhr, klettern wir mit unseren Rucksäcken auf dem Rücken wie die Affen an der Außenwand des Viehtransporters hoch. An der Innenseite festgeklammert geht es Sprosse für Sprosse wieder runter. Auf der Ladefläche stapeln sich *Sony*-Fernseher, Gemüsekörbe und Säcke mit Reis. Die begehrten Plätze im Führerhaus sind bereits vergeben. Auf dem Dach des Führerhauses und den Gerüststangen der Ladefläche in luftiger Höhe wird dagegen heftig um die besten Plätze gerangelt. Jeder der 50 Passagiere richtet sich sein Plätzchen möglichst bequem ein, 300 Kilometer Wüstenfahrt sind zu überstehen. Ein hartes Stück Arbeit für die Lastwagenfahrer und Passagiere beginnt. Der Fahrer muss zusehen, dass er auf dieser Geröll- und Staubpiste die Karre einigermaßen auf Kurs hält. Wir schützen uns mit Schals und Tüchern, die aber nicht verhindern, dass uns langsam, aber sicher eine fette Staubschicht aus rotem Wüstensand bedeckt.

Eine monotone Steppenlandschaft, roter Sand, so weit das Auge reicht, unterbrochen von ein wenig Buschwerk, an denen sich die eine oder andere Ziegen- oder Schafherde gütlich tut, schließt sich an. Nach einigen Stunden Fahrt geht die Steppe in Wüste über. Ich erspähe einige wilde Kamele in den Sanddünen. Kurze Zeit später überholen wir eine echte Kamelkarawane. Die Treiber sind wilde Gesellen, die alles durch die Wüste transportieren, was Geld bringt. Mitreisende erzählen uns, dass sie nicht nur Töpfe, Pfannen und allerlei sonstiges Haushaltsgerät für Haus und Hof dabei haben. Vor allem Waffen und Haschisch würden hier geschmuggelt.

11.00 Uhr. Frühstück in der Oase Torbi in einer Wüstenspelunke von Hotel. Zeit, ein wenig die Beine zu vertreten und sich zu stärken. Kurz darauf heißt es wieder aufsitzen. Unser Laster rollt Stunde um Stunde weiter durch die karge Landschaft. Auf der Ladefläche dösen die Reisenden vor sich hin. Da passiert es: Der Laster kracht in ein Schlagloch und einer der Passagiere, der hoch droben auf den Gerüststangen sitzt, rutscht ab und schlägt mit einem dumpfen Krachen auf der Ladefläche auf. Um Haaresbreite begräbt er ein kleines Kind unter sich! Seine Kinnlade blutet heftig, gebrochen hat er sich nichts. Mit Mullbinden und Pflaster schaffen wir es die Blutung zu stoppen. Das ist ja so gerade noch einmal gut gegangen!

Am späten Nachmittag haben wir es geschafft, zwölf harte Stunden auf der Ladefläche des Viehtransporters ohne Panne sind überstanden. Wir passieren den Grenzübergang in Moyale nach Äthiopien, dem Land Nummer 44 auf meiner Reise.

Frühling in Äthiopien

Morgens um 5.00 Uhr ist es stockdunkel im Grenzkaff Moyale. Elektrizität gibt es erst ab 7.00 Uhr. Doch am Busbahnhof ist um diese Zeit schon richtig Betrieb. Wir wollen möglichst schnell nach Addis Abeba – eine Freundin besuchen und uns um unsere Visa für den Sudan kümmern.

Vor unserem klapprigen Bus türmen sich Berge von Second-Hand-Klamotten, verpackt in Bündeln, Tüten, Schachteln, dazwischen ein buntes Sammelsurium von anderen Waren. Die Auswahl geht von gefüllten Benzinkanistern über Jutesäcke mit Zwiebeln bis hin zu kleinen Keramiköfen. Alles wird zwischen, unter oder auf den Sitzen verstaut. Frauen tragen unter weiten, kaftanähnlichen Gewändern Stoffbahnen und übereinandergezogene Kleider. 25 Jahre alte »Gazellen« sehen aus wie 60-jährige »Matronen«. Wo sollen denn da nur die Leute sitzen? Es wird geschubst und gestoßen, jeder schreit jeden an, Anarchie auf äthiopisch. Mit viel Schimpfen und Fluchen finden alle Passagiere ein Plätzchen. Ich schätze, dass die 30 bis 40 Passagiere, die sich irgendwie reingequetscht haben, Gepäck für mindestens 80 bis 100 Leute dabei haben. Das Ganze wird garniert durch periodisch auftretende Polizeikontrollen. Die Hälfte der Ware wird beschlagnahmt, landet aber beim Weiterfahren doch wieder im Bus. Diese Fahrt durch den Süden Äthiopiens ist die verrückteste Busfahrt, die ich je erlebt habe!

Besuch bei einer Freundin

Anne ist eine langjährige Arbeitskollegin aus der Gewerkschaft ver.di. Sie hat sich für zwei Jahre beurlauben lassen und arbeitet nun in einem Projekt zur Reform der Stadtverwaltung in Addis Abeba. Wir sind ihre ersten Gäste aus Europa und dürfen in ihrem Haus die herzliche Gastfreundschaft der äthiopischen Menschen erleben. Ob es ihr Fahrer Amsalu ist oder ihre Köchin Almas oder die Jungs von der Security: Annes Familie gibt uns vom ersten Tag an das Gefühl, zu Hause zu sein.

Aber da gibt es auch das andere Addis, das ist die Welt der Straßenkinder und der Bettler. Die Not ist riesengroß, an jeder Ampel und Kreuzung stehen sie, um ein paar Birr (12 Birr, zirka 1 Euro) zu ergattern und sich so für einen weiteren Tag das Überleben zu sichern. Wir haben immer einige Essensgutscheine zur Hand, die wir bei einer karitativen Einrichtung gekauft haben. Es ist zwar nur der berühmte Tropfen auf den heißen Stein, doch es macht uns nicht so ganz hilflos gegenüber dem ganzen Elend. In solchen Augenblicken wird mir bewusst, welches Glück wir doch haben, in Europa geboren zu sein und uns um unser tägliches Überleben keine Sorgen machen zu müssen.

Der Schmugglerzug

Am Samstag soll ein Zug nach Dschibuti an den Golf von Aden fahren. Im Prinzip verkehrt er jeden zweiten Tag in der Woche, aber nur, wenn genug Fahrgäste zusammenkommen. »Warum denn das?«, frage ich mich. Die Antwort gibt der Manager des Bahnhofes von Addis Abeba. Sie ist sehr kurios: »Der Zug ist in der Vergangenheit in erster Linie von Schmugglern benutzt worden, die Waren von und nach Dschibuti transportierten. Seitdem das Geschäft nicht mehr so läuft, bleiben die potentiellen Fahrgäste aus, da lässt man den Zug schon mal eine Woche nicht fahren«.

13.00 Uhr am Bahnhof in Addis Abeba. Heute fährt der Zug, aber Fahrkarten werden nicht vor 14.00 Uhr verkauft. Schwerbewaffnete Polizisten lassen keinen der wartenden Fahrgäste in den Bahnhof. Wann der geöffnet wird, weiß so recht niemand – später halt. Ich traue mich trotz absolutem Fotografierverbot, durch ein Loch im Zaun am Bahnhof, »aus der Hüfte« ein paar Fotos vom Bahngelände zu schießen. Kurz bevor die Pforten des Bahnhofes geöffnet werden, überrascht uns ein kräftiger Regenschauer, und das Kommando ertönt: »Aufstellen zum Fahrkartenverkauf«. Beim Fahrkartenverkäufer Nr. 1 gibt es eine Fahrkarte, bei Fahrkartenverkäufer Nr. 2 einen Stempel, wofür auch immer. Misstrauisch beobachten uns zwei Polizisten. Jetzt müssen alle Fahrgäste die Bahnhofshalle wieder verlassen und sich vor dem Bahnhof aufstellen. Die Polizisten passen auf, dass sich keiner vordrängelt. Wir warten eine halbe Stunde, bis es im Gänsemarsch zurück in das Bahnhofsgebäude geht. Hier wird das Gepäck aller Reisenden gründlich gefilzt. Alle erwachsenen Männer werden zusätzlich nach Waffen abgetastet.

Mit drei Stunden Verspätung setzt sich der Zug, bestehend aus drei Waggons der zweiten Klasse und drei Waggons der dritten Klasse, letztere ohne Fenster, in Bewegung. Wir haben uns für die zweite Klasse entschieden. Vor der gut 40 Jahre alten altersschwachen Diesellok ist ein Güterwaggon angekoppelt, auf der offenen Ladefläche liegen Eisenbahnschienen. Diese dienen zum Schutz vor Minen, erklärt mir ein Eisenbahner. Zwölf Polizisten, mit russischen Kalaschnikows bewaffnet, sorgen für die Sicherheit der Fahrgäste.

Die Fahrt durch die Vororte von Addis Abeba schockiert. Unglaubliches Elend neben den Bahngleisen. Müllhalden, auf denen Lumpensammler nach Brauchbarem wühlen. Windschiefe, winzige Hütten, ausgemergelte Kinder am Bahndamm, die mit großen Augen den Reisenden zuwinken. Kläffende Hunde, streunende Katzen, magere Kühe auf schlammigen Wegen. Der Zug ruckelt und zuckelt aus den Armenghettos der Vorstädte. Es fängt an zu regnen. In der Toilette unseres Waggons entdeckt ein Polizist einen Schwarzfahrer. Handschellen klicken, am nächsten Bahnhof ist für ihn die Fahrt zu Ende. Der nächste Polizeieinsatz lässt nicht lange auf sich warten. Es gibt ein Handgemenge mit einem Kat-Verkäufer. Die zweite Verhaftung nach zwei Stunden Fahrt.

Die Dämmerung bricht herein. Die elektrische Beleuchtung im Zug funktioniert schon lange nicht mehr. Wir behelfen uns mit Taschenlampen, dösen vor uns hin. Es ist kalt. Der Regen hat sich verstärkt. Regenböen klatschen an die Fenster. Ungemütliches Wetter im afrikanischen Winter.

22.00 Uhr. Im Schritttempo überquert der Zug den Damm eines Stausees. Das Wasser hat zum Teil die Geleise unterspült. Wir haben Angst, dass der Zug entgleist. Unser Schmugglerzug hat mittlerweile sechs Stunden Verspätung.

Es ist kurz vor Mitternacht. Der Zug schleicht in die kleine Bahnstation Aouache. Wir entscheiden, die Fahrt hier zu beenden. Unsere Idee, bis Dire Dawa mitzufahren, um morgen von dort weiter nach Dschibuti zu fahren, geben wir auf.

Im *Thomas Cook Timetable* wird die Strecke von Dire Dawa nach Dschibuti als »one of the most dangerous trips in the world« klassifiziert. Wir nehmen die Warnung ernst. Angesichts der Erfahrungen auf der Strecke mit schwerbewaffneten Polizeieinheiten im Zug, dem »Geständnis« des Bahnhofsmanagers, der Durchsuchung nach Waffen im Bahnhof, die einzig logische Entscheidung. Zurück nach Addis Abeba mit dem nächsten Zug.

Die Wasserfälle des blauen Nil in Tis Abay

Auf dem Busbahnhof »Mercado« in Addis Abeba ist die Hölle los. Hier morgens um 5.00 Uhr den richtigen Bus zu finden, gleicht einem Lotteriespiel. Doch wir schaffen es. Heute beginnt die Reise durch die blühende Frühlingslandschaft der Berge Äthiopiens zum Lake Tana. Wir werden für die 450 Kilometer lange Strecke zwei Tage gebrauchen.

Laut hupend geht es los. Schwer bepackte Lastenträger, Esel, Kühe, rangierende Busse, nicht einfach, aus diesem Gewühl rauszukommen. Nach gut 200 Kilometern Fahrt geht es über eine kurvenreiche Serpentinenstraße hinunter zur berühmten Nilbrücke bei Debre Markos. Ein wahres Blumenmeer ergießt sich über die Bergflanken und stürzt den Betrachter in einen Farbenrausch. Der blaue Nil fließt hier von Äthiopien bis in den Sudan, eingebettet von wuchtigen Felsformationen.

In Karthum wird er sich mit dem weißen Nil vereinigen und als mächtiger Strom bis zum Nassersee seinen Weg fortsetzen, bevor er zur Lebensquelle Ägyptens wird. Der Zauber der wunderbaren Bergwelt endet in der hereinbrechenden Abenddämmerung in einem kleinen Nest im äthiopischen Hochland.

Übernachtung auf einfachstem Niveau, weit entfernt von den komfortablen Backpackerunterkünften, die wir aus Südafrika oder Tansania kennen. Schnell sind wir bei einem kleinen Spaziergang umringt von Straßenkindern, die hier wie in der Hauptstadt täglich ums Überleben kämpfen. Ich kaufe den gesamten Brotvorrat in einem kleinen Restaurant auf. Aus fünf, sechs Kindern werden blitzschnell zwei Dutzend, die uns umringen, sich gierig um das Brot streiten.

Am nächsten Tag übernachten wir am Lake Tana. Von hier aus sind es weitere 35 Kilometer bis zu dem kleinen Örtchen Tis Abay und den Wasserfällen des Blauen Nil. Bei unserem Besuch haben wir Glück. Die starken Regenfälle der letzten Tage haben für jede Menge Wasser gesorgt. Tausende von Tonnen schlammbraunen Wassers stürzen vor unseren Augen die tosenden Fälle hinunter. Eines der beeindruckendsten Naturschauspiele Äthiopiens findet hier statt. Mit dem Bus geht es weiter nach Gondar, der ehemaligen Hauptstadt, um nach einigen Tagen Aufenthalt in Metema die Grenze zum Sudan zu überqueren.

Sudan – ein unbekanntes Land

Ausreise aus Äthiopien. Eine strohgedeckte Hütte und ein halbes Dutzend freundlicher Grenzbeamter. Mit einem Lächeln und vielen guten Wünschen für unsere Weiterreise versehen, erhalten wir die Ausreisestempel in unsere Pässe, dann geht es zu Fuß über den Grenzfluss, und schon stehen wir in der

Islamischen Republik Sudan. Hier ist die Einreiseprozedur um einiges umständlicher. Wir brauchen zwei Fotos pro Nase für ein Extraformular, eine Bearbeitungsgebühr von 15 US-Dollar wird fällig, das Ganze dauert eine gute Stunde plus mindestens eineinhalb Stunden für die Zollabfertigung und die Immigration-Police.

Mit Pick-ups und Bussen fahren wir in zwei Tagen über den Fernstraßenknotenpunkt der Stadt Gadaref im Südosten des Sudans bis in die Hauptstadt. Wir schlagen für einige Tage unsere Zelte in Karthum auf. Das Taxi, das uns vom Busbahnhof aus zum *Blue Nile Sailing Club* bringt, orientiert sich bei seiner Fahrt an den beleuchteten Reklametafeln der Stadt, eine Straßenbeleuchtung wie in Europa und in den meisten Großstädten Afrikas existiert in Karthum nicht. Der Segelclub erweist sich als Volltreffer. Ein großer Baum, unter dem wir unser Zelt aufschlagen können, funktionierende Duschen, eine eigene Moschee und ein Kiosk sorgen für eine Rundumversorgung. Der Zeltplatz des *Blue Nile Sailing Club* ist die Drehscheibe Karthums für Globetrotter aus aller Welt.

Einige Tage der Entspannung werden uns gut tun. Ich will die Zeit nutzen und mir meine Visa für Syrien und Jordanien besorgen. Am zweiten Tag rumpelt ein englischer Geländewagen auf unseren Zeltplatz. Sebastian und Evi kommen aus dem Tschad und wollen weiter nach Saudi-Arabien. Wir treffen Scotty wieder, einen Reisegefährten aus Australien, mit dem wir gemeinsam die äthiopisch/sudanesische Grenze überquert und ein lausiges Zimmer in der Wüstenstadt Gadaref geteilt haben. Im Laufe der nächsten Tage kommt noch ein japanischer Globetrotter dazu, der Afrika mit dem Fahrrad durchfahren will, und ein 65-jähriger Franzose, der nach 20 Jahren ein zweites Mal eine Durchquerung des afrikanischen

Kontinents von West nach Ost mit öffentlichen Verkehrsmitteln schaffen will.

Ein ganz besonderes Erlebnis für mich als Gewerkschafter ist der Besuch bei der *State Trade Union Workers Federation*, dem sudanesischen Gewerkschaftsbund. Eigentlich wollte ich ja nur das Gebäude fotografieren, doch dann rein ins Büro und nachfragen. Die Kollegen sind begeistert. Ein Gewerkschaftskollege aus Deutschland, das gab es hier noch nicht. Der Justiziar wird geholt, er schlägt ein Treffen mit dem Vorsitzenden vor! Bei einer Tasse Tee und süßem Gebäck diskutiere ich schon am nächsten Tag mit dem Vorsitzenden eine Stunde lang internationale Gewerkschaftspolitik und die Folgen der Globalisierung in Afrika.

Wüstenexpress durch die Nubische Wüste

Einmal die Woche fährt von Karthum aus ein Zug in das 930 Kilometer entfernt liegende Wadi Halfa in der Nubischen Wüste. Von dort wollen wir mit einer Fähre über den Nassersee das ägyptische Assuan erreichen. Eine Fahrkarte für den Express zu ergattern, ist nicht so ohne Weiteres möglich. Das geht in Karthum nur mit Beziehungen. Midhart, ein sudanesischer Reiseagenturbesitzer und Extremradfahrer, bietet seine Hilfe an. Das spart langwierige Verhandlungen, ist allerdings mit der Zahlung eines als Ausreisegebühr aus dem Sudan getarnten Bakschisch verbunden. Das Geld wird sein Onkel, der die Weiterreise in Wadi Halfa organisiert, in Empfang nehmen.

Ein herrlicher Sonnenaufgang am Nil. Wir starten das Unternehmen »Wüstenexpress Sudan«. Schwer bepackt mit unseren Rucksäcken, zehn Litern Wasser, Essensvorräten für zwei Tage und einer Fotografiererlaubnis der sudanesischen Behörden im Gepäck geht es zum Bahnhof Karthum-Nord. Abschiedsszenen: Auf dem Bahnsteig herrscht hektische Betriebsamkeit. Das Gedränge beim Einsteigen ist atemberaubend. Midhart, unser sudanesischer Bekannter, ist zum Abschied eine Stunde lang quer durch Karthum geradelt. Eine letzte herzliche Umarmung von unserem engagierten Helfer, gute Wünsche für die Reise und ein Brief für den Cousin im fernen Wadi Halfa. Der Wüstenexpress steht zu seiner 36-stündigen Fahrt nach Wadi Halfa bereit. Pünktlich um 8.35 Uhr setzt er sich in Bewegung. Das Thermometer zeigt »erfrischende« 35 Grad Celsius. Ein wenig Abkühlung verschafft der Fahrtwind, der in die Abteil- und durch das Gangfenster weht.

12.00 Uhr mittags. Der Zug hält bei Kilometer 172 in Sheni. Jetzt zeigt das Thermometer bereits 45 Grad Celsius. Unbarmherzig brennt die Wüstensonne auf das Waggondach. Unsere sudanesischen Mitreisenden laden uns zum Essen ein. Es gibt fettige Pommes frites auf zerknittertem Zeitungspapier, schwarze Oliven und einen würzigen Käse. Zur Krönung einen Nachtisch aus Feigen und Datteln. Köstlich. Wir revanchieren uns mit Coca-Cola, Sprite und Kaugummis.

Am Nachmittag passieren wir die spitzkegeligen Pyramiden von Meroe. Eine der wenigen Sehenswürdigkeiten, die in unmittelbarer Nähe der Strecke liegen, und von der kleinen Bahnstation mit Eseln in zwei Stunden zu erreichen. Wer hier aussteigt, muss eine Woche warten, bis der nächste Zug kommt.

19.30 Uhr. Eisenbahnknotenpunkt Atbara am Nil, die letzte Station, bevor der Express zu seiner Nachtfahrt in die Nubische Wüste aufbricht. Der Express bekommt eine neue Lok. Es ist eine deutsche Diesellok der Firma Henschel, Baujahr 1981. Das lässt hoffen – deutsche Wertarbeit in Afrika. Sie soll unseren Zug unbeschadet ans Ziel bringen. Doch die Fahrt in die Wüste ist nach den ersten fünf Kilometern leider schon wieder vorbei. Die Lok gibt den Geist auf. Deutsche Wertarbeit kapituliert vor dem Wüsteneinsatz. Nicht auszudenken, wenn wir mit unseren vier Litern Wasservorrat in der Wüste liegen geblieben wären! Der ganze Zug wird zurückrangiert, eine neue Lok des gleichen Typs vor den Express gespannt. Zeit, auf einem kleinen Markt hinter dem Bahnhof unsere Wasservorräte aufzufüllen. Die schnurgerade Fahrt durch die Wüste beginnt. Bald wiegt uns das monotone Rattern des Zuges in den Schlaf. 2.30 Uhr. Mit einem Kreischen kommt der Express mitten auf freier Strecke zum Stehen. Es ist bitterkalt im Abteil. Die Zeit schleicht dahin. Unruhig wälze ich mich auf dem harten Sitz hin und her. Kein Gegenzug kündigt sich an, wir warten Stunden bis es weitergeht.

Der zweite Tag bricht an. Exakt zum Sonnenaufgang und nach ruheloser Nacht stoppen wir um 6.40 Uhr bei Kilometer 500. Zeit zum Morgengebet für die Moslems im Zug. Nur wenige Meter von den Waggons entfernt rollen sie die Gebetsteppiche aus und verneigen sich gen Mekka. Rechts vom Schienenstrang Wüste, soweit das Auge reicht, linker Hand in zwei Kilometer Entfernung noch ein letzter Blick auf die Lebensader des Sudan, den Nil.

10.00 Uhr. In Abu Hammed Lokomotivencheck, bevor der Express in das Innere der Nubischen Wüste vordringt. Fliegende Händler bieten frisches Trinkwasser an, es gibt Fladenbrot und Datteln. Schulkinder sitzen in Uniform auf einem Esel und winken uns zu.

Station Nr. 6. In der Wüste haben die Unterwegshalte keine Namen. Warten in glühender Hitze. Es ist jetzt so heiß, dass der Lokführer den Zug alle 60 Minuten für eine halbe Stunde stoppt, um die Maschine zu kühlen.

Station Nr. 8. Umgestürzte Waggons an einem Signalmast und ein Kamelskelett im Wüstensand. Am Oasenbrunnen die letzte Gelegenheit, sich mit Trinkwasser zu versorgen. Die grünbraune Brühe ist nicht so ganz mein Ding. Um die Bakterien abzutöten verteilen wir *Microrpur*-Tabletten an unsere neuen einheimischen Freunde.

Die Sonne versinkt als roter Feuerball am Horizont. Sanddünen scheinen im Licht der Dämmerung zu zerfließen. Die gnadenlose Hitze des Tages verschwindet so schnell, wie sie gekommen ist. Heftige Windböen zerren an unserem Waggon, steigern sich zu einem orkanartigen Sandsturm. In unserem Abteil fühlen wir uns wie in einem Beduinenzelt. Sandstaub dringt in alle Poren. Feiner Wüstensand knirscht zwischen den Zähnen. Der Zug kämpft sich im Schritttempo durch die Nacht.

23.30 Uhr – mit fünf Stunden Verspätung schleicht der Wüstenexpress in den Bahnhof von Wadi Halfa. Staubverkrustet, aber glücklich, auch dieses Abenteuer überstanden zu haben, klettern wir aus dem Zug.

Eine Nacht unter dem Sternenhimmel der Nubischen Wüste. Mit Geld sind solche Stunden nicht zu bezahlen. Wir liegen im Hof unseres Hotels auf Eisenbettgestellen zusammen mit 30 Söhnen der Wüste. Über uns wölbt sich der Sternenhimmel. Um 4.00 Uhr morgens ruft der Muezzin zum Gebet, und der Hof unserer einfachen Herberge verwandelt sich in eine Freiluftmoschee. Was für ein Anblick im Zwielicht des heraufdämmernden Morgens! Ein Imam und die Wüstensöhne beim Gebet. Von meinem Feldbett beobachte ich aus halb geschlossenen Augen das Ritual und fühle mich einfach nur gut.

Die Fahrt mit der *Sinai* nach Ägypten

Leider kommt die schlechte Nachricht schon zum Frühstück. Die Fähre von Assuan, dem ägyptischen Hafen am 500 Kilometer langen und bis zu 35 Kilometer breiten Nasserstausee hat einen Tag Verspätung. Radarprobleme, heißt es. Also nichts mit schnellem Weiterkommen. Doch was soll's, wir haben ja Zeit. Erst mal in aller Ruhe frühstücken und schauen was der Tag so bringt. Im offenen Restaurant an wackligen Holztischen zwischen frisch geschlachtetem Hammel und Tee schlürfenden Beduinen gibt es in Öl gekochte Bohnen (das ägyptisch/sudanesische Nationalgericht) und gegrillten Fisch, frisch aus dem Nassersee. Kein schlechter Start, um einen zusätzlichen Tag in diesem Wüstenstädtchen zu verbringen. Mit uns sind fünf weitere Globetrotter in Wadi Halfa gestrandet. Wir vertreiben uns die Wartezeit damit, Reisegeschichten zu erzählen. Albrecht, pensionierter Arbeitsdirektor aus dem Hamburger Hafen, schießt dabei den Vogel ab. Er hat vor zwei Tagen ein französisches Ehepaar kennen gelernt, das, nur mit einem Acht-Kilo-Rucksack ausgestattet, zu Fuß vom Kap der Guten Hoffnung an den See Genezareth wandert. Vor drei Jahren sind Sonia und Alexandre gestartet und hoffen, Ende des Jahres ihre 14.000 Kilometer lange Wanderung zu beenden. Wir sind begeistert. Am Nachmittag erreicht uns dann die freudige Botschaft: die Fähre hat im Hafen festgemacht, morgen früh wird sie nach Assuan zurückfahren.

Das Abfertigungsgebäude am Hafen ist riesig, erinnert mich an das Abfertigungsterminal eines Flughafens, und ist erst seit einigen Jahren in Betrieb. Fünfhundert Menschen wollen am liebsten gleichzeitig auf die Fähre. Schreiende, fluchende, umherirrende Passagiere inmitten von Koffern, Kisten und Säcken. Der Geräuschpegel erinnert an die Atmosphäre in einem Fußballstadion mit tausenden von Zuschauern, in dem die Heimmannschaft gerade das Siegestor geschossen hat. Er wird verstärkt durch plärrende Lautsprecheransagen, die in diesem Lärmchaos niemand versteht. Wir sind froh, dass Maghed, der Cousin Medharts aus Karthum, uns begleitet. Ihn kennt hier jeder. Er lotst uns durch das Gedränge, umkurvt mal mit charmantem Lächeln, mal wild gestikulierend jede Schwierigkeit. Es gibt ein halbes Dutzend Stempel bei der Kontrolle am Zoll und bei den Passbehörden, und dann folgt eine Befragung durch den Geheimdienst. Insgesamt sechs Stunden dauert die Prozedur, bis es heißt: »Alle Mann an Bord und Leinen los!« Was die Unterbringung auf unserem Dampfer angeht, so hat man uns gewarnt. Mit den hygienischen Verhältnissen sei das so eine Sache. Wir leisten uns deshalb die erste Klasse. Diese Maßnahme hat nur begrenzten Erfolg. Die Toiletten und Waschräume befinden sich auf dem Gang. In ihnen steht das Wasser zentimeterhoch. In unserer Kabine hängt der Geruch von alten Plastiksitzen aus DDR-Reichsbahnwaggons, allerdings um drei Klassen schärfer. Doch das ist nichts gegen die Zustände in der total überfüllten zweiten Klasse! Im Bauch der *Sinai* sind die Passagiere zu Hunderten zusammengepfercht, liegen auf blanken Holzpritschen. In den Gängen stapeln sich Unmengen von Reisegepäck. Zusammengefasst: ein uralter Kasten von Schiff, mit viel Farbe zusammengehalten, die sanitären Einrichtungen eine einzige Katastrophe. Aber er fährt noch.

Fünfmal zwischen Sonnenauf- und -untergang ertönt während der anderthalb Tage dauernden Fahrt aus dem Schiffslautsprecher der Ruf zum Gebet. Bis Kairo sind es jetzt noch 1.000 Kilometer. Die Landesgrenze zwischen den beiden Staaten verläuft in der Mitte des Nassersees. Leere Ölfässer, aufgereiht wie an einer Perlenschnur, markieren den Grenzverlauf. Unser Etappenziel Assuan rückt näher. Die weltberühmten Felsentempel von Abu Simbel passieren wir bei Nacht. Mit dem Fernglas des Kapitäns erhasche ich einen Blick auf Pharao Ramses, den berühmtesten Herrscher im alten Ägypten. Am 10. Oktober um 13.00 Uhr Ortszeit haben wir es geschafft – die *Sinai* macht am Kai des Hafens von El Sad el Aali fest.

Bevor wir ägyptischen Boden betreten dürfen, müssen wir die Pass- und Gesundheitskontrolle überstehen. Sie findet im kurzerhand zur Passkontrollstation umfunktionierten Restaurant der *Sinai* statt. Eine umständliche Prozedur beginnt. Passagiere werden nur »tröpfchenweise« eingelassen. Alle Auf- und Zugänge zum Restaurant sind innerhalb von Minuten mit drängelnden und schiebenden Menschen verstopft. Jeder will hier so schnell wie möglich rein und wieder raus. Wir nehmen es gelassen. In stoischer Ergebenheit harren wir der Dinge, die da kommen, auch wenn die Mischung aus Knoblauchschwaden und Körperschweiß in der heißen und stickigen Luft einem schier den Atem raubt. Bei dem Tempo dauert die Abfertigung bestimmt Stunden. Mustafa, ein pfiffig dreinschauender Ägypter, spricht uns an, er hat Mitleid und verfügt über den entsprechenden Geschäftssinn. Mit seinen Beziehungen könnten wir die Grenzabfertigung durch eine kleine Bakschischzahlung beschleunigen. Ein paar ägyptische Pfund wechseln den Besitzer, und sofort kümmert er sich rührend um unser Wohlergehen. Er taucht in diesem undurchdringlichen Knäuel von Menschen wie ein U-Boot unter. Kurze Zeit später öffnet sich die Tür zum Restaurant. Ein Polizist winkt uns mit seinem langen schwarzen Schlagstock herein. Eine flüchtige Überprüfung der Papiere, und der Einreisestempel glänzt in unseren Pässen.

Horus-Hotel in Assuan. Das Luxusleben hat uns wieder! Das Zimmer für 10 US-Dollar mit 24 Stunden heißem Wasser und funktionierender Toilette ist eine Wucht. Kunstvoll gedrehte Handtücher auf blütenweißen Bettlaken und die erste heiße Dusche nach zwei Wochen – das Gefühl von warmem Wasser auf meinem Körper ist einfach geil. Ich fühle mich nach drei Monaten Afrika wie im Schlaraffenland.

Im Land der Pharonen – Ägypten

Assuan, Luxor oder Kairo, Jahrtausende alte Kulturdenkmäler, Tempel und Pyramiden auf Schritt und Tritt. In Assuan gibt es Bankautomaten, Bier, Schokolade, einen riesigen Basar mit allen Luxusgütern dieser Welt. Der kleine Wermutstropfen: Reiseabenteuer auf Eisenbahnstrecken, die aus der Kolonialzeit stammen und das Fahren mit altersschwachen Bussen oder mit Lastwagen durch banditenverseuchte Landstriche, das werden wir in Ägypten wohl nicht mehr erleben. Von Assuan aus schippern wir anderthalb Tage auf einer Felukke (traditionelles Nilsegelboot) auf dem großen Fluss in Richtung Luxor. Riesige Touristenboote voll mit Urlaubern aus ganz Europa kommen uns wie in einer endlosen Prozession nilaufwärts entgegen. Weißbäuchige Herren und mit Sonnenbrillen geschmückte Damen hängen über der Reling und fotografieren mit Feuereifer unsere Felukke, bevor sie sich in ihren blauweiß-gestreiften Liegestühlen entspannen und Cocktails von weiß gekleideten Kellnern bringen lassen. Pauschaltouristen auf Abenteuerreise.

Auf historischen Eisenbahngeleisen von Luxor nach Kairo

Wir verlassen die Stadt der Tempel im Nildelta Oberägyptens. In unserm 2.-Klasse-Waggon im Expresszug 981 herrscht ein farbenfrohes Durcheinander: Turbane, Tschadors, knöchellange Gelabas – die traditionellen Gewänder – und Menschen, die eher europäisch gekleidet sind, wechseln sich ab. Fast alles ist hier versammelt – Bauern, Angestellte, Arbeiter. Die Männer unterhalten sich laut und gestenreich, die Frauen kümmern sich um die Kinder und sorgen für das Essen. Und direkt daneben Beduinen, geheimnisvolle, unnahbare Gesichter, die Frauen mit Tschador tief verschleiert, die dunklen Augen blicken unergründlich.

Der Zug fährt immer Richtung Norden entlang der Grenze vom fruchtbaren Niltal und dem Wüstenrand. Stundenlang bietet sich das gleiche Bild: Felder mit Mais und Gemüse, Palmen und kleine Bäche, die die Felder bewässern. Zwischen den Palmen schimmert ab und zu das breite Band des Nils durch.

Es sind historische Geleise, über die wir rollen. 1898 ist die Strecke Kairo – Luxor eröffnet worden, als erstes Teilstück einer transkontinentalen Eisenbahn von Kairo bis ans Kap der Guten Hoffnung. Sie sollte Tausende Kilometer durch Savannen, Dschungel und Wüsten gehen. Ein kühnes Unternehmen. Von Kairo aus dauert die Reise bis Karthum auch heute noch vier Tage. Dort endet, gut einhundert Jahre später, der Traum von der Kapstadt-Kairo-Bahnlinie.

Assiut, noch fünf Stunden bis Kairo. Zwischen den Geleisen und den ersten Lehm- und Wellblechmauern liegt ein schmaler Streifen Niemandsland. Müll landet hier, einfach über die Mauer und weg damit. Heimat für streunende Hunde, die im Abfall nach Essbarem wühlen, Ratten und Kakerlaken, Spielplatz der Kinder aus den Hütten der Ärmsten der Armen.

Die letzten dreißig Kilometer bis Kairo. Wir zuckeln durch die schmutzigen Slums der Vororte. Tausende Hütten aus Wellblech, Pappe und Lehm, ohne fließendes Wasser und ohne Strom an den Bahngeleisen. Bilder wie in den traurigen

Siedlungen der Townships von Kapstadt, wo wir unsere Reise durch den afrikanischen Kontinent begonnen hatten. Wird es jemals Hoffnung für die Menschen an den Bahndämmen von Afrika auf ein besseres Leben in dieser Welt geben? Mir fehlt nach drei Monaten Afrika der Glaube daran.

Ankunft in Kairo. Schwarz glänzt der Asphalt. Es regnet. Der afrikanische Traum ist zu Ende.

Im Schmelztiegel der Metropole

Hoch über den Straßen von Kairo liegt das *Dahab*-Hotel. Ein idealer Ort zum Ausspannen nach der Flut von Eindrücken im ägyptischen Museum und unserem Pflichtbesuch bei den Pyramiden von Gizeh. Der Dachgarten unseres Billighotels ist eine grüne Lunge. Einer der wenigen Orte mit einer frischen Brise in »Smokietown« Kairo. In den nächsten Tagen bis auf eine Ausnahme normales Touristenprogramm – warum auch nicht? Wir erkunden die verwinkelten Gassen des größten und ältesten Basars der Stadt, den Khan el Kalili, schieben uns durch das Marktgetümmel der engen Gassen und besuchen den Friedhof des koptischen Viertels, der ältesten Siedlung Kairos.

Bei der Vorbereitung meiner Reise habe ich Samuel Rachdi vom Fahrplancenter in Steinen in der Schweiz kennen gelernt. Er ist der Reisepapst für Bahnenthusiasten aus dem deutschsprachigen Raum und verlegt eine kleine Zeitung mit Eisenbahnnachrichten aus aller Welt *(Fahrplancenter NEWS).* Bei Fragen zu Eisenbahnreisen in die entlegensten Gegenden auf dem Globus: auf seinen Rat ist Verlass. Er hat mir eine E-Mail geschickt, mit der Bitte, ihm ein paar Kursbücher in Ägypten zu besorgen. Er sucht dringend Fahrpläne der ägyptischen Eisenbahnen, egal ob auf englisch oder arabisch, Hauptsache halbwegs aktuell. Insider behaupten, sie sind schwieriger zu erwerben als eine 2.000 Jahre alte antike Statue auf dem Schwarzmarkt. Auf dem Hauptbahnhof von Kairo starte ich meine Recherche. Ein Beamter der Touristenpolizei lässt sich von meinem zum wiederholten Mal zum Einsatz kommenden Journalistenausweis »Made in Bangkok« beeindrucken und führt mich in die Geheimnisse der ägyptischen Eisenbahnverwaltung ein. Den ganzen Vormittag sind wir unterwegs, und ich lerne dutzende Büros des Hauptbahnhofes von Kairo bis zu den Chefetagen der Hauptverwaltung von *Egypt Railway* kennen. Beim Sicherheitschef der Eisenbahn werde ich fündig. Zwei Stunden später treten sieben Kursbücher in arabischer Sprache per Luftpost die Reise in die Schweiz an.

Kerstins Sabbatjahr ist vorbei. Ein Jahr des gemeinsamen Reisens ist zu Ende. Sie fliegt nach Deutschland zurück. Für mich beginnt der letzte Monat meiner Reise um die Welt, wie er angefangen hat: allein.

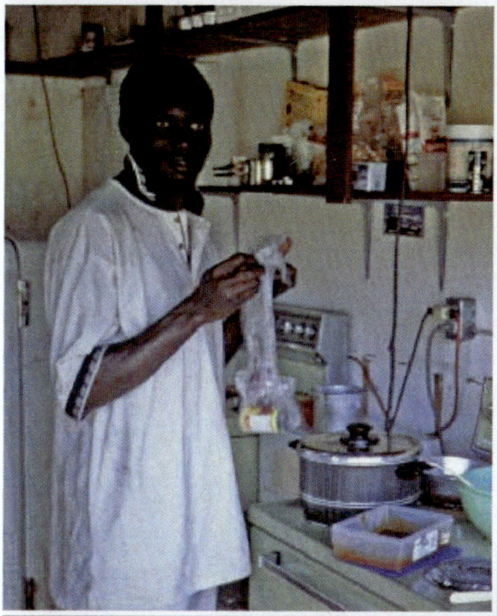

»Als illegaler Kirschenpflücker in Kanada«

Okanagan Valley
in Britsch Columbia

»Sie sind wie Zugvögel, sie kommen jedes Frühjahr und verschwinden im Herbst« (aus dem »Erntepilger« von Vincenco Pietropaolo)

»Mexiko – mit dem Pacifico Express durch die Sierra Madre« – Caballeros mit Sombreros schauen in der Kupferschlucht

»Der Bananen-Express – Eisenbahnfahren in Honduras« – Ein Zuckerwatteverkäufer im Bahnhof von San Pedro Sula

»Schienenbus gemietet! – Fünf Globetrotter unterwegs in Ecuador« – Fahrtrichtungswechsel auf der Drehscheibe mit Muskelkraft

Mit dem *Autoferro* in Ecuador von Ibarra nach Primer Paso

»Die letzte Ruhestätte – Endstation Wüste« – Salar de Uyuni in Bolivien. Der größte Salzsee der Welt

Dampflokfriedhof in Uyuni

Naturschauspiel auf der Hochebene des Altiplano

Foto: © by www.fotoflite.com

»Ein Frachtschiff nach Afrika« – Von Vittoria, Brasilien, nach Durban, Südafrika

»Einsteigen, bitte – von Kapstadt nach Kairo« – Mit dem Zug von Nampula nach Cuamba in Mosambik

Entre Lagos – Grenzübergang Malawi. Jo und seine Freundin Kerstin nach einhundert Kilometern auf der Ladefläche eines Pick-ups

An der Eisenbahnstrecke nach Daressalam in Tansania. Obst- und Gemüsemarkt direkt am Zug

Mit dem Lastwagen-Bus von Marsabit in Kenia nach Moyale in Äthiopien

Kapitel 21

Endspurt

Sehr, sehr zufrieden räkele ich mich in meinem Hotelbett und danke Allah, dass ich es bis nach Kairo geschafft habe. Entspannen und träumen, ein Glücksgefühl in mir bei dem Gedanken: 5.000 Kilometer noch und du bist zu Hause.

Die Halbinsel Sinai, der Hafen von Nuweiba, ist erreicht. Mit dem Schiff werde ich in wenigen Stunden über den Golf von Akaba nach Jordanien fahren. Menschenmassen drängen in das stickige Abfertigungsgebäude am Hafen. Es ist Ramadan. Die Nerven der Reisenden liegen blank. Mir läuft der Schweiß in die Augenwinkel. Die Hitze setzt mir zu, ich bin nervös, wann geht es nun endlich vorwärts? Ein Jordanier versucht, sich an mir vorbeizudrängeln. Ich lasse ihn nicht vorbei. Arabische Wortfetzen fliegen zu mir herüber. Er entdeckt meinen deutschen Pass. Wütende, kohlrabenschwarze Augen funkeln mich an. Mit einem gezischten Heil Hitler! verschwindet er in der Menschenmenge.

Fünf Stunden später habe ich die unschöne Szene vergessen. Das Fährschiff tuckert aus dem Hafen. Die grandiosen, schroffen Felswände des Sinai-Gebirges verschwinden langsam im milchigen Dunst der ägyptischen Küste. Vierzehn Stunden später macht unser Dampfer im Containerterminal des Hafens von Akaba fest.

Ich nehme mir Zeit, entscheide mich für einen Abstecher nach Petra, dieser geheimnisvollen 2.000 Jahre alten Felsenstadt der Nabatäer, die Touristenattraktion von Jordanien. Nur einige wenige Touristen besuchen nach den Ereignissen des 11. September in New York dieses Weltkulturerbe der

Menschheit. Früher sollen es bis zu einer Million Menschen im Jahr gewesen sein.

Durch einen schmalen Felsenspalt gelange ich in eine gut einen Kilometer lange, nur wenige Meter breite Felsenschlucht. Die Felswände ragen senkrecht bis zu 100 Meter hoch in den Himmel. Dann stehe ich in der Stadt, bestaune die in die rosaroten Sandsteinfelsen gehauenen Tempel, flankiert von Säulen und Stelen und gewaltigen Grabmälern und den mit Muskelkraft in den Fels gehauenen Wohnungen der einstigen Bewohner. Total erschlagen, fasziniert von den rötlich-golden leuchtenden Sandsteinfelsen im Sonnenuntergang, geht nach acht Stunden Wandern, Klettern und Staunen der Ausflug zu Ende. Das Andenken an die Wanderung kann sich sehen lassen. An beiden Füßen habe ich mir dicke Blasen gelaufen.

Anfang November fahre ich von Amman aus weiter nach Damaskus. Zwei Mal die Woche rattert ein Zug auf der hundert Jahre alten Eisenbahnstrecke gen Syrien. Der Bahnhof der *Hedjaz Jordan Railway* macht jedem Nostalgiebahnhof in Europa Konkurrenz. Doch was wie ein Eisenbahntechnikmuseum aussieht, ist funktionstüchtig. Drei Dampfloks an der Drehscheibe im Bahnhof lassen mir fast die Augen rausfallen. Die Waggons des Zuges erinnern an die gute alte Bimmelbahn auf der Schwäbischen Alb, alles sieht aus wie im Nürnberger Verkehrsmuseum. Der Bahnhof, der Wagenpark, die Lokomotiven, die ganze Atmosphäre, ein Juwel der Eisenbahnen im nahen Osten.

Der Zug besteht aus drei Personenwagen und zwölf Güterwaggons. Leider sind nur vier Fahrgäste bei dieser Fahrt mit dabei! Und statt der erhofften Dampflokomotive ist der Zug mit einer alten US-amerikanischen Diesellok von *General*

Motors bespannt. Nicht jeder in der Hauptstadt Jordaniens weiß, dass auf den mit Unkraut überwucherten Gleisen tatsächlich noch ein Zug fährt. Das zeigt sich nach wenigen Kilometern Fahrt. Mitten in einer der Vorstädte steht doch glatt ein Lastwagen auf den Gleisen. Die hektische Suche nach dem Lastwagenfahrer hat nach gut zehn Minuten Erfolg und wir können unsere Fahrt nach Damaskus fortsetzen.

Einchecken im *Al Haramein*-Hotel in Old-Damskus. Eleganter Glanz längst vergangener Zeiten ist hier erhalten geblieben. Der Innenhof mit seinem plätschernden Brunnen lädt zum Verweilen ein. Die untergehende Sonne spiegelt sich am Nachmittag in den blauen, grünen und roten Jugendstilfensterscheiben. Über ein weiß-schwarz kariertes Fliesenmuster laufe ich zu den sternförmig angelegten Zimmern. In den träge dahinfließenden Tagen verbringe ich hier bei einem Kännchen Tee, serviert in hauchzarten Gläsern, so manche Stunde, träume vom Nachhausekommen. Was werde ich wohl fühlen, was werde ich empfinden, wenn ich die letzten Kilometer mit dem Zug zurücklege, meine Kinder und die Freunde nach Jahren des Weltenbummlerdaseins wiedersehe? Ich lasse die Stationen der Reise Revue passieren. Kann mich an jeden Tag erinnern, wo ich geschlafen und was ich getan habe seit dem Tag, an dem die Reise begann. In diesen Stunden der Muße und des Nichtstuns lege ich Schritt für Schritt meinen Zeitplan bis zur Vollendung der Weltumrundung im türkischen Adana fest.

Szenenwechsel. Damaskus oder Aleppo – wer die jahrhundertealten Basare des Orients ohne den üblichen Touristenrummel kennen lernen will, wird sie hier finden. Im Gegensatz zu Kairo oder Istanbul, wo es von Touristen nur so wimmelt, streiche ich hier durch die verwinkelten Verkaufsstraßen, ohne auch nur einmal von einem der zahlreichen Antiquitäten-, Teppich- oder Gewürzhändler angesprochen zu werden. In Damaskus und seinen Kaffeehäusern hinter der Umayad-Moschee gibt es den Jahrtausende alten Beruf des Märchenerzählers noch. Wie eh und je lauschen die Einheimischen von Damaskus gespannt seinen Geschichten. Zur Entspannung gehe ich am letzten Tag meines Aufenthaltes in ein traditionelles Badehaus, den arabischen Hamman, um Körper und Geist zu reinigen. Mit einer Shisha (Wasserpfeife) und einem Gläschen Tee lasse ich nach den Badefreuden den Tag ausklingen.

Es geht weiter. Die Städte Hamas, Tartus und Lattakia an der syrischen Mittelmeerküste sind die nächsten Stationen. Das Land Syrien zu bereisen und seine Bewohner kennen zu lernen, bereitet mir viel Vergnügen. Ich begegne sehr freundlichen, herzlichen Menschen, die mir jederzeit weiterhelfen und stolz ihr Land präsentieren. Unschlagbar günstige Fahrpreise und westlicher Komfort beim Eisenbahnfahren in Syrien machen mein Glück komplett. Es bleibt für mich festzuhalten: Ob im Iran, dem Sudan oder Syrien, überall, wo sich nach den »Erkenntnissen der westlichen Geheimdienste« der Geist des Bösen, die internationalen Keimzellen des Terrorismus versteckt halten, treffe ich die freundlichsten Menschen auf meinem Weg um die Erde.

Finale in der Türkei – nach drei Jahren ein Wiedersehen mit dem *Toros*-Express

An einem Dienstag überquere ich am frühen Morgen in einem spärlich besetzten Schmugglerbus bei Antakya die syrisch-türkische Grenze. Wir sind zehn Fahrgäste. Auf den freien Plätzen und in den Gepäcknetzen platzieren Schaffner und Fahrer kurz vor dem Grenzübertritt malerisch schwarze Plastiktüten. Sie sind vollgestopft mit syrischen Zigaretten. Zur Passkontrolle müssen wir den Bus verlassen. Als wir wieder im Bus sitzen, sammelt die Busbesatzung kurz nach dem Passieren des Schlagbaumes in bester Laune das Schmuggelgut wieder ein.

Vom kleinen Bahnhof Iskenderun an der türkischen Mittelmeerküste fahre ich am Spätnachmittag mit einem Bummelzug ins rund 140 Kilometer entfernte Adana. Hier trifft die Stichstrecke auf die Bahnlinie Eskisehir – Adana, auf der ich vor über drei Jahren Richtung Osten gefahren bin. Je näher der Bahnhof von Adana kommt, desto aufgeregter werde ich, obwohl doch eigentlich nichts mehr schief gehen kann.

Bilder und Situationen aus den Anfängen meiner Reise tauchen auf, spülen an die Oberfläche meiner Seele. Eine merkwürdige Unruhe ergreift mich, ich überprüfe zum x-ten Mal mit zittrigen Fingern meine Klamotten, meinen Rucksack. Alles klar zum Aussteigen, alles klar zum Finale?

Der Zug rumpelt über eine altersschwache Eisenbrücke. Unter uns ein breiter, dunkler Fluss. In der Ferne funkelt und strahlt zur Begrüßung auf einem Hügel das beleuchtete Minarett einer Moschee der Millionenstadt. Ich stehe am offenen Fenster, sauge tief die Abendluft in meine Lungen. Dieses Gefühl in mir – die Weltumrundung ist in wenigen Minuten geschafft, was für ein Wahnsinn, was für eine Freude! In meinem Bauch machen sich Schmetterlinge breit, mein Darm fängt an zu rumoren. Jetzt nur nicht aufs Klo! Im Schritttempo quält sich der Zug voran. Er rollt über ein Gewirr von Weichen, trübe Bahnhofslaternen weisen den Weg, kreischend geht es in die letzte Kurve. Mit einem Ruck hält der Zug am Bahnsteig.

Ich habe es geschafft, direkt unter dem Bahnhofsschild von Adana klettere ich aus dem Zug, spüre durch die Sohlen meiner Schuhe den Bahnsteigboden unter mir, genieße diesen Augenblick. Drei Jahre reisen und jetzt dieser Moment – ich lebe meinen Traum, ich habe es geschafft, jetzt und hier und für alle Zeit! Eigentlich müssten jetzt doch Leute auftauchen und mit mir feiern wollen – verrückte Idee, noch bin ich ja nicht zu Hause!

Wo fährt der *Toros*-Express nach Istanbul ab, bitte schön?

Ohne Flugzeug um die Welt! Nach drei Jahren, drei Monaten und drei Tagen kommt der Globetrotter nach 188.000 Kilometern im Inselbahnhof Lindau im Bodensee an